Alex Molnar / Barbara Lindquist

Verhaltensprobleme in der Schule

Alex Molnar / Barbara Lindquist

Verhaltensprobleme in der Schule

Lösungsstrategien für die Praxis

mit einem Vorwort von Uwe Grau

borgmann

Autorisierte Übersetzung der englischsprachigen Ausgabe, erschienen bei Jossey-Bass Inc., Publishers.

Copyright © 1988 by Jossey-Bass Inc., Publishers.

Dieses Buch erschien unter dem Titel "Changing Problem Behavior in Schools" bei Jossey Bass, San Francisco, London, 1989.

Aus dem Englischen übersetzt von Brigitte Eckert in Zusammenarbeit mit Jürgen Hargens

---

© 1990 borgmann publishing Ltd., Broadstairs (UK)
Titelfoto: IPCE/Bavaria
Vertrieb: Bundesrepublik Deutschland, Österreich und Schweiz durch
verlag modernes lernen - 4600 Dortmund 1

Printed in W.-Germany 1990

Bestell-Nr. 8351   ISBN 1 - 85492 - 015 - 4

Urheberrecht beachten!
Alle Rechte der Wiedergabe, auch auszugsweise und in jeder Art liegen beim Verlag. Mit der Zahlung des Kaufpreises verpflichtet sich der Eigentümer des Werkes, unter Ausschluß des § 53, 1-3, UrhG., keine Vervielfältigungen, Fotokopien und keine elektronische, optische Speicherung auch für den privaten Gebrauch, ohne schriftlicher Genehmigung durch den Verlag anzufertigen. Er hat auch dafür Sorge zu tragen, daß dies nicht durch Dritte geschieht.

Zuwiderhandlungen werden strafrechtlich verfolgt und berechtigen den Verlag zu Schadenersatzforderungen.

Inhalt

Vorwort
Uwe Grau — 9

Einleitung — 11

Teil 1: Grundlagen und Konzepte

1. Warum ist es so schwer, Verhaltensweisen zu ändern? — 19

Soziales Milieu und Wahrnehmung • Wahrnehmung und Verhalten • Auflösung widersprüchlicher Wahrnehmungen • Der Einfluß frühen Lernens • Der stützende Einfluß der sozialen Gruppe • Der Einfluß des Ursache/Wirkung-Denkens

2. Wenn Sie etwas ändern wollen, müssen Sie etwas ändern — 28

Eine Ökologie der Ideen • Eine Änderung in Gang setzen • Interpunktion von Verhaltensweisen • Probleme und Lösungen • Fallbeispiel: Unerwünschte Aufmerksamkeit • Eine kooperative Perspektive einnehmen • Fallbeispiel: Zwei neue Perspektiven • Fallbeispiel: Der Läufer • Fallbeispiel: Eine wertvolle Quelle • Eine vielversprechende Möglichkeit

3. Lösungen an neuen Orten finden — 47

Probleme als Geheimnisse: Erzieher als Detektive • Welche Fragen man sich stellt • Hinweise • Fallbeispiel: Der Spielmacher • Veränderungen wahrnehmen • Fallbeispiel: Trommeln in der Ferne • Fallbeispiel: Die Schwätzerin • Humor darf nicht fehlen • Paradoxien • Ökosystemische Techniken ins rechte Licht setzen • Ändern Sie sich selbst: Sie sind die Expertin

Teil 2: Techniken, mit denen man Änderungen bewirkt

4. Anders denken über Problem — 63

Umdeutungen • Analyse der Fallbeispiele • Fallbeispiel: Faule Störenfriede oder dicke Freunde? • Fallbeispiel: Störender Teufel oder fleißiger Engel? • Fallbeispiel: Streitsüchtiger Kerl oder unbeholfener Jugendlicher? • Fallbeispiel:

Wundertäter • Fallbeispiel: Sarah ist traurig - aus gutem Grund • Fallbeispiel: Schmollerin, Kontrahentin und Petztante oder gute Fee, mitfühlende Klassenkameradin und wahre Freundin ? • Überblick über die wesentlichen Merkmale des Umdeutens • Vorgehensweise bei Umdeutung

5. Auf der Suche nach positiver Motivation 81

Die Technik der positiven Konnotation des Motivs • Analyse der Fallbeispiele • Fallbeispiel: Der Denker • Fallbeispiel: Mitfühlende Klassenkameraden • Fallbeispiel: Die gewissenhafte Lehrerin • Fallbeispiel: Harte Arbeit während der Abwesenheit • Fallbeispiel: Sich Zeit nehmen für eine Mitarbeiterin • Fallbeispiel: Exaktheit ist wichtig • Überblick über die wesentlichen Merkmale der positiven Konnotation eines Motivs • Vorgehensweise bei positiver Konnotation des Motivs

6. Positive Funktionen problematischer Verhaltensweisen erkennen 101

Die Technik der positiven Konnotation der Funktion • Analyse der Fallbeispiele • Fallbeispiel: Lebloses Objekt oder enthusiastisches Mädchen ? • Fallbeispiel: Das Opferlamm • Fallbeispiel: Ernsthafte Schülerin im Clowns-Kostüm • Fallbeispiel: Die Routine durchbrechen • Fallbeispiel: Eine wichtige Modellfunktion • Überblick über die wesentlichen Merkmale der positiven Konnotation der Funktion • Vorgehensweise bei positiver Konnotation der Funktion

7. Problemverhalten ermuntern - aber anders 120

Die Technik der Symptomverschreibung • Analyse der Fallbeispiele • Fallbeispiel: Ständiger Ratgeber im Klassenzimmer • Fallbeispiel: Gewissenhafte Rechnerin • Fallbeispiel: Zeit zum Arbeiten • Fallbeispiel: Eine ausgezeichnete Assistentin • Fallbeispiel: Zu Fuß zur Arbeit gehen • Fallbeispiel: Schulaufgaben als Privileg • Überblick über die wesentlichen Merkmale der Symptomverschreibung • Vorgehensweise bei Symptomverschreibung

8. Indirekte Beeinflussung des Problems 139

Eine neue Technik: Durch die Hintertür stürmen • Analyse der Fallbeispiele • Fallbeispiel: Wem gehört das ? • Fallbeispiel: Der immer Zuverlässige • Fallbeispiel: Du siehst heute hübsch aus • Fallbeispiel: Auf meinen Adjutanten ist Verlaß • Überblick über die wensentlichen Merkmale des "Durch die Hintertür stürmen" • Vorgehensweise beim "Stürmen durch die Hintertür"

9. Sich auf das konzentrieren, was kein Problem ist   151

Die Technik der Lokalisierung von Ausnahmen • Analyse der Fallbeispiele • Fallbeispiel: Immer im Dienst • Fallbeispiel: Das Positive hervorheben • Fallbeispiel: Erfolg strukturieren • Fallbeispiel: Rufen Sie mich nicht an; ich rufe Sie an • Überblick über die wesentliche Merkmale des Lokalisierens von Ausnahmen • Vorgehensweise beim Lokalisieren von Ausnahmen

Teil III. Strategie zur Festigung des Erfolgs

10. Wie man Rückfälle vorhersagt und mit ihnen umgeht   164

Die Technik, einen Rückfall vorherzusagen • Analyse der Fallbeispiele • Fallbeispiel: Die Frage ist nur, wann der Rückfall eintreten wird • Fallbeispiel: Gewissenhafte Rechnerin • Fallbeispiel: Mitfühlende Klassenkameraden • Fallbeispiel: Zu Fuß zur Arbeit gehen • Fallbeispiel: Der Pedant • Fallbeispiel: Das Rückfall-Abkommen • Überblick über die wesentlichen Merkmale der Rückfall-Vorhersage

11. Wenn es beim ersten Mal nicht klappt: Richtlinien für den zweiten Versuch   176

12. Wie Sie Ihre Fähigkeit, Probleme zu lösen und Verhaltensweisen zu verändern, verfeinern können   180

Rücken Sie Ihre Perspektive ins rechte Licht • Analysieren Sie Ihre Fähigkeiten • Anstoßen und am Ball bleiben • Entwickeln Sie einen Plan • Ziehen Sie andere als Berater hinzu, um Ihre Kreativität zu steigern • Was wir von unseren Kursteilnehmer/innen gelernt haben

Hilfen: Strategien zur Verhaltensänderung einüben   192

Literatur   199

Personenverzeichnis   205

Sachverzeichnis   207

Vorwort

Zusammen mit meinen StudentInnen hatte ich im Mai 1984 Gelegenheit, an einem Wochenendseminar teilzunehmen, das von der Fernuniversität Hagen an der Universität Kiel veranstaltet wurde. Die DozentInnen waren Alex MOLNAR und Barbara LINDQUIST, und es ging um den systemischen Ansatz bei der Lösung von Verhaltensproblemen in der Schule. Zwar hatten wir im Ausbildungskurs "Pädagogische Psychologie" schon Texte wie SELVINIs "Der entzauberte Magier" gelesen; nun aber erlebten wir systemisches Denken und Handeln in der Praxis: ein bunter Strauß von Ideen zum Umgang mit vielfältigen Problemen im Schulalltag, locker und kreativ zusammengestellt: Alex und Barbara zauberten - so schien es uns - über ihre Fallberichte und in praktischer unmittelbarer Beratung neue faszinierende Rahmen für belastende Probleme mittels Umdeutungen, positiver Bewertung des Problemverhaltens in Hinblick auf Motive und Funktionen bis hin zur Symptomverschreibung - oder indirekt über die Suche nach Ausnahmen am Rande eines großen Problems, die sich bei der Suche wundersam vermehrten, so daß das Problem schließlich zur kleinen Ausnahme schrumpfte. Dazu der Satz, der - weil er so einfach klang - dreimal mit amerikanischem Akzent wiederholt wurde: "Wenn etwas geändert werden soll, muß etwas geändert werden!" So einfach schien es, daß man argwöhnen konnte, hier würde etwas mit "amerikanisiertem Optimismus" verkauft.

Einfach und schwierig zugleich. Was ist zu ändern? Einmal die Bedeutung des Problemverhaltens, und man verhält sich entsprechend anders; oder - noch einfacher - man verhält sich einfach anders. Was soll sich ändern? Nun, da man keine Kontrolle über Ideen und Verhaltensweisen anderer hat, wohl aber über eigene Gedanken und Verhaltensweisen, ist man Experte für Änderungen bei sich selbst. Ändert man sich selbst in seinem Denken und Handeln, so ändert sich auch die Beziehung zum anderen, der ein problematisches Verhalten zeigt - und dies wiederum hat Auswirkungen auf das Verhalten selbst - so wie bei einem Mobile, wo ein Impuls an ein Element zu - oft überraschenden - Veränderungen der Beziehungen im Gesamtsystem anregt.

Einfach und *schwierig* zugleich, denn wir haben gelernt, in linearen Ursache-Wirkung-Beziehungen zu denken. Und da gilt es, erst die *wahre* Ursache zu diagnostizieren, um dann das Problem beheben zu können. In einem zirkulären Modell wird dagegen nach der Nützlichkeit, dem Passen von Ideen für Möglichkeiten der Veränderung gefragt. "Komplizierte" Probleme erfordern nicht notwendigerweise komplizierte Lösungen. Um ein kompliziertes Schloß zu öffnen, so eine Metapher von Steve DE SHAZER, braucht man Dietriche. Lösungen sind einfach - die Schwierigkeit besteht darin, wie und wo wir nach ihr suchen. Dabei können Techniken der ökosystemischen Methode helfen - Techniken, die erkenntnistheoretisch begründet sind und eine entsprechende Haltung erfordern, sollen sie nicht zu Utensilien einer Trickkiste verkommen.

Aus systemisch-konstruktivistischer Perspektive läßt sich nicht *die* Wirklichkeit erkennen. Als Beobachter konstruieren wir unsere jeweiligen Wirklichkeiten und deren Bedeutungen. Reflexionen, neue Sichten und Beschreibungen, wie sie die ökosystemische Betrachtungsweise nahelegen, können über Re-Konstruktionen (z.B. umdeuten) zu Veränderungen bei uns und anderen anregen.

Das Seminar 1984 mit Alex und Barbara, den heute wohl profiliertesten amerikanischen VertreterInnen des systemischen Ansatzes im Kontext Schule, hat bei mir zweierlei angeregt:

- langfristig den Ausbau des systemisch-konstruktivistischen Ansatzes im Ausbildungskurs "Pädagogische Psychologie" und die Entwicklung des *Kieler Beratungsmodells (KBM)* sowie

- unmittelbar den Wunsch - an Alex und Barbara herangetragen - : ein Praxisbuch über systemisches Denken und Handeln in der Schule zu schreiben.

Und dieses Buch liegt jetzt tatsächlich vor - mit vielen Beispielen, die Haltung und Techniken verdeutlichen und mit so vielen kreativen Umdeutungen, daß ich es aufgegeben habe, sie zu zählen.

Ich wünsche dem aus meiner Sicht not-wendigen Buch viele LeserInnen; die als PraxisexpertInnen neugierig genug sind, systemisch-konstruktivistische Ideen in ihrem Kontext zu erproben.

Kiel, im Februar 1990 *Uwe Grau*

Einleitung

Gemessen an der Fülle von Problemen, die Lehrer, Schulpsychologen,-berater, -sozialarbeiter und Mitglieder der Schulverwaltung tagtäglich bewältigen müssen, ist ihre Arbeit in der Regel recht erfolgreich. Aber irgendwann ist auch der erfolgreichste unter ihnen bei einem Problem mit "seinem Latein am Ende": zum Beispiel, wenn ein Kind immer wieder seine Hausaufgaben nicht macht, ständig zu spät kommt oder dauernd in Kämpfe mit anderen verwickelt ist. Obwohl diese Probleme oft gar nicht so schwerwiegend erscheinen, zermürben und untergraben sie die Effektivität der schulischen Arbeit.

Wir haben dieses Buch geschrieben, um den Betroffenen weiterzuhelfen, wenn sich ein Problem festgefahren hat. Die vorgestellten Ideen erscheinen vielleicht anfangs ungewöhnlich. Das haben uns viele erfahrene Lehrer, Schulpsychologen, Berater, Sozialarbeiter und Verwaltungsbeamte bestätigt, die an unserem Kurs "Wie kann die Schule funktionieren" an der Universität von Wisconsin oder an einem unserer Workshops teilgenommen haben. Trotzdem haben diese Kursteilnehmer die Anregungen, die in diesem Buch beschrieben werden, in den verschiedensten Schulformen, auf dem Land und in der Stadt, bei Kindern aller Altersgruppen und unterschiedlicher sozialer Herkunft umgesetzt. Ganz gleich, wie skeptisch sie auch anfangs waren, wenn sie die neuen Techniken erst einmal selbst im täglichen Schulbetrieb ausprobiert hatten, stellten sie meist fest, daß sich die problematischen Situationen positiv veränderten. Manchmal schienen diese Veränderungen unmittelbar aufzutreten, wie durch ein "Wunder"; manchmal zeigten sich Veränderungen erst nach Wochen oder Monaten hartnäckiger Bemühungen.

Uns geht es vor allem darum zu zeigen, wie ökosystemische Ideen eingesetzt werden können, um eine Veränderung zu bewirken. Unsere Einstellung der "Veränderung" gegenüber ist stark durch die Arbeit von Familientherapeuten beeinflußt, die unter Zuhilfenahme verschiedener Modelle aus Kybernetik, Systemtheorie und Hypnose eine Menge praktischen Wissens dazu gewonnen haben, wie man Menschen bei ihrer Problemlösung helfen kann. Da ökosystemische Ideen darauf abzielen, bei der Veränderung der Problemsituation selbst zu helfen, statt eine bestimmte Art von Problem zu diagnostizieren oder zu "behandeln", können sie bei einer großen Anzahl sehr unterschiedlicher Probleme in Schulen eingesetzt werden: Man hat zum Beispiel ökosystemische Techniken verwandt bei Problemen mit sehr aktiven Kindern, bei Schülern, die während des Unterrichts schlafen, bei Verwaltungsbeamten, die bei Entscheidungen nicht die Fakultätsmitglieder hinzuziehen, bei Schülern, die ihre Hausaufgaben nicht machen, die häufig in Streitereien mit anderen Schülern verwickelt sind, bei Lehrern, die Schüler unnötigerweise an den psychologischen Dienst überweisen, bei Eltern, die nicht zu den Elternabenden gehen usw.

Trotz der Verschiedenheit der problematischen Situationen, bei denen diese Ideen eingesetzt wurden, beschreiben die Erzieher die Art, wie sie das Problem erleben, oft in sehr charakteristischer Weise. Einigen erschien dieses Problem, dem sie sich ständig wieder gegenübersahen, wie ein hartnäckiger Knoten in einem Schnürband: je stärker sie daran zogen und zerrten, desto fester wurde der Knoten. Für andere wirkte das Problem so, als ob sie sich die Hand vor die Augen hielten: obwohl sie wußten, daß noch sehr viel mehr zu sehen und in Betracht zu ziehen war, konnten sie nur ihre eigene Handfläche deutlich erkennen. Und wieder andere fühlten sich wie beim Kampf gegen den Treibsand: je heftiger sie kämpften, desto tiefer sanken sie. Wenn eine dieser Metaphern auf Ihre Erfahrung mit einem Ihrer Probleme zutrifft, dann ist es vielleicht an der Zeit zu überlegen, ob Sie nicht die Ideen dieses Buches benutzen sollten.

Wir nennen die Methode, an das problematische Verhalten heranzugehen, die wir in *"Verhaltensprobleme in der Schule - Lösungsstrategien für die Praxis"* beschreiben, die ökosystemische Methode, da wir das problematische Verhalten als Teil seines sozialen Umfeldes betrachten, von dem es nicht losgelöst werden kann. Mit anderen Worten, individuelle Verhaltensweisen beeinflussen das Verhalten der Klasse und umgekehrt. Wenn man Schulen und Klassen als Ökosysteme betrachtet, bedeutet dies, daß jeder in einer Klasse oder Schule, in der ein Problem auftritt, mit seinem eigenen Verhalten das problematische Verhalten beeinflußt und seinerseits von ihm beeinflußt wird. Aus dieser Perspektive kann eine Veränderung der Sichtweise oder des Verhaltens jedes beliebigen Menschen, der mit diesem Problem assoziiert ist, möglicherweise das problematische Verhalten beeinflussen. Wir halten dies für einen sehr hoffnungsvollen Standpunkt, da er nämlich beinhaltet, daß jeder in einer problematischen Situation die Fähigkeit hat, diese positiv zu beeinflussen. Die ökosystemische Methode besitzt eine Anzahl von charakteristischen Merkmalen:

1. Sie konzentriert sich direkt auf eine Veränderung innerhalb der problematischen Situation und nicht auf eine Diagnose des problematischen Individuums.

2. Sie erfordert keine ausgeklügelten oder umfassenden Pläne, die die gegenwärtigen Praktiken ersetzen oder ergänzen. Die Ideen können einfach und bequem auch von Erziehern angewendet werden, die andere Stile haben und die unter vielen unterschiedlichen Voraussetzungen arbeiten.

3. Sie ermöglicht es den Erziehern, klein anzufangen mit überschaubaren Aspekten des Problems.

4. Sie regt dazu an, divergierende Erklärungen für problematische Verhaltensweisen zu finden.

5. Sie macht Mut, sich dem chronischen Problem leichten Herzens und unvoreingenommen zu stellen.

6. Sie ist so konzipiert, daß sie auf Stärke aufbaut, statt Schwächen zu überwinden.

7. Man kann sich die Ideen aneigenen, ohne irgendein spezielles Hintergrundwissen zu besitzen.

In der Schule werden Probleme üblicherweise mit Begriffen wie "Individuen", "Mängel" und "vergangene Ereignisse" beschrieben. Eine Jugendliche* zum Beispiel, die häufig aggressiv und sarkastisch ist, wird normalerweise (1) als die Person mit dem Problem identifiziert, (2) als jemand beurteilt, die einen von vielen möglichen Mängeln hat (fehlende Aufmerksamkeit, Unordentlichkeit, Hyperaktivität, Lernunfähigkeit usw.), und/oder ihr werden (3) Ereignisse bzw. Umstände aus ihrer Vergangenheit angelastet (wenn sie zum Beispiel aus einer zerrütteten Familie kommt), um die Aggressivität und den Sarkasmus zu erklären. Wenn man ein Problem auf diese Art und Weise erklärt, so hat das verschiedene negative Konsequenzen. Erstens mag zwar vieles von dem, was über das Kind gesagt wird, wahr sein, es ist aber trotzdem oft keine hilfreiche Anleitung für eine positive Veränderung. Die Information enthält nicht viele Hinweise auf mögliche Lösungsstrategien. Zweitens wird dem Erzieher die Möglichkeit verwehrt, etwas gegen das Problem zu unternehmen. Denn wie könnte der Erzieher schließlich die Persönlichkeit eines Kindes verändern oder gar Ereignisse, die irgendwann in der Vergangenheit stattgefunden haben? Drittens wird die Aufmerksamkeit von den sozialen Interaktionen in der Schule und in der Klasse abgelenkt (von denen das aggressive und sarkastische Verhalten des Kindes nur einen Teil darstellt). Und schließlich werden Überlegungen darüber, was das Individuum gut macht, was in der Schule und in der Klasse in Ordnung ist und was an der gegenwärtigen Situation verändert werden kann, um die Dinge zu verbessern, praktisch ausgeschlossen, wenn man nur sich auf das Verhalten eines Individuums konzentriert, von dem man meint, es weise in einer problematischen Situation Mängel auf.

** **Anm. d. Übersetzerin:** Im Text werden manchmal die weiblichen und manchmal die männlichen Formen benutzt - so wie Lehrerinnen, Erzieherinnen und Schülerinnen manchmal weiblich und manchmal männlich sind.*

Aus einer ökosystemischen Perspektive sind Probleme nicht das Ergebnis der Mängel oder Unzulänglichkeiten einer Person. Sie werden vielmehr als Teil eines Musters interpersoneller Interaktionen gesehen. So betrachtet sind Problemlösungsversuche, die zu keiner Verbesserung geführt haben, Teil des Problems. Wenn Sie also Schulprobleme mit Hilfe der ökosystemischen Methode in Angriff nehmen, wird es Ihnen leichter fallen, Probleme innerhalb des interpersonellen Kontextes zu sehen und Ihre Reaktionen in chronisch problematischen Situationen zu verändern. Wir sind überzeugt, daß Sie dies für eine positive und hilfreiche Methode halten werden.

Überblick über den Inhalt

Das Buch *"Verhaltensprobleme in der Schule - Lösungsstrategien für die Praxis"* ist in drei Teile gegliedert. *Teil Eins* beschreibt den ökosystemischen Rahmen, den wir benutzen, um das problematische Verhalten zu erklären.

In *Kapitel Eins* analysieren wir, wie soziale, persönliche und fachliche Faktoren bei einem Menschen die Wahrnehmung von Ereignissen beeinflussen und dazu beitragen, eine Veränderung seines Verhaltens in problematischen Situationen zu verhindern. Außerdem wird untersucht, welche Rolle die Bedeutung spielt, die Individuen einem bestimmten Verhalten beimessen und inwieweit diese Interpretation dazu beiträgt, Probleme zu erhalten.

Kapitel Zwei beschreibt die Nützlichkeit des ökosystemischen Konzepts und erklärt, wie Probleme und Lösungen aus einer ökosystemischen Perspektive gesehen werden.

Kapitel Drei konzentriert sich darauf, wie man ökosystemische "Anhaltspunkte" erkennt und benutzt, und soll dabei helfen, die flexible Methode der Problemlösung zu entwickeln, die mit den in Teil Zwei beschriebenen Techniken benutzt wird. Die LeserInnen werden aufgefordert, bei ihrer Suche nach Lösungen die Fertigkeiten eines Meisterdetektivs zu entwickeln.

Teil Zwei stellt ökosystemische Methoden vor, die zu einer Veränderung in problematischen Situationen führen sollen. Die *Kapitel Vier bis Neun* sind jeweils einer anderen ökosystemischen Technik gewidmet.

Die vielen Fallbeispiele, die wir benutzen, ökosystemische Methoden zu illustrieren, bilden das Kernstück von Teil Zwei. Jedes Fallbeispiel basiert auf einem von über zweihundert Fällen, die KursteilnehmerInnen im Laufe von über sechs Jahren in unserem Kurs "Wie kann die Schule funktionieren" beschrieben haben. Aus Gründen der Klarheit und um die Beispiele in mehr oder weniger ähnlicher Form vorzustellen, haben wir die Fallbeispiele entsprechend überarbeitet. Wir haben auch die Namen der beteiligten Personen verändert; alle Beschreibungen entfernt, mit deren Hilfe man Erzieher, Eltern, Schüler oder die Schule bzw. Klasse identifizieren könnte; und wir haben jedem Fallbeispiel einen Namen gegeben. Unsere Fallbeispiele tragen die unverwechselbare Aura der Realität, da sie auf wirklichen Ereignissen basieren. Jedoch ist jegliche Ähnlichkeit eines Fallbeispiels mit einer wirklichen Person, Klasse oder Schule rein zufällig.

Jedes Kapitel in Teil Zwei hat dieselbe Struktur: Die Technik wird beschrieben, Fallbeispiele werden dargestellt und diskutiert, und die wesentlichen Elemente der Technik nochmals zusammengefaßt.

In den meisten unserer Fallbeispiele geht es um Lehrer und Schüler. Es gibt jedoch einige Fallbeispiele mit Schulpsychologen, Beratern, Lehrerassistenten, Eltern, einem Erziehungskoordinator, Seminarprofessor, Lerninstitutsdirektor undsoweiter. Dieses Material ist deshalb nicht nur für Lehrer interessant, sondern für alle, zu deren Arbeit es gehört, innerhalb eines erzieherischen Rahmens Probleme zu lösen, und die von Zeit zu Zeit mit einem chronischen Problem festzusitzen scheinen.

Teil Drei soll Sie ermutigen, das, was Sie in Teil Eins und Zwei gelernt haben, anzuwenden. *Kapitel Zehn* wird Ihnen helfen, sich den nächsten Schritt zu überlegen, wenn Sie eine ökosystemische Technik ausprobiert haben und sie funktioniert. Wenn Sie eine Technik ausprobiert haben und sie funktioniert nicht, berät Sie *Kapitel Elf* darüber, was vielleicht falsch gelaufen ist und wie man das Ganze neu anpacken kann. In *Kapitel Zwölf* werden Strategien diskutiert, mit denen Sie auf Ihren Erfolgen bei der Benutzung ökosystemischer Ideen aufbauen können. Die Betonung liegt darauf, wie man persönliche und institutionelle Stärken erkennt, die als Basis für die gegenwärtige Anwendung einer ökosystemischen Methode in einer Klasse oder Schule dienen können.

Am Ende des Buches finden Sie ein *Kapitel mit Hilfen*. Es enthält Übungsanweisungen zu jeder Technik, die in Teil Zwei beschrieben wurde. Die Übungsanweisungen sollen Ihnen helfen, die Technik, die Sie für ein Problem in Ihrer Klasse oder Schule ausgewählt haben, anzuwenden. Bei jeder Übungsanweisung helfen wir Ihnen, Ihr Problem in einer Weise zu durchdenken und darzulegen, die es Ihnen leichter macht, die von Ihnen gewählte Technik einzusetzen.

Wie Sie dieses Buch benutzen

Im ganzen Buch haben wir einen informellen, umgangssprachlichen Stil verwendet. Wir haben uns dazu entschieden, weil wir Sie (soweit dies überhaupt mit gedrucktem Material möglich ist) direkt ansprechen wollen. Wir möchten Ihnen unsere Ideen nicht über Fachausdrücke und formale Sprache vermitteln. Wir möchten, daß Sie unser Buch *benutzen*. Lesen Sie es einfach von Anfang bis Ende durch, nehmen Sie es, probieren Sie eine Idee aus, schauen Sie noch einmal nach und lesen Sie dann weiter; benutzen Sie es so, wie es für Ihren Stil und Ihre Umstände am angenehmsten ist. *"Verhaltensprobleme in der Schule - Lösungsstrategien für die Praxis"* soll für Sie ein nützliches Hilfsmittel sein.

Wir meinen, Sie sollten sich den Ideen in diesem Buch mit Vorsicht und gesunder Skepsis nähern. Es stimmt, daß diese Ideen in der Praxis der Familientherapie viel weiter verbreitet sind als im erzieherischen Bereich. Es stimmt auch, daß die Beziehung zwischen einer Therapeutin und einer Familie eine andere ist als beispielsweise die zwischen einer Lehrerin und ihrer Klasse. Daher gibt es keinen Ersatz für Ihre wohlüberlegte Entscheidung, ob, wann und wie Sie irgendeine der Techniken, die in diesem Buch dargestellt werden, ausprobieren.

Interessanterweise haben Erzieherinnen, wie uns unsere StudentInnen gelehrt haben, den Familientherapeutinnen gegenüber bei der Verwendung ökosystemischer Ideen einen wichtigen Vorteil. Eine Familientherapeutin wird meistens direkt von der Familie aufgesucht. Die Entscheidung darüber, welches Problem gelöst wird und ob eine akzeptable Lösung angeboten wurde, liegt bei der Familie. Es ist nicht Aufgabe der Therapeutin, der Familie vorzuschreiben, für welches Problem sie eine Lösung suchen sollte, oder zu versuchen, ihr eine Lösung aufzuzwingen. In der Schule ist die Erzieherin jedoch tatsächlich ein "Familienmitglied" und als solches in der Position zu behaupten, daß ein Problem existiert, und sie hat das Recht mitzubestimmen, wie eine akzeptable Lösung aussehen könnte.

Wenn Sie *"Verhaltensprobleme in der Schule - Lösungsstrategien für die Praxis"* lesen, hilft es Ihnen vielleicht, unsere Ideen in der richtigen Perspektive zu sehen, wenn Sie sich Ihre Klassen oder Ihre Schule wie einen Ozeandampfer vorstellen, der von Europa zu den Vereinigten Staaten fährt. Der Ozeandampfer braucht vielleicht Hilfe, um sicher in einen Hafen hinein- und wieder hinauszukommen oder sogar unter außergewöhnlichen Umständen stürmische Seen zu überstehen. Lotsen und Rettungsboote bestimmen aber nicht das endgültige Ziel des Ozeandampfers. Die Ideen in diesem Buch sind wie die Lotsen oder Rettungsboote in der Metapher. Sie können Ihnen kein Ziel vorgeben, aber sie können Ihnen dabei helfen, "Meerengen" und "Stürme" sicher zu überstehen, die zum Leben in der Schule dazugehören.

Danksagung

Die Ideen in *"Verhaltensprobleme in der Schule - Lösungsstrategien für die Praxis"* sind durch die Arbeit von Steve DE SHAZER und das Team am Brief Family Therapy Center in Milwaukee, Wisconsin, in den frühen achtziger Jahren beeinflußt. Wir sind uns bewußt, daß wir in ihrer Schuld stehen. Wir möchten unseren Freunden Judith JAYNES und Raymond WLODKOWSKI für ihren unerschöpflichen Enthusiasmus danken, den sie unseren Ideen entgegenbrachten, und für ihr Drängen und gutes Zureden, mit dem sie uns immer zur rechten Zeit zum Schreiben anspornten. Wir möchten auch Jane SCHNEIDER danken, von deren sorgfältigem Lesen und Kommentieren unseres Manuskripts wir profitierten, und Cathy Mae NELSON für ihre Geduld, ihre gute Laune und ihre Kompetenz beim Schreiben. Und schließlich möchten wir uns bei unseren Kindern Alex, Christopher, Shannon, Heather und Cavan bedanken, daß sie uns so viele Möglichkeiten geboten haben, das durchzuführen, was wir predigen.

Milwaukee, Wisconsin *Alex Molnar und Barbara Lindquist*
November, 1988

1
Warum ist es so schwer, Verhaltensweisen zu ändern ?

Das Leben eines Erziehers ist angefüllt mit Problemen. Das ist nicht notwendigerweise etwas Schlechtes - im Gegenteil, die Befriedigung, wenn ein Problem gelöst ist, wie zum Beispiel Billys mangelnde Aufmerksamkeit in der Lesegruppe, Cathys ständige Klagen über die Hausaufgaben in Sozialwissenschaften, Sams Zuspätkommen oder Kims Jähzorn, wird von vielen als eine der Belohnungen der erzieherischen Arbeit angesehen. Jeder, der mit einer problemfreien Karriere rechnet oder auch nur einer problemfreien Woche, ist zu ewiger Frustration verdammt. Das Leben ist, wie der Held bei Dorothy L. Sayers, Lord Peter Wimsey, gern sagt, "eine verdammte Angelegenheit nach der anderen." Keine der Methoden, Probleme in Angriff zu nehmen, wird dies vermutlich ändern. Erzieherinnen haben jedoch die Möglichkeit, wenn sie dieselbe erfolglose Sache immer wieder von Neuem durchziehen, ihre Sichtweise der Situation umzuwandeln und ihr Problem zu lösen.

Unsere Methode, problematische Situationen umzuwandeln, basiert nicht auf der Diagnose von Individuen mit Problemen. Jede Lehrerin, die einmal ein Kind zur psychologischen Beurteilung überwiesen hat, in der Hoffnung zu erfahren, wie sie ein Problem in der Klasse lösen kann, weiß, daß die Diagnose der vermeintlichen Ursache eines Verhaltens durchaus nicht notwendigerweise eine spezielle Anleitung dafür bietet, wie man das Verhalten ändert. Wenn eine Diagnose keine praktische Handlungsanweisung mit sich bringt, lassen sich Erzieherinnen normalerweise von ihrem "gesunden Menschenverstand" leiten. Manchmal verändern Handlungen, die auf diesem gesunden Menschenverstand basieren, die problematische Situation zufriedenstellend. Manchmal jedoch, wenn die Handlungen nicht die erwünschte Veränderung hervorbringen, ist unserer Ansicht nach diese "common sense"-Sichtweise der Erzieherin (wie auch die Handlungen, die daraus resultieren) Teil des Problems.

Ob Sie nun Lehrerin sind, Schulpsychologin, Schulberaterin, Schulsozialarbeiterin oder Schulverwaltungsbeamtin, dieses Buch soll Ihnen helfen, Probleme zu lösen, die sich trotz gründlicher Diagnose oder wiederholter Zuhilfenahme des gesunden Menschenverstandes bisher einer Lösung entzogen haben. In diesem Kapitel untersuchen wir, wie "common sense" Ansichten entstehen und warum sie so schwer zu verändern sind.

Soziales Milieu und Wahrnehmung

In ihrem Buch "The View from the Oak" (Der Blick von der Eiche) benutzen KOHL und KOHL (1977) VON UEXKÜLLs Konzept der Umwelt, um zu erklären, wie Menschen und Tiere ihre Erfahrungen mit der Welt einordnen. Nach KOHL und KOHL teilen zwar viele Lebewesen dieselbe physische Umwelt, leben aber in einer unterschiedlichen Erfahrungswelt. In der Einordnung der Erfahrungen (der Umwelt) eines Lebewesens liegt der Schlüssel zum Verständnis seines Verhaltens.

Da die Beschaffenheit der Realität für ein Lebewesen davon abhängig ist, wie es Erfahrungen einordnet, bringen unterschiedliche Einordnungsmuster unterschiedliche Wahrnehmungen hervor und Verhaltensweisen, die sich folgerichtig aus diesen Wahrnehmungen ergeben. Die Umwelt des Menschen wird nicht nur durch die biologischen Grenzen bestimmt, die ihm seine Sinne auferlegen, sondern auch durch sein soziales Milieu. Die Bedeutung, die wir jenen Phänomenen zuweisen, die wir biologisch wahrnehmen können, wird erst durch das soziale Milieu festgelegt. Wir "konstruieren" die Realität mit Hilfe der Information, die uns unsere Sinne liefern, und der Bedeutung, die wir dieser Information zuweisen.

In "Small Futures" (Schlechte Aussichten) (1979) behauptet DE LONE, gewisse allgemeine soziale Faktoren wie soziale Schicht und Rasse stellten einen übergeordneten Rahmen dar, der auf dem Wege über kleinere soziale Gruppen wie Familie, Nachbarschaft und Schule unser Bewußtsein formt. COLES Bücher "Children of Crises" (Kinder der Krise) (1967, 1971a, 1971b, 1977a, 1977b) untermauern im großen und ganzen diese Ansicht. COLES stellte zum Beispiel fest, daß es wichtige Unterschiede zwischen dem gab, was Kinder aus unterschiedlichen sozialen Schichten und ethnischen Gruppen für erreichbare Leistungen hielten. RUBIN (1976) behauptet in einer Analyse des sozialen Milieus der Arbeiterschicht in den Vereinigten Staaten, Eigenschaften, die man normalerweise für den Ausdruck der Persönlichkeit eines Individuums hält, wie zum Beispiel Passivität oder Resignation, können auch einfach als realistische Reaktion der Menschen auf ihr soziales Milieu betrachtet werden.

Zusammengesehen zeichnen die Arbeiten von DE LONE, COLES und RUBIN ein Bild von der menschlichen Gesellschaft, in dem eine Vielzahl von Erfahrungswelten nebeneinander existieren. Da diese Erfahrungswelten durch unsere Zugehörigkeit zu sozialen Systemen geschaffen und umgewandelt werden, wird die Bedeutung, die wir unserem Verhalten und dem Verhalten anderer beimessen, durch unsere vergangenen und gegenwärtigen Erfahrungen innerhalb gewisser sozialer Gegebenheiten beeinflußt. So gesehen werden also Individuen ihr Verhalten in einem bestimmten sozialen System ändern, wenn Veränderungen der Interaktionen in diesem sozialen System es ihnen gestatten, andere Verhaltensweisen als angemessen und möglich zu betrachten.

Wahrnehmung und Verhalten

Ebenso wie verschiedene Arten, die eine gemeinsame physische Umgebung teilen, diese Umgebung aus biologisch festgelegten Gründen unterschiedlich erleben, können Menschen, die eine gemeinsame, physische Umgebung teilen (zum Beispiel ein Schulgebäude), nach DE LONE, COLES und RUBIN, den Sinn von Ereignissen innerhalb dieser Umgebung aus Gründen, die von sozialen Faktoren beeinflußt sind, sehr unterschiedlich deuten.

Nach MILLER (1985) ist das, was wir wahrnehmen, das Ergebnis von Empfindung, Aufmerksamkeit, vergangener Erfahrung und Erwartung. Die Empfindung ist zum großen Teil durch unsere biologischen Fähigkeiten festgelegt. Unsere Aufmerksamkeit für das, was wir empfinden, und unsere damit verknüpfte Deutung und Erwartung werden jedoch mit Hilfe eines ideellen Rahmens geordnet, der das Ergebnis früherer sozialer Interaktionen ist. Anders ausgedrückt, die Wahrnehmung ist ein aktiver Prozeß, bei dem wir auf unsere soziale Geschichte zurückgreifen, um dem, was wir gegenwärtig empfinden, eine Bedeutung zuzuweisen.

Die Bedeutung, die wir einem Vorfall beimessen (zum Beispiel Sams Zuspätkommen), veranlaßt uns, in einer bestimmten Art darauf zu reagieren (ein strenger Vorwurf oder ein Zuzwinkern und ein Lächeln). Wenn Ihr Neffe zu Ihnen zu Besuch kommt, sich still hinsetzt und nichts zu sagen hat, dann wird Ihre Reaktion auf ihn zum großen Teil von Ihren Gedanken über die Bedeutung seines Verhaltens abhängen. Wenn Sie sein Verhalten für manipulativ halten, werden Sie auf die eine Art reagieren; wenn Sie sein Verhalten für legitim halten, weil er "von Natur aus" schüchtern ist, werden Sie anders reagieren; und wenn Sie glauben, er ist so still, weil er aus Respekt vor Ihren Ansichten aufmerksam auf alles hören möchte, was Sie zu sagen haben, dann werden Sie wieder anders reagieren.

Ein weiteres Beispiel soll helfen, diese Ansicht zu verdeutlichen. Eine Lehrerin sieht, wie eine Schülerin von ihrem Platz aufsteht, zum Bleistiftanspitzer geht und anfängt, ihren Bleistift anzuspitzen. Es kann keine zwei Meinungen über das geben, was die Schülerin gemacht hat. Die Reaktion der Lehrerin wird nicht allein von der Tatsache abhängen, daß die Schülerin von ihrem Platz aufstand, zum Bleistiftanspitzer ging und ihren Bleistift angespitzt hat. Ihre Reaktion wird von der Bedeutung abhängen, die diese Tatsache für sie hat. War das Verhalten der Schülerin eine Trotzhandlung? Eine Handlung aus Interesse und Engagement? Eine geistesabwesende Handlung? Jede dieser möglichen Interpretationen würde in der Lehre/in eine andere Reaktion hervorrufen.

Auflösung widersprüchlicher Wahrnehmungen

Natürlich ist das Leben nicht ganz so einfach, wie unsere Beispiele vorgeben. Ein Mensch hat häufig eine ganze Reihe von Ideen darüber, was etwas bedeutet, und manchmal stehen diese Ideen im Konflikt miteinander. Eine Schülerin, die in der Stunde immer wieder andere Schüler mit Worten ärgert, legt vielleicht ein Verhalten an den Tag, das für die Lehrerin bedeuten könnte, sie:

- hat Lernschwierigkeiten
- will der Lehrerin eins "auswischen"
- kommt aus einer zerrütteten Familie
- braucht besondere Zuwendung
- braucht rasche Disziplinierung
- hat unzureichende soziale Fähigkeiten
- ist vom Unterricht gelangweilt
- einige oder alle der eben genannten Möglichkeiten

Sehr häufig hat eine Person miteinander konkurrierende oder offensichtlich widersprüchliche Ideen über die Bedeutung des Verhaltens eines anderen Menschen. Die Frage, wie solche Ideenkonflikte gelöst werden können, ist von FESTINGER (1957) und BATESON (1972, 1979) in sich ergänzenden Analysen diskutiert worden.

FESTINGER stellt die Theorie der kognitiven Dissonanz auf. Allgemein gesagt, behauptet FESTINGER, eine Person, die anscheinend widersprüchliche Ideen vertritt, versucht die kognitive Dissonanz, die durch diesen Konflikt entsteht, durch folgende Taktiken auszulöschen: sie läßt eine Ansicht fallen oder fügt neue kognitive Elemente hinzu, um eine Sichtweise zu untermauern, sie reduziert die Wichtigkeit der Dissonanz oder bringt die bisher dissonanten Ansichten in Übereinstimmung. Er vertritt den Standpunkt, daß der Druck, die kognitive Dissonanz zu beseitigen, direkt proportional zur Wichtigkeit der widersprüchlichen Ansichten ist. Ideen also, die für gleich wichtig und etwa gleich attraktiv gehalten werden, bringen den höchsten Dissonanzgrad hervor und den größten Druck, ihn zu beseitigen.

Der Einfluß des frühen Lernens. BATESON (1972, 1979) behauptet, in den Fällen, wo offensichtlich widersprüchliche Ideen von einer Person vertreten werden, überlebt die abstrakteste oder die am besten zu verallgemeinernde Idee (die Idee, die am häufigsten am erfolgreichsten eingesetzt wurde). Das heißt, eine Lehrerin, die häufig erfolgreich mit Kindern gearbeitet hat, die sich während des Unterrrichts verbal ärgern, wobei sie annahm, ihr Verhalten drücke mangelnde soziale Fähigkeiten aus, wird vermutlich auf das verbale Ärgern dieses Kindes in einer Weise reagieren, die mit der Überzeugung in Übereinstimmung steht, das Kind habe mangelnde soziale Fähigkeiten, selbst wenn die Lehrerin verstandesmäßig durchschaut, daß es noch andere gute Erklärungen für das Verhalten gibt.

Aufgrund dieser Beurteilung der Situation sieht sich die Lehrerin in diesem Beispiel der Schwierigkeit gegenüber, wenn das problematische Verhalten weiter anhält, zwei dissonante Thesen miteinander versöhnen zu müssen:

These 1: Schüler ärgern andere Schüler verbal, weil es ihnen an sozialen Fähigkeiten mangelt.

These 2: Dieser Schüler hört nicht mit seinem verbalen Ärgern auf, wenn ihm soziale Fähigkeiten beigebracht werden. Es muß also eine andere Erklärung für dieses Ärgern geben.

Der Schüler benimmt sich in einer Weise (verbales Ärgern), die für die Lehrerin auf einen Mangel an sozialen Fähigkeiten hinweist, und doch besteht dieses Ärgern weiter, nachdem ihm soziale Fähigkeiten beigebracht wurden.

Gehen wir von BATESONs Gedanken aus, der den abstrakteren Ideen (die am erfolgreichsten am häufigsten eingesetzt wurden) den Vorrang gibt vor den weniger abstrakten Ideen, können wir die Ablehnung der These 2 durch die Lehrerin voraussagen. Der Erfolg, den die Erklärung "Mangel an sozialen Fähigkeiten" bisher mit sich brachte, wenn die Lehrerin in früheren Situationen verbales Ärgern abstellen wollte, wird in diesem Fall für sie zum Hindernis, wenn sie eine neue Idee formulieren oder akzeptieren soll, warum dieser eine Schüler nicht so reagiert, wie er "eigentlich sollte". Wir können auch vorhersagen, daß die Lehrerin durch den scheinbaren "Widerstand" des Schülers gegen die "wirksamen" Strategien verwirrt sein und Möglichkeiten suchen wird, diesen "Widerstand" zu "überwinden", wobei diese Möglichkeiten mit der Idee vereinbar sein müssen, der Schüler verhalte sich in dieser Weise, weil ihm soziale Fähigkeiten fehlen oder er irgendwelche ungewöhnlichen Schwächen hat.

Der stützende Einfluß der sozialen Gruppe. FESTINGERs Ideen können uns auch helfen, einen weiteren Grund zu verstehen, warum die Lehrerin in unserem Beispiel die These 2 vielleicht außer Acht läßt. FESTINGER behauptet, die soziale Unterstützung, die für eines der kognitiven Elemente in einer dissonanten Beziehung vorhanden ist, sei einer der wesentlichsten und ausschlaggebendsten Faktoren bei der Entscheidung, welches kognitive Element beibehalten wird. In seiner Abhandlung über Massenphänomene zitiert FESTINGER Beispiele, wo die soziale Unterstützung innerhalb bestimmter Gruppen von Überzeugungen, die erwiesenermaßen falsch waren, diese Überzeugungen tatsächlich noch stärkten, obwohl sie ganz offensichtlich falsch waren. Er beschreibt zum Beispiel eine religiöse Gruppe aus dem neunzehnten Jahrhundert, die das Ende der Welt für ein bestimmtes Datum vorausgesagt hatte. Nachdem der vorausgesagte Tag der Zerstörung der Welt gekommen und vergangen war, fand die Gruppe eine Möglichkeit zu erklären, warum ihre erste Vorhersage nicht korrekt gewesen war, und wählte einen neuen Tag für den Weltuntergang aus. In der Folge verstärkte sich sogar noch ihr Glaube an die Prophezeiung vom Ende der Welt. Die soziale Unterstützung, die Erzieher für ihre Erklärung problematischen Verhaltens, die nicht zu einem erkennbaren Erfolg führt, durch ihre Fachkollegen erhalten, trägt unter Umständen in ähnlicher Weise dazu bei, diese Erklärungen trotz der immer wiederkehrenden Mißerfolge zu festigen.

Auch Institutionen leisten ihren Beitrag, die Unterstützung der Fachkollegen zu kodifizieren. Schulen als Institutionen haben ein langes Gedächtnis. Mit jedem weiteren Jahr, das ein Kind in der Schule ist, wird die Bedeutung seines Verhaltens unumstößlicher in Schulakten und informellen Kanälen, die die Information über die Bedeutung des Verhaltens des Kindes von einem Schulbeamten zum nächsten weiterleiten, festgehalten. In gewisser Weise wird das Verhalten des Kindes, während es die Schule durchläuft, immer häufiger durch Zurückgreifen auf die "eingefrorenen" Wahrnehmungen seines vergangenen Verhaltens interpretiert. Die formellen und informellen Akten einer Institution können massive Hilfsmittel sein, problematische Verhaltensmuster von Erziehern und Schülern festzuhalten, da sie dazu beitragen, wenig hilfreiche Interpretationen dieses Verhaltens aufrecht zu erhalten.

Außer bei ihren Fachkollegen finden Erzieher auch in anderen Bereichen die soziale Unterstützung einer Deutung, die sie einem Verhalten unterlegen. DE LONE (1979) schildert Faktoren, die mitbestimmen, wie ein

Kind seine soziale Realität wahrnimmt, und schreibt: "Wir behaupten, daß die Erfahrungen, die für die verschiedenen sozialen Schichten und die Situation der verschiedenen Rassen charakteristisch sind, sowie die Geschichte der Gruppe, zu der ein Individuum gehört, zusammengenommen ihren Eindruck im Kind während der Entwicklung seiner Theorie der sozialen Realität hinterlassen" (p. 161). DE LONE meint, diese Botschaften der Umwelt funktionieren sowohl bewußt wie auch unbewußt. Anders ausgedrückt, bedeutet dies, die Lehrerin in unserem Beispiel und das Kind, das sie zu erziehen hofft, tragen in sich selbst eine rassische, kulturelle und geschlechtsbezogene Geschichte ihrer Erfahrungen, durch die Bedeutungen, die sie einem bestimmten Verhalten beimessen, geformt und gestützt werden. Es überrascht nicht, daß dasselbe Verhalten für zum Beispiel einen Lehrer aus der Mittelschicht und einen Schüler aus der Arbeiterklasse sehr unterschiedliche Bedeutungen haben kann.

Ebensowenig überrascht es, wenn eine Person, die ihre Interpretationsweise der Ereignisse mit einer großen Anzahl von Leuten teilt, die sie für wichtig hält, vermutlich nicht so ohne weiteres diese Interpretation ändert, selbst wenn sie sich einem chronischen Problem gegenüber sieht.

Wenn wir BATESONs und FESTINGERs Meinung akzeptieren, erkennen wir gute Gründe, weshalb die Lehrerin in unserem Beispiel vielleicht weiterhin auf ihrer Meinung beharrt und so handelt, als sei das Ärgern des Schülers die Folge seiner mangelhaften sozialen Fähigkeiten, selbst wenn die Versuche, auf der Grundlage dieser Interpretation das Verhalten des Kindes zu ändern, immer wieder ohne die gewünschten Ergebnisse bleiben.

Der Einfluß des Ursache/Wirkung-Denkens. Wir haben die Stabilität der individuellen Wahrnehmungen in problematischen Situationen mit den Begriffen "vorausgegangenes Lernen" und "soziale Unterstützung" erklärt. Es gibt noch einen weiteren Faktor. In der westlichen Kultur leiten sich die Bedeutungen, die ein Individuum einem Verhalten beimißt, zwar aus seinen früheren Erfahrungen innerhalb gewisser sozialer Gegebenheiten ab, den allgemeinen Rahmen jedoch, in den man die verschiedenen Deutungen bestimmter Verhaltensweisen stellt, bildet das Ursache/Wirkung-Denken. Im Westen ist die Überzeugung, die Realität könne am besten in Begriffen von Ursache/Wirkung-Beziehungen verstanden werden, so fest verankert, daß sie kaum hinterfragbar scheint. Wenn sich zum Beispiel ein Kind in einer Weise verhält, durch die sich die Lehrerin gestört fühlt, dann wird diese bei der Überlegung, wie man das Verhalten des Kindes ändern kann, den Glauben an Ursache und Wirkung in Form einer geistigen Regel einsetzen. Diese geistige Regel kann durch folgende Annahmen skizziert werden:

1. Alles Verhalten hat eine Ursache, und daher ist alles Verhalten die Wirkung von etwas anderem.

2. Die Ursache geht voraus und bestimmt daher die Wirkung.

3. Um die Wirkung zu beseitigen, muß die Ursache beseitigt werden.

Es gibt zu viele Beispiele, mit denen man die "Wahrheit" der Aussage, die Realität könne am besten durch Ursache/Wirkung-Beziehungen erklärt werden, verdeutlichen kann, als daß man sie hier aufführen könnte. Die Leute, die nach einem Beweis für die Gültigkeit des Ursache/Wirkung-Denkens suchen, weisen zum Beispiel darauf hin, daß sie, wenn der Wekker klingelt (Ursache), aufwachen (Wirkung). In einer problematischen Situation geht es jedoch weniger um die "Wahrheit" der Ursache/Wirkung-Erklärung für das problematische Verhalten, sondern vielmehr darum, ob diese Erklärung als Basis für eine Veränderung des Verhaltens brauchbar ist.

In vielen Fällen hilft die Ursache/Wirkung-Logik, die gewünschten Ergebnisse zu erreichen. Eine Lehrerin, die zum Beispiel glaubt, die Ursache für Lyles Kichern sei seine Nähe zu Patrice, gibt Lyle vielleicht einen anderen Sitzplatz und löst das Problem zufriedenstellend. In diesem Beispiel führte die Überzeugung der Lehrerin, Lyles Kichern würde durch die Nähe zu Patrice verursacht, zu einer wirkungsvollen Handlung, mit der das Problem gelöst wird: Lyle bekam einen anderen Platz. Nehmen wir aber einmal an, die Lehrerin glaubt, die Ursache für Lyles Verhalten läge in seiner Herkunft aus einer Familie mit nur einem Elternteil. In diesem Fall wäre es durchaus nicht eindeutig, welcher Lösungsansatz sich folgerichtig aus dieser Interpretation ergibt.

Die Annahme, für jede Wirkung gäbe es eine Ursache, führt dazu, sich bei den Bemühungen um Problemlösungen auf ein problematisches Individuum zu konzentrieren. Wenn außerdem erst einmal davon ausgegangen wird, das Problem liege im Verhalten eines bestimmten Individuums, dann kann das Verhalten dieser Person diagnostiziert werden, damit man seine Ursache findet. Wenn die Ursache identifiziert werden kann, so der zugrundeliegende Gedanke, kann eine "Behandlung" entworfen werden, um das "Symptom" auszulöschen (das heißt, um das Verhalten der problematischen Person zu verändern). Dieses Verfahren, Verhalten in immer kleinere Bestandteile zu zerlegen, um seine Ursache zu finden, macht es schwierig, Verhalten in seinem Kontext zu sehen und die ganze Spielbreite der Erklärungen in Betracht zu ziehen, die vielleicht dazu beitragen können, die Dinge zum Guten zu wenden.

Veränderung in chronisch problematischen Situationen ist schwierig, da die Sichtweise und das Verhalten der Menschen, die damit zu tun haben, ebenso wie das vorausgegangene Lernen, die soziale Unterstützung und das Ursache/Wirkung-Denken zu einer Belastung werden. Jeder dieser Faktoren trägt dazu bei, das Problem aufrecht zu halten, indem er die Wahrnehmung der Menschen blockiert. Chronisch problematische Situationen sind durch Stabilität charakterisiert. Für eine Lösung ist eine Veränderung des Verhaltens oder der Wahrnehmung der betroffenen Personen oder beides notwendig. Niemand kann vergangene Erfahrungen verändern. Und doch braucht die Vergangenheit nicht das gegenwärtige Verhalten zu beherrschen. *"Verhaltensprobleme in der Schule - Lösungsstrategien für die Praxis"* hat es sich zur Aufgabe gesetzt, Ihnen zu helfen zu lernen, wie Sie problematische Situationen, in denen Sie sich in diesem Augenblick befinden, verändern können und Ihnen Mut zu machen, dies jetzt in Angriff zu nehmen.

2
Wenn Sie etwas ändern wollen, müssen Sie etwas ändern

Der Rahmen, den wir benutzen, um die verschiedenen Faktoren, die die Wahrnehmungen und das Verhalten der Menschen beeinflussen, miteinander in Beziehung zu setzen, ist das Konzept des Ökosystems. Das Konzept des Ökosystems erlaubt es, uns auf das Beziehungsgefüge von Verhaltensweisen in einer sozialen Umgebung wie dem Klassenzimmer oder der Schule zu konzentrieren, und gibt uns eine Möglichkeit an die Hand, individuelles Verhalten zu erklären, ohne dabei die Ursache/Wirkung-Logik zu benötigen.

Die ökosystemische Sichtweise des Beziehungsgefüges und der Veränderung zwischen Menschen, beziehungsweise zwischen Menschen und ihrer Umgebung ist in vielen Bereichen diskutiert worden, unter anderem in der Naturwissenschaft und Astronomie (LOVELOCK und MARGULIS, 1986), Sportpsychologie (GRAU, MÖLLER und GUNNARSSON, 1987), Landwirtschaft (RODALE, 1983), Familientherapie (DE SHAZER, 1982; BOGDAN, 1984, 1986, 1987), Gemeindeentwicklung (BERCUVITZ, 1987) und Science Fiction (ASIMOV, 1982). Selbst die Evolutionstheorie benötigt für eine Veränderung keine Ursache/Wirkung-Erklärung (GOULD, 1977, 1982). Zufall und plötzliche Katastrophen sind eine überzeugendere Erklärung für evolutionäre Veränderungen als die graduelle Auswirkung zahlloser kleiner "Ursachen".

Die komplexen und sehr unterschiedlichen Beziehungen, die ein Ökosystem ausmachen, stehen nicht unbedingt in einem ursächlichen Verhältnis zueinander. Eine Beschreibung der natürlichen Welt, in der Schafe die Ursache für Wölfe sind, weil Wölfe von Schafen leben, Blumen die Ursache von Bienen, weil Bienen den Nektar der Blumen nehmen, oder Lachse die Ursache von Bären, weil Bären Lachse fressen, ist nicht aufrecht zu halten. Trotzdem scheint es vernünftig, auf den Einfluß hinzuweisen, den die Existenz von Schafen auf das Verhalten der Wölfe, die Existenz der Blumen auf das Verhalten der Bienen und die Existenz der Lachse auf das Verhalten der Bären hat und umgekehrt. Eine Tatsache ist in unserer modernen Zivilisation nur zur Genüge deutlich geworden: wenn irgendetwas, und sei es noch so geringfügig, sich in einem Ökosystem ändert, treten innerhalb des ganzen Ökosystems damit verbundene Veränderungen auf.

Wenn man in ökosystemischen Begriffen denkt, sieht man die Lehrerin und ihre Schüler als Teile eines Ökosystems "Klassenzimmer", die demzufolge von ökosystemischen Beziehungen in diesem Klassenzimmer beeinflußt sind. Die Wahrnehmungen und das Verhalten der Lehrerin im Klassenzimmer sind Teil eines Wahrnehmungs- und Verhaltensmusters, das von den Wahrnehmungen und dem Verhalten aller übrigen Personen im Klassenzimmer beeinflußt ist und diese beeinflußt (aber nicht verursacht) und umgekehrt.

Es gibt zahllose Beispiele für funktionierende Ökosysteme sowohl in unserem privaten wie auch im beruflichen Leben. Betrachten wir einmal die Sitzordnung am Eßtisch einer Familie. Wenn Sie in einer Familie leben, wo jeder bei den festgelegten Familienmahlzeiten seinen Stammplatz hat, wird sich Ihre Familie anders verhalten, wenn eine Person auf dem "falschen" Platz sitzt. Die Person, der der Platz weggenommen wurde, muß entscheiden, was sie tun will. Auch wenn sie sich einfach auf einen anderen Stuhl setzt, werden andere Familienmitglieder verdrängt, und die übliche Sitzordnung ist verändert. Die Person, deren üblicher Platz am Tisch besetzt wurde, und auch jedes andere Familienmitglied wird das, was geschehen ist, deuten und entsprechend handeln.

Oder nehmen wir ein anderes Beispiel: Ein Familienmitglied hat vielleicht einen schweren Tag am Arbeitsplatz oder in der Schule hinter sich und sich, als es nach Hause kam, anders als sonst benommen. Der Ehepartner, der normalerweise freundlich und kooperativ ist, oder das Kind scheinen plötzlich ein schlecht gelaunter Griesgram zu sein, dem es niemand recht machen kann. Durch die Stimmung und die Handlungen dieser Person werden Interaktionsmuster ausgelöst, die jeden in der Familie in unterschiedlichem Maße beeinflussen.

In einem komplexen Ökosystem wie der Familie wirkt sich das veränderte Verhalten einer Person auf dieses System in vielfältiger Weise und unterschiedlicher Stärke aus. In einigen Familien kommt es vielleicht zu einer tätlichen Auseinandersetzung, wenn jemandem der angestammte Platz am Tisch genommen wird oder einer mürrisch nach Hause kommt; in anderen ist es Anlaß für einen Spaß. Obwohl es nicht möglich ist, genau vorherzusagen, wie die Veränderungen der Situation aussehen werden, kann man doch vorhersagen, daß *das Ökosystem sich ändert, wenn irgendetwas im Ökosystem sich ändert.*

In einem Klassenzimmer kann man das Beziehungsgefüge der Verhaltensweisen erkennen, wenn zum Beispiel ein Schüler in der Stunde mit irgendeinem dummen Satz herausplatzt und andere Schüler, wie bei einer

Kettenreaktion, anfangen zu lachen und sich schlecht zu betragen; oder eine Lehrerin reagiert nicht auf die Fragen der Schüler, und die Schüler fangen an, sarkastisch miteinander umzugehen; oder eine Schülerin, die normalerweise nicht launisch ist, kommt ganz offensichtlich traurig in die Schule, und Schüler, die sie normalerweise ärgern, geben sich die größte Mühe, nett zu ihr zu sein. Wenn in der Schule eine Kollegin, die normalerweise freundlich und aufgeschlossen ist, eines Morgens im Flur, ohne zu grüßen oder von Ihrer Anwesenheit Kenntnis zu nehmen, an Ihnen vorbeigeht, wird dieses Verhalten sich höchstwahrscheinlich auf Ihr Verhalten auswirken. Sie gehen vielleicht hinter Ihrer Kollegin her, um festzustellen, ob irgendetwas nicht in Ordnung ist; oder Sie ziehen sich zurück und machen sich Sorgen, ob Sie sie durch irgendetwas beleidigt haben; oder Sie ziehen andere mit hinein und fragen, ob sie auch irgendwelche Veränderungen bemerkt haben. Ganz gleich, wie Sie reagieren, Sie sind beeinflußt von der Veränderung im Verhalten Ihrer Kollegin. In einem Ökosystem kann es nicht anders sein.

Eine Ökologie der Ideen

Die soziale Welt der Schule (zum Beispiel Lehrerinnen und Schüler zusammen im Klassenzimmer oder das Kollegium bei einer Konferenz) repräsentiert das, was BATESON (1972, 1979) Ökologie der Ideen nannte. Einfach ausgedrückt, Individuen haben Ideen über das Verhalten anderer Gruppenmitglieder, über Handlungsweisen der Gruppe, über die Ideen der anderen, über die Ideen, die andere sich über sie machen undsoweiter. Die Interaktion dieser Ideen durch das Verhalten macht die Ökologie der Ideen aus, die der erlebte soziale Kontext der Individuen ist (zum Beispiel Klassenzimmer, Familie, Bowlingteam). Indem wir eine Schule oder ein Klassenzimmer als eine Ökologie der Ideen darstellen, können wir eine klare Unterscheidung zwischen ihren physikalischen Artefakten treffen (z.B. dem Raum, in dem die Klasse sich trifft, die Tische, an denen die Schüler sitzen, und die Bücher, die sie benutzen) und der Bedeutung, die diese Artefakte und die dabei auftretenden Verhaltensweisen für die beteiligten Individuen haben.

Obwohl eine soziale Gruppe durch die vorhersagbaren Interaktionsmuster bestimmt wird, die zwischen den Gruppenmitgliedern auftreten, sind diese Muster nicht notwendigerweise davon abhängig, daß die Gruppenmitglieder eine gemeinsame Idee über die Bedeutung individueller Verhaltensweisen teilen. Vorhersagbare Interaktionsmuster können ohne eine übereinstimmende Idee über die Bedeutung des jeweiligen Verhaltens auftreten. Jedoch muß jedes Individuum sein Verhalten und das der übrigen

Gruppe als im großen und ganzen konsistent mit der Bedeutung, die es diesen Verhaltensweisen zugeschrieben hat, betrachten können. Auf diese Weise wird jedem einzelnen Gruppenmitglied, obwohl alle vielleicht das individuelle Verhalten unterschiedlich deuten, die eigene Deutung, die es dem Verhalten gegeben hat, bestätigt. Und so kann in einer beliebigen Gruppe eine einzelne Verhaltensweise einer Vielfalt voneinander abweichender Bedeutungen entsprechen und sie entsprechend unterstreichen. Zum Beispiel glaubt ein Lehrer (Fred) vielleicht, eine gewisse Schülerin sei tyrannisch, und die Schülerin (Alice) sieht sich vielleicht als bedrohte Außenseiterin, die immer wachsam für ihre Rechte eintreten muß, und ein Mitschüler (Joe) hält sie vielleicht für bewundernswert, weil sie von der Autorität der Erwachsenen unabhängig ist. Wenn Alice wegen eines Vorfalls im Flur eine Drängelei mit Darien hat, wird Fred sich bestätigt sehen, daß Alice tyrannisch ist; Alice wird umso mehr davon überzeugt sein, sie müsse ihre Rechte bewahren. Wenn Fred sich Alice gegenüber so verhält, als sei sie tyrannisch, wird dies nur Alices Überzeugung, sie müsse für ihre Rechte eintreten, weiter bestärken (da der Lehrer dies in ihren Augen ja ganz offensichtlich nicht tun wird). Wenn Alice aggressiv auf Freds Versuch, sie zu disziplinieren, reagiert, wird Joe sich bestätigt sehen, daß Alice bewundernswert unabhängig ist. Obwohl die Menschen in diesem Beispiel sehr unterschiedliche Ideen über die Bedeutung ihres eigenen Verhaltens und das der anderen haben, sieht jeder einzelne seine Sichtweise bestätigt und durch die beschriebenen Vorfälle bestärkt.

Meistens ist die Tatsache, daß Individuen einunddasselbe Verhalten sehr unterschiedlich deuten, nur von geringem praktischen Interesse, da die Muster der Gruppeninteraktion, die diese Interpretationen stützen, nicht als problematisch gelten. Es ist jedoch wichtig, die Bedeutungen zu untersuchen, die einem für problematisch gehaltenen Verhalten zugeschrieben werden, da in problematischen Situationen diese zugeordneten Bedeutungen Teil des Problems sind.

Eine Veränderung in Gang setzen

Wenn wir uns die Klassenzimmer und Schulen als Ökosysteme denken, die aus den interagierenden Ideen und Verhaltensweisen der Schüler und Erzieher bestehen, ist es nicht notwendig, eine Ursache für ein problematisches Verhalten zu finden. Es reicht zu wissen, daß eine Veränderung der Ideen oder der Verhaltensweisen irgendeiner Person im Klassenzimmer oder in der Schule die Verhaltensweisen und Ideen jeder Person im Klassenzimmer oder in der Schule verändern wird.

Nicht alle stabilen Interaktionsmuster in einem Klasenzimmer oder einer Schule stellen Probleme dar. Da aber alle chronisch problematischen Verhaltensweisen Teil eines stabilen Gedanken- und Handlungsmusters sind, liegt bei einer funktionellen Definition die Lösung in einer Veränderung des problematischen Musters, die in irgendeiner Weise für wünschenswert gehalten wird. Wenn eine Erzieherin feststellt, daß sie in Reaktion auf ein problematisches Verhalten immer wieder dasselbe macht ohne zufriedenstellende Ergebnisse, dann ist dieses Muster gleichzeitig ein dauerhaftes Merkmal des Ökosystems und Grund für eine Veränderung.

Aus ökosystemischer Perspektive gibt es zwei mögliche praktische Handlungsweisen, eine Veränderung einer chronisch problematischen Situation in Gang zu setzen: (1) Man sucht neue Deutungen des als problematisch geltenden Verhaltens, die zu den Gegebenheiten passen, und verhält sich diesen neuen Deutungen entsprechend oder (2) man verhält sich einfach anders. Es ist schwierig, so zu verfahren, wenn man sich das Ursache/Wirkung-Prinzip zu eigen gemacht hat. Wenn man nämlich neue Interpretationsmöglichkeiten in Erwägung zieht, muß man eine Interpretation (oder Ursache), die man vorher für wahr gehalten hat, zurückweisen oder zumindest infrage stellen.

Außerdem ergibt sich aus der Ursache/Wirkung-Logik, daß eine Interpretation, die bisher Gültigkeit besaß und die verworfen wird, durch eine neue Interpretation ersetzt werden müßte, die dann als wahre Erklärung (oder Ursache) des betreffenden Verhaltens gilt. Da nach der ökosystemischen Logik alle Ideen und Verhaltensweisen in einem sozialen Milieu miteinander agieren und sich wechselseitig in einem kontinuierlichen Interaktionsmuster beeinflussen, kann die sogenannte "Ursache" eines Verhaltens nie als die Wahrheit anerkannt werden. Ökosystemisch gesehen, ist die Wahrheit abhängig von dem Punkt, wo ein Beobachter seine Beobachtung des Interaktionsmusters anfängt und beendet (interpunktiert). Wenn die eine Interpunktion nicht zum Ziel führt, die Dinge zu verändern, kann man, ohne befürchten zu müssen, von der Wahrheit abzuweichen, eine andere Interpunktion versuchen.

Interpunktion von Verhaltensweisen

Schulen und Klassenzimmer stecken voller Beispiele, wie bei unterschiedlicher Interpunktion demselben problematischen Verhalten verschiedene Ursachen zugeschrieben werden. Die folgenden sieben Vorfälle sind in unterschiedlicher Reihenfolge angeordnet worden, um zu zeigen, auf wie viele verschiedene Weisen dieselben Ereignisse interpunktiert werden können.

Interpunktion A
Schüler 1 ärgert die Schwester von Schüler 2 auf dem Weg zur Schule.
Schüler 2 schlägt Schüler 1 in der Pause.
Schüler 1 schubst Schüler 2 in der Essensschlange.
Lehrerin straft Schüler 1.
Schüler 1 ärgert Schüler 2 in der Klasse.
Schüler 2 bedroht Schüler 1 in der Klasse.
Lehrerin straft Schüler 2.

Interpunktion B
Schüler 1 schubst Schüler 2 in der Essensschlange.
Lehrerin straft Schüler 1.
Schüler 1 ärgert Schüler 2 in der Klasse.
Schüler 2 bedroht Schüler 1 in der Klasse.
Lehrerin straft Schüler 2.
Schüler 1 ärgert die Schwester von Schüler 2 auf dem Weg zur Schule.
Schüler 2 schlägt Schüler 1 in der Pause.

Schüler 2 bedroht Schüler 1 in der Klasse.
Lehrerin straft Schüler 2.
Schüler 1 ärgert die Schwester von Schüler 2 auf dem Weg zur Schule.
Schüler 2 schlägt Schüler 1 in der Pause.
Schüler 1 schubst Schüler 2 in der Essensschlange.
Lehrerin straft Schüler 1.
Schüler 1 ärgert Schüler 2 in der Klasse.

Um unsere Auffassung deutlich zu machen, haben wir die zeitliche Reihenfolge der Vorfälle in der oben aufgeführten Sequenz in einer Weise hin und her geschoben, wie es im wirklichen Leben nicht möglich ist. Zieht man nur die sieben Vorfälle in unserem Beispiel in Betracht, so passiert einer als erster, einer als zweiter undsoweiter. Im wirklichen Leben ist es die Auswahl der Ereignisse, mit denen man etwas erklärt, durch die sich die Interpunktion ergibt, die die Ursächlichkeit festlegt. Treffen Sie eine andere Auswahl von Ereignissen, dann verändern Sie die Festlegung der Ursächlichkeit, da dann andere Ereignisse als erste, zweite und dritte betrachtet werden. Aus ökosystemischer Perspektive kann bei verschiedenen Interpunktionsmöglichkeiten einer Reihe von Ereignissen nicht die eine als wahr und die anderen als falsch bezeichnet werden. Jede Ansicht ist von ihrem Standpunkt aus gesehen "wahr". Wenn wir also über ein problematisches Verhalten nachdenken, dürfen wir, wenn wir die ökosystemische Methode anwenden, nicht versuchen, den "wahren" Grund für das Problem festzustellen, sondern wir müssen versuchen, eine Interpretation zu finden, die den Gegebenheiten entspricht und die neue Verhaltensmöglichkeiten eröffnet, die vielleicht die Situation in einer annehmbaren Weise verändern.

Probleme und Lösungen

Sich Schulen und Klassenzimmer als Ökosysteme vorzustellen, ist eine sehr optimistische Art, Probleme in Angriff zu nehmen, da sie uns sagt, wir können durch das, was wir in der Schule tun, problematisches Verhalten beeinflussen. Da Sie Teil des Ökosystems Klassenzimmer oder Schule sind, beeinflussen Ihre Gedanken, Haltungen und Verhaltensweisen die Gedanken, Haltungen und Verhaltensweisen der Personen, mit denen Sie das Klassenzimmer und die Schule teilen. Anders ausgedrückt, Sie können problematisches Verhalten beeinflussen, indem Sie sich selbst verändern

Unser erstes Beispiel zeigt, wie ein Lehrer, der sich von einer Kollegin schikaniert fühlte, sein Wissen über ökosystemische Abläufe anwendete, indem er sein Verhalten änderte und dadurch in der Lage war, sein Problem zu lösen, ohne sich ihm jemals direkt zu stellen.

Fallbeispiele in Büchern sind manchmal fast zu schön, um wahr zu sein. Doch obwohl wir Namen und andere Merkmale geändert haben, basieren alle Fallbeispiele in *"Verhaltensprobleme in der Schule - Lösungsstrategien für die Praxis"* auf tatsächlichen Situationen. Sie wurden von StudentInnen beschrieben, die im Laufe der letzten sechs Jahre an unserem Kurs "Wie kann die Schule funktionieren" teilgenommen haben.

Fallbeispiel: Unerwünschte Aufmerksamkeit

Meine Frau und ich befinden uns in der wohl einmaligen Situation, dieses Jahr beide im selben Schulgebäude zu unterrichten. Dies hat sich nicht als Problem erwiesen; im Gegenteil, es hat seine Vorteile. Es gab jedoch eine Kollegin, Cynthia, die Bemerkungen über unsere Beziehung machte. Die meisten dieser Bemerkungen waren belanglos und hätten mich eigentlich nicht im geringsten stören dürfen. Leider neigte ich aber dazu, mich darüber zu ärgern. Zum Beispiel nahmen meine Frau und ich vor einigen Wochen einen Imbiß im Lehreraufenthaltsraum zu uns. Als wir fertig waren, bat ich Constance, meine Frau, ob es ihr etwas ausmachen würde, mein Tablett mitzunehmen, da sie sowieso an der Abgabe vorbeigehen mußte. Daraufhin flötete Cynthia dazwischen: "Meine Güte, Constance, ich möchte mal wissen, wie Larry das macht, solch einen Einfluß auf dich zu haben." Wie gewöhnlich machte sie die Bemerkung mit sehr lauter Stimme in Gegenwart vieler Kollegen und Kolleginnen. Ich gebe zu, es war belanglos, aber ich hatte es satt, mir Tag für Tag solche Kommentare anhören zu müssen. Wann immer sie die Möglichkeit sah, eine Bemerkung über unsere Beziehung, unsere Rollenverteilung zu Hause undsoweiter zu machen, kam sie unweigerlich. Ich kochte innerlich, blieb aber nach außen hin ruhig und ignorierte die Bemerkungen, da ich meinte, sie verdienten keine Antwort.

Nachdem ich etwas über ökosystemische Techniken gelernt hatte, war ich bereit, eine oder zwei der vorgeschlagenen Methoden auszuprobieren. Ich überlegte zum Beispiel, ob ich sagen sollte: "Cynthia, ich weiß dein aufrichtiges Interesse an unserer Beziehung wirklich zu schätzen." Bei diesem Satz fühlte ich mich jedoch wirklich unwohl. Ich glaube, ich würde einen sarkastischen Eindruck machen. Stattdessen beschloß ich, mich nicht auf das eigentliche Problem zu konzentrieren. Schließlich kann man ja das Ökosystem verändern, wenn man nur irgendeinen Teil des Ökosystems verändert. Mit diesen Gedanken im Hinterkopf, machte ich mich daran, Dinge zu ändern. Zunächst fing ich damit an, so freundlich zu Cynthia zu sein, wie mir nur irgend möglich war. Wenn ich sie traf, begrüßte ich sie mit "Guten Morgen" oder "Guten Tag". Dann fing ich so nebenbei an, sie in kleine Unterhaltungen zu verwickeln. Ich fing an, indem ich sie wegen eines gemeinsamen Schülers um Rat fragte. Dann teilte ich ihr Informationen mit, die ich auf einer Eltern-Lehrer-Konferenz über eine andere Schülerin erhalten hatte. In der Vergangenheit hatte ich immer wegen ihrer Kommentare vor einer Begegnung mit ihr zurückgeschreckt. Dies war eine völlige Kehrtwendung für mich. Ich blieb weiterhin freundlich und nett zu ihr und fing, wann immer es möglich war, ein Gespräch mit ihr an. Und nun ... Cynthia hat angefangen, mich freundlich zu grüßen, wenn wir uns begegnen. Sie hat aufgehört, dumme Bemerkungen über die Beziehung zwischen meiner Frau und mir zu machen. Ich weiß wirklich nicht, ob das an meiner "Veränderung des Ökosystems" liegt. Ich weiß aber, daß ich jetzt sehr zufrieden bin.

==In einem Ökosystem ist das problematische Verhalten nur ein Teil des jeweiligen Interaktionsmusters== der Verhaltensweisen. Daher definiert man das Problem als das Verhalten, das als das problematische Verhalten identifiziert wurde und die entsprechenden Reaktionen darauf. Wenn ein Kind zum Beispiel immer wieder redet, wenn es nicht an der Reihe ist, und die Lehrerin immer wieder darauf reagiert, indem sie dem Kind erklärt, es solle warten, bis es an der Reihe sei, dann ist die Reaktion der Lehrerin

Teil des Problems. Wenn ein Kind jedes Mal, wenn es seine Hausaufgaben nicht abgibt, in der Pause im Klassenzimmer bleiben muß, aber weiterhin nicht seine Hausaufgaben abgibt, dann liegt das Problem sowohl beim Kind, das seine Hausaufgaben nicht abgibt, wie bei der Lehrerin, die es in der Pause in der Klasse behält. Wenn die Reaktionen auf ein problematisches Verhalten nicht dazu beitragen, die problematische Situation zu verändern, dann tragen sie dazu bei, sie aufrecht zu halten.

Um ein Problem als gelöst betrachten zu können, muß Folgendes geschehen: (1) Das als problematisch eingeschätzte Verhalten muß sich in annehmbarer Weise verändert haben und/oder (2) die Interpretation des problematischen Verhaltens verändert sich, so daß es nicht länger als Problem angesehen wird. Nummer eins ist offensichtlich: Wenn eine Person aufhört, etwas zu tun, was Sie für ein Problem gehalten haben, ist das Problem gelöst. Nummer zwei benötigt einige Erläuterungen. Betrachten Sie einmal folgendes Problem, das eine Vorschullehrerin mit einer ihrer Schülerinnen hatte. Wenn die Klasse in der unterrichtsfreien Zeit zwischen mehreren Aktivitäten im Klassenzimmer wählen durfte, fing die Schülerin an zu "schmollen" und sich wie eine "verzogene Göre" zu benehmen (wie die Lehrerin es ausdrückte), wenn sie nicht das machen konnte, was ihre erste Wahl gewesen war. Als die Lehrerin gebeten wurde, das Verhalten der Schülerin zu beschreiben, berichtete sie, die Schülerin stelle sich dort auf, wo die Aktivität ihrer erste Wahl stattfand, und sah dann zu, ohne irgendetwas zu sagen. Manchmal fing sie auch an zu weinen, wenn die anderen Schüler anfingen, das zu machen, was sie gern gemacht hätte. Dieses Verhalten dauerte bis zu zehn Minuten, bis die Schülerin dann weiterging und bei der Aktivität ihrer zweiten Wahl mitmachte.

Zufällig erfuhr die Vorschullehrerin, daß in der Schule, auf der die Schülerin vorher gewesen war, die Verhaltensänderungstechnik "time out" ("Auszeit") benutzt worden war. Aufgrund dieser Information konnte die Lehrerin das Verhalten der Schülerin umdeuten. Sie entschied, daß die Schülerin nicht "schmollte", sondern sich selbst in die "Auszeit" gestellt hatte. Es war für die Lehrerin nicht länger ein Problem, wenn die Schülerin eine Weile bei der Aktivität ihrer ersten Wahl zusah und in der "Auszeit" stand, bis sie sich einer anderen Tätigkeit zuwandte. Mit anderen Worten, das Verhalten war nur so lange ein Problem für die Lehrerin, wie es als "schmollen" und "verzogenes Benehmen" gedeutet wurde, und es war in Ordnung, als die Lehrerin es als "Auszeit" interpretierte.

Manchmal gehört zur Lösung eine Veränderung sowohl des problematischen Verhaltens wie auch der Interpretation des Verhaltens, wie der Schluß dieses Beispiels aus der Vorschule zeigt. Als die Lehrerin das

Verhalten der Schülerin erst einmal als "sich selbst in die Auszeit stellen" interpretierte, bemerkte sie der Schülerin gegenüber, wie kreativ diese sei, weil sie in der Lage sei, etwas, was sie in der anderen Schule gelernt hatte, hier in ihrer neuen Schule als Hilfe für sich einzusetzen. Sie machte der Schülerin Komplimente wegen ihrer Fähigkeit, das Gelernte von einer Situation auf eine andere zu übertragen. Für die Lehrerin war das problematische Verhalten nicht länger problematisch, da es in ihren Augen eine neue Bedeutung erhalten hatte, und so hätte die Schülerin mit ihrem Verhalten weitermachen können. Als die Lehrerin jedoch verständlicherweise entsprechend der neuen Interpretation des Verhaltens der Schülerin handelte und ihr Verhalten änderte, indem sie der Schülerin Komplimente machte, änderte sich auch das Verhalten der Schülerin und ihre "Auszeiten" verkürzten sich von zehn Minuten auf zwei oder drei.

Jede alternative Erklärung, die Ihnen hilft, auf ein Verhalten, das Sie als problematisch ansehen, anders zu reagieren, kann möglicherweise zu einer Lösung führen. Trotzdem ist nicht jede alternative Erklärung gleich gut geeignet, eine Verhaltensänderung anzuregen. Erklärungen für problematische Verhaltensweisen eines Kindes, die auf vergangene Ereignisse zurückgehen ("sie kommt aus einer zerrütteten Familie", "er ist das mittlere von drei Kindern", "sie ist vor drei Jahren mißhandelt worden", "er ist in der zweiten Klasse sitzengeblieben" undsoweiter) bieten oft nur eine geringe oder gar keine Hilfe, wenn es darum geht herauszufinden, wie oder warum Sie Ihr eigenes Verhalten ändern sollten. Niemand kann die Vergangenheit ändern. Erklärungen, die auf der gegenwärtigen Situation basieren, in der das Problem auftaucht, weisen eher auf Möglichkeiten für eine Veränderung Ihres Verhaltens hin.

Wenn Sie normalerweise einem Kind, das häufig zu spät in den Unterricht kommt, drohen und es auf verschiedene Weisen strafen, und das Kind reagiert, indem es weiterhin zu spät kommt und auf jede Ihrer Drohungen und Strafen mit immer größerem Trotz antwortet, dann wird es notwendig, etwas *innerhalb der Situation* zu verändern. Manchmal können Erklärungen aufgrund vergangener Ereignisse Ihnen helfen, Ihr Verhalten in einer problematischen Situation zu verändern. Häufig scheinen jedoch Menschen in chronisch problematischen Situationen diese Art Erklärung dafür zu benutzen, die problematische Lage zu rechtfertigen, statt sie zu verändern.

An der Vergangenheit orientierte Erklärungen für problematische Verhaltensweisen sind meist ein Katalog des Elends, der Unzulänglichkeit und der Unvermeidbarkeit. Die problematische Person wird als Opfer ihrer Lebensumstände gesehen (als mittleres Kind geboren zu sein) oder als ein Mensch, der von einer fast medizinisch klingenden Funktionsstörung befallen ist (er hat eine Lernstörung). In fast allen Fällen ist die Beschreibung nicht positiv und eine Veränderung konzentriert sich unweigerlich auf die problematische Person. Tatsächlich sind Erklärungen problematischer Verhaltensweisen häufig nicht mehr als wenig schmeichelhafte Charakterisierungen der Person, deren Verhalten man für problematisch hält. Bedenken Sie einmal die beiden unterschiedlichen Möglichkeiten, das folgende "problematische" Verhalten zu erklären: Nichterscheinen von Eltern an Tagen der offenen Tür in der Schule oder bei Schulkonferenzen für Lehrer und Eltern. Diese Eltern können beschrieben werden als desinteressiert an den Schulverhältnissen ihrer Kinder und allgemein gleichgültig bei Schulaktivitäten. Andererseits könnte man sie jedoch auch als Eltern sehen, die zu den Erzieherinnen mit ihrem Wissen und ihrer Fähigkeit, die Kinder zu unterrichten, volles Vertrauen haben. Schließlich ist das die Aufgabe, für die Erzieher ausgebildet werden und die Eltern nicht. Vielleicht ist es die Methode der Eltern, mit der Schule zu kooperieren, indem sie sich nicht einmischen. Zweifellos ziehen Sie eine der beiden Erklärungen vor; wir auch. Aus ökosystemischer Sicht kommt es aber nicht darauf an, welche von den beiden richtig und welche falsch ist. Wichtig ist, daß in dem Fall, wo die Erklärung, zu der sich die Erzieherin, die vor diesem Problem steht, entschieden hat, nicht zu einer Veränderung beiträgt, eine andere Erklärung ausprobiert werden sollte.

Eine kooperative Perspektive einnehmen

Auf den ersten Blick scheinen die Schwierigkeiten bei dem, was wir vorschlagen, überwältigend zu sein. Schließlich *glauben* alle Leute an ihre Erklärungen. Zudem haben wir in Kapitel Eins erörtert, daß eine Person nicht unbedingt ihre Meinung ändert, selbst wenn die Erklärung nicht dazu beiträgt, eine positive Veränderung zu bewirken. TAYLOR und BROWN (1988) weisen in ihrer Diskussion über soziale Beurteilung darauf hin, daß Menschen Informationen nicht neutral prüfen - im Gegenteil. Normalerweise versuchen sie, die Daten, die ihnen zur Verfügung stehen, in einer Weise hinzudrehen, wie sie am besten zu ihrer speziellen Theorie passen. Glücklicherweise gestattet es die ökosystemische Methode den Menschen, neue Erklärungen für Verhaltensweisen zu übernehmen, ohne die alten über Bord zu werfen. Statt von Ihnen zu verlangen, Ihre gegenwärtige Interpretation eines problematischen Verhaltens aufzugeben, sollen Sie nur die Möglichkeit akzeptieren, auch andere Erklärungen könnten zutreffen, von denen einige Ihnen vielleicht helfen könnten, Ihr Problem zu lösen. Manchmal fällt es einem leichter, einen Schritt in diese Richtung zu machen, wenn man sich in die Lage des anderen versetzt und versucht, die problematische Situation mit seinen Augen zu sehen. Im allgemeinen hilft es einem, die rationalen und verständlichen Gründe für ein Verhalten zu sehen, das man vorher für irrational und negativ gehalten hat, wenn man das Problem einmal so sieht, wie es anderen in der Situation vielleicht erscheint.

Die Fähigkeit, das problematische Verhalten eines anderen verständnisvoll und mit seinen Augen zu sehen, ist im wesentlichen das, was wir die kooperative Perspektive der Problemlösung nennen. Eine kooperative Perspektive ergibt sich logischerweise aus der ökosystemischen Überzeugung, jedes Verhalten habe mehrfache Bedeutungen und Funktionen. Wenn eine Lehrerin ein Kind für fähig hält, die geforderte Arbeit zu leisten, und meint, es mache sie aus Faulheit nicht, wird sie sich in einer Weise verhalten, die von ihrem Standpunkt aus gesehen sinnvoll für die Behandlung eines faulen und unter seiner Leistungsfähigkeit arbeitenden Kindes ist. Ganz gleich, was die Lehrerin zu tun beschließt - ob sie das Kind tadelt, zur Beratung oder psychologischen Beurteilung überweist oder die Direktorin einschaltet -, ihre Handlungsweise wird von ihrer Perspektive der Situation abhängen und von ihrem Standpunkt aus gesehen gut verständlich sein.

Das Kind sieht die Umstände vielleicht ganz anders: Die Arbeit ist zu schwer, unwichtig, wiederholt sich oder ist langweilig. Wie immer das Kind die Situation auch beurteilt, sein Verhalten wird aus seiner Sicht gesehen völlig verständlich sein. Wenn man Probleme lösen will, hilft es einem also zu akzeptieren, daß jeder Mensch sich aus seiner Sicht gesehen verständlich verhält.

Im folgenden Fall beschreibt ein Lehrer, wie die Dinge sich veränderten, als er versuchte, das "Schwatzen" eines Schülers aus dessen Perspektive zu sehen und entsprechend reagierte.

Fallbeispiel: Zwei neue Perspektiven

Noels Schwatzen störte mich, aber ich wollte versuchen zu verstehen, welche Bedeutung dieses Unterhalten für ihn hatte.

Nachdem ich einige Zeit damit verbracht hatte, mir zu überlegen, wie die Situation für Noel aussah, sprach ich mit ihm. Ich sagte ihm, ich könne verstehen, wie wichtig es für ihn sei, am Tag mit seinen Freunden zu reden, und wie sehr er diese Zeit brauchte. Es gehörte wahrscheinlich zu seinem Lernstil, engen Kontakt mit anderen Schülern zu pflegen, und er lernte vermutlich von seinen Freunden. Ich sagte, ich wüßte, daß er manchmal still sei und manchmal etwas lauter und daß jeder seine lauten und seine stillen Momente brauchte. Ich sagte Noel, ich glaubte, er sei auf seine eigene Art und Weise kooperativ, während ich andere Gruppen unterrichtete, da er mich nicht direkt unterbrach und beim Reden an seinem Platz blieb. Ich sagte auch, das Reden hielte ihn nicht davon ab, die meisten seiner Arbeiten gut zu erledigen, und ich würde es verstehen, wenn er andere Aktivitäten vernachlässigte, um zu reden. Schließlich bedeutete ich Noel, ich würde versuchen, Verständnis dafür zu haben, wenn es ihm ein Bedürfnis sei, sich während der Unterrichtsstunden zu unterhalten.

Noel schien irgendwie überascht. Meine veränderte Perspektive billigte sein Reden. Sein Lächeln zeigte mir seine Freude darüber, daß ich wußte, wie wichtig ihm seine sozialen Kontakte waren. Besonders verblüffte mich seine Antwort: "Manchmal weiß ich, daß ich eigentlich leise sein und einfach arbeiten soll, und das mach' ich dann." Zu dem Zeitpunkt war ich mir nicht sicher, ob er sich mit seinen Äußerungen entschuldigen oder verteidigen wollte, aber ich denke jetzt, er wollte Verständnis für meine Perspektive zeigen, genauso wie ich Verständnis für seine gezeigt hatte.

Manchmal glaube ich, mir fällt Noels Schwatzen gar nicht mehr auf, weil ich meine Perspektive so vollkommen verändert habe. Und manchmal weiß ich, auch Noel hat sich ein wenig in Reaktion auf die Veränderung, die ich in dem Ökosystem unseres Klassenzimmers veranlaßt habe, verändert.

Ich denke, meine Unterredung mit Noel, die ihm mein Verständnis für sein Bedürfnis nach Gesprächen zeigte, veranlaßte ihn, sich mehr Mühe zu geben, weil es ihn so beeindruckt hatte. Die Zufriedenheit, die wir beide empfinden, und unsere Kooperation müssen für jeden in der Klasse offensichtlich sein.

Der erste Absatz des nächsten Fallbeispiels zeigt, wie die Beschreibung der Geschichte und der Lebensumstände eines Kindes zwar sehr korrekt sein kann, aber trotzdem wenig hilfreich ist, wenn es darum geht, die Lösung für ein Problem in der Schule zu finden. Als der Lehrer in diesem Fall erst einmal entdeckt hatte, wie er mit dem Schüler in der betreffenden Situation kooperieren konnte, fand er auch eine Lösung für sein Problem.

Fallbeispiel: Der Läufer

Billy, der aus einer zerrütteten Familie kommt, wiederholt die erste Klasse. Er galt schon immer als sehr aggressives Kind. Er hatte geringe soziale

Fähigkeiten und gab sich normalerweise alle Mühe zu versuchen, anderen Kindern weh zu tun, sei es nun während der Turnstunde, in der Pause oder während der Mittagsstunde. Obwohl er immer sagte, es sei die Schuld der anderen Kinder, da sie ihm zuerst etwas getan hätten, hatte ich das noch nicht erlebt. Sein Vater machte die Sache noch schwieriger, indem er Billy sagte, er habe das Recht, sich gegen jeden zu verteidigen, der versuchte, ihm etwas zu tun. Billy benutzte dies als Entschuldigung. Wann immer er jemanden schlug, behauptete er: "Sie haben angefangen, und mein Vater hat gesagt, ich habe das Recht, mich zu verteidigen."

Billy war nicht nur in meiner Klasse, sondern in der ganzen Schule eine richtige Plage. Sein Vater war im vergangenen Monat viermal zur Schule gebeten worden. Billy konnte ein richtiger Mr. Jekyll und Mr. Hyde sein. In der einen Minute war er völlig in Ordnung und spielte mit den anderen Kindern, und in der nächsten Minute rannte er mit Absicht einem Kind mit voller Wucht in den Rücken, schlug und trat es undsoweiter.

An einem Tag vor etwa drei Wochen kam Billy herein, rannte in der Turnhalle herum und stellte sich nicht mit auf. Dies schien der ideale Zeitpunkt zu versuchen, mit Billy zu kooperieren. Ich sagte zu ihm: "Ich sehe, du hast wirklich viel Kraft übrig, die sich erst einmal austoben muß, bevor du für den Unterricht bereit bist. Ich möchte, daß du auf die andere Seite der Turnhalle gehst und fünf Minuten herumläufst. Ich möchte nicht, daß du zur Klasse zurückkommst, bevor du nicht fünf Minuten gelaufen bist. Ich sage dir Bescheid, wenn fünf Minuten um sind, und dann kannst du bei den anderen Kindern mitmachen." Dies hatte ganz unerwartete Folgen: Ungefähr die Hälfte der Klasse wollte ebenfalls laufen. Ich beschloß, die, die wollten, mit Billy laufen zu lassen. Anfangs paßte dies Billy nicht, aber ich sagte ihm, diese Kinder hätten sehr viel überschüssige Kräfte und müßten auch laufen. Er akzeptierte meine Erklärung. Die meisten anderen Kindern hörten nach ein oder zwei Minuten auf, aber Billy und ein anderer Junge hielten die ganzen fünf Minuten durch. Nachdem Billy fertig war, sagte ich ihm, er solle jetzt vor jeder Stunde fünf Minuten laufen, bevor er sich zu den anderen Kindern gesellte. Die Turnhalle ist durch eine Tür in zwei Räume geteilt, und ich konnte so die Läufer beaufsichtigen und gleichzeitig meinen Unterricht durchführen.

Als die nächste Unterrichtsstunde mit Billy kam, gab er sich die größte Mühe, mich daran zu erinnern, daß ich ihm versprochen hatte, er dürfe fünf Minuten laufen, bevor er im Unterricht mitmachte. Ich zeigte mich erstaunt, weil er sich daran erinnert hatte, und sagte auch, ich glaubte nicht, daß er wieder so lange laufen könnte. Billy gesellte sich wieder zur Klasse, nachdem er mit dem Laufen fertig war, und zum ersten Mal seit Monaten faßte er niemanden an und ärgerte niemanden. Ich war verblüfft.

Die Veränderung in seinem Verhalten war unglaublich, vor allem angesichts seines Verhaltens während des ganzen Jahres.

==Kooperation ist eine positive Alternative zum Widerstand==, wenn man darüber nachdenkt, warum eine Person mit Problemen ihr Verhalten nicht ändert. Die meisten Menschen, die in der Erziehung arbeiten, sind mit dem Konzept des Widerstandes vertraut. Dieses Konzept bietet eine negative Erklärung für problematisches Verhalten an, das sich nicht ändert. Eine Person, deren Verhalten sich trotz wiederholter Problemlösungsversuche nicht ändert, wird normalerweise für widerspenstig gehalten, und man unterstellt ihr schlechte Motive für das, was sie tut. Im Gegensatz zum Widerstand ermutigt das Konzept der Kooperation die Menschen dazu, die problematische Situation aus einer anderen als ihrer eigenen Perspektive zu betrachten und die positiven Bedeutungen und Funktionen des problematischen Verhaltens zu erwägen. Es ist zum Beispiel unter Lehrerinnen nicht ungewöhnlich, Schüler, die immer wieder ihre Hausaufgaben nicht machen, als Personen zu beschreiben, die sich dem Lernen "widersetzen". Und Lehrerinnen, die sich nicht durchgehend in der Klasse an die Vorschläge halten, die Psychologinnen ihnen gemacht haben, werden von diesen als Personen beschrieben, die sich ihren Bemühungen um Verbesserung "widersetzen".

Benutzt man die kooperative Perspektive, kann man diese Situationen anders beschreiben. Die Schülerin, die ihre Hausaufgaben nicht macht, kann als jemand beurteilt werden, die der Lehrerin mitteilen möchte, daß die Arbeit zu schwer oder zu leicht ist. Oder wenn man das umfassendere Ökosystem des Klassenzimmers betrachtet, ist dieses Nichtmachen der Hausaufgaben vielleicht ein Opfer, das sie bringt und das den Mitschülern demonstriert, welche Schwierigkeiten sich für Schüler ergeben, wenn sie die Hausaufgaben nicht machen. Beide Darstellungsweisen können zu einem neuen Lehrerverhalten führen und möglicherweise zu einer Lösung des Problems.

Statt zu sagen, die Lehrerin widersetze sich den Bemühungen, die Dinge zu verbessern, könnte man sie, wenn sie die Vorschläge der Schulpsychologin nicht übernimmt (und man sich die kooperative Perspektive zu eigen macht), als eine Person beschreiben, die gern vorsichtig vorgeht, da sie meint, es könne die Situation für die Schülerin vielleicht verschlimmern, wenn man überstürzt handelt. Mit dieser Perspektive ist die Psychologin vermutlich viel eher in der Lage, eine positive Beziehung zu der Lehrerin aufzubauen, als wenn sie die Perspektive einnimmt, die Lehrerin sei jemand, deren Widerstand überwunden werden müsse.

Da man bei dem Konzept der Kooperation dazu angeregt wird, positive Erklärungen für das Verhalten anderer zu finden, trägt dieses Konzept auch dazu bei, Kämpfe zu vermeiden und Lösungen zu entwickeln, bei denen es nur Gewinner und nicht Gewinner und Verlierer gibt.

Im Kinderbuch "Bread and Jam for Frances" ("Brot und Marmelade für Frances") von Russell HOBAN (1964) wird eine Situation beschrieben, in der sich Erwachsene und Kinder sehr häufig befinden: der Erwachsene verlangt vom Kind eine Sache, und das Kind möchte etwas anderes machen. Die Frage ist nun, wie sollen die Erwachsenen und das Kind kooperieren, um eine Lösung zu finden, bei der es keine Verlierer gibt? In "Bread and Jam for Frances" liegt das Problem darin, daß Frances' Eltern von ihr verlangen, sie solle verschiedene Arten von Essen ausprobieren, Frances aber nur Brot und Marmelade essen möchte. Frances' Eltern unternehmen mehrere Versuche, um sie dazu zu verleiten, Eier oder Cornflakes zum Frühstück zu essen oder Wurstbrote zum Abendbrot oder Spaghetti und Koteletts zum Mittagessen, wobei sie Frances die ganze Zeit darauf hinweisen, wie wichtig diese Abwechslung ist. Frances vertraut hingegen unerschütterlich auf den Vorteil, genau den Geschmack und die Beschaffenheit dessen, was sie essen wird, zu kennen.

Frances' Eltern beschließen, mit ihr zu kooperieren und ihren Standpunkt zu akzeptieren. Sie fangen an, ihr zum Frühstück, Mittag, Nachmittag, Abend und vor dem Schlafengehen Brot und Marmelade vorzusetzen. Nach zwei Tagen mit Brot und Marmelade fängt Frances an, ihre Eltern zu fragen, ob sie sich nicht Gedanken wegen ihrer Zähne machten, denn die könnten dabei ja schlecht werden, und warum ihr nicht zum Mittag dasselbe gegeben würde wie den anderen. Als die Eltern antworteten, sie hätten geglaubt, sie möge nur Brot und Marmelade, fängt Frances an zu weinen und fragt, wie sie denn wissen könnten, was sie mag, wenn sie ihr nicht erlaubten, die anderen Nahrungsmittel auszuprobieren. Frances' Eltern tun ihr nun den Gefallen und geben ihr verschiedene Arten von Essen, die sie mit Freude verspeist.

Es scheint ein weiter Schritt zu sein von Frances zu dem einen Bandenmitglied aus der Oberstufe. Aber genauso wie Frances und ihre Eltern einen Weg fanden, um ihr Problem zu lösen, ohne jemanden dabei verlieren zu lassen, lernte der Lehrer in unserem abschließenden Beispiel, mit seinem Schüler in einer Situation, die auf den ersten Blick nicht sehr vielversprechend aussah, zu kooperieren.

Fallbeispiel: Eine wertvolle Quelle

Leo malte immer Bandensymbole auf seine Hände, Arme, Bücher und die Arbeiten, die er abgab. Ich hatte versucht, ihn davon abzubringen. Ich hatte seine Eltern angerufen, ihn zum stellvertretenden Direktor geschickt, ihm Schulverbot erteilen lassen, mich geweigert, Arbeiten zu akzeptieren, die mit Bandensymbolen verziert waren, und ihn in der Klasse die Symbole abwaschen lassen.

Ich befürchtete, Leos nächster Schritt würde der sein, Mitglied einer solchen Bande zu werden und an ihren Aktivitäten teilzunehmen. Ich wollte ihn ändern. Und doch änderte sich Leo trotz all meiner Bemühungen nicht wirklich. Und so beschloß ich, mich zu ändern.

Als ich Leo das nächste Mal mit den Bandensymbolen auf seinen Händen sah, nahm ich ein Stück Papier und malte das Symbol ab. Leo fragte mich, was ich da machte, und ich antwortete, ich würde ja in der Schule noch viele Jahre unterrichten und hätte deshalb beschlossen, so viel wie möglich über die Banden zu lernen. Ich erzählte Leo, mir sei klar geworden, daß die Leute sich hauptsächlich aus Angst und aus sozialen Gründen irgendwelchen Banden anschlössen.

Als Leo am Ende der Woche sein Heft abgab, malte ich die Symbole vom Umschlag ab und riß ein paar Seiten heraus, aber nur, wie ich Leo sagte, "um sie zu photokopieren".

In der letzten Zeit habe ich von Leo, außer ein paar Handsymbolen, die er Freunden gegenüber als Zeichen benutzte, keine Bandensymbole zu sehen bekommen. Auch die Arbeiten, die Leo abgibt, tragen keine Symbole mehr.

Ganz eindeutig hat sich die Fähigkeit des Lehrers, mit Leo zu kooperieren, bezahlt gemacht. Statt Symbole des Trotzes zu sein, wurden Leos Bandensymbole für seinen Lehrer eine wertvolle Quelle. Unabhängig davon, ob Leo nun aufhörte, die Symbole zu malen oder nicht, fand dieser Lehrer, indem er nicht mehr kämpfte, sondern kooperierte, einen Ansatzpunkt, seine Beziehung zu Leo positiv zu wenden.

Eine vielversprechende Möglichkeit

Viele der Ideen, die wir als ökosystemisch beschrieben haben, werden seit über zwei Jahrzehnten in der psychotherapeutischen Literatur diskutiert,

Literaturhinweise

und zwar normalerweise unter der Rubrik systemische, strategische oder strukturelle Methoden der Therapie (BERTALANFFY, 1966; HALEY, 1973, 1978; MINUCHIN, 1974; WATZLAWICK, WEAKLAND und FISCH, 1974; WHITAKER, 1975; APONTE, 1976; BERNARD und CORRALES, 1979; FRYKMAN, 1984; DE SHAZER, 1982, 1985). Obwohl diese Ideen in der erziehungswissenschaftlichen Literatur noch nicht ausführlich diskutiert werden, ist ihre Nützlichkeit für viele Bereiche schon erforscht: Für Schulpsychologen (HOWARD, 1980; MAHER, 1981; ANDERSON, 1983; BOWMAN und GOLDBERG, 1983; HANNAFIN und WITT, 1983; WENDT und ZAKE, 1984; KRAL, 1986), Schulberater (AMATEA und FABRICK, 1981; WORDEN, 1981; GOLDEN, 1983), Sozialarbeiter in Schulen (HUSLAGE und STEIN, 1985), Sonderschullehrer (MANDEL et al., 1975; FISH und SHASHI, 1985) und Schulverwalter (MOLNAR, 1986). Der Wert der systemischen, strategischen und strukturellen Ideen für die Problemlösung in der Schule und im Klassenzimmer und bei Konflikten zwischen Schule und Familie, ist Gegenstand immer größeren Interesses unter Fachleuten (TUCKER und DYSON, 1976; SMITH, 1978; JOHNSTON und FIELDS, 1981; MCDANIEL, 1981; FINE und HOLT, 1983; PFEIFFER und TITTLER, 1983; BERGER, 1984; FOSTER, 1984; HANSEN, 1984; OKUN, 1984; WILLIAMS und WEEKS, 1984; ERGENZINER, 1985; POWER und BARTHOLOMEW, 1985; DICOCCO, 1986; LINDQUIST, MOLNAR und BRAUCKMANN, 1987).

MOLNAR und LINDQUIST haben verschiedene Möglichkeiten dargelegt, wie Lehrerinnen und andere schulische Kräfte ökosystemische Konzepte und Techniken einsetzen können, um Klassen- und Schulprobleme zu lösen (MOLNAR und LINDQUIST, 1982, 1984a, 1984b, 1985, 1988; MOLNAR, LINDQUIST und HAGE, 1985). Im Laufe der Entwicklung und Arbeit mit dem Kurs "Wie kann die Schule funktionieren" haben wir über zweihundert Fallstudien gesammelt, die zeigen, wie ökosystemische Ideen von Lehrern und anderen Fachkräften in der Schule und im Klassenzimmer benutzt werden. Diese Fallstudien dokumentieren eine erfolgreiche Arbeit unter unterschiedlichsten Gegebenheiten und Situationen (Klassenzimmer, Lehrerzimmer, Elternkonferenzen), wobei verschiedenartige Probleme gelöst wurden im Zusammenhang mit: (1) Schülern (zuspätkommen; im Unterricht schlafen; sich weigern, die Hausaufgaben zu machen; kämpfen), (2) Beziehungen innerhalb des Kollegiums (mangelnde Teilnahme an Fortbildungsprogrammen für den Unterricht; mangelnde Kooperation bei der Durchführung des Stundenplanes; interpersonelle Konflikte; Uneinigkeit über die Einteilung der Kinder für Sonderprogramme) und (3) Schule und Gemeinde (mangelnde Kooperation zwischen Schulpersonal und Eltern; schlechte Kommunikation zwischen Schule und Eltern).

Ganz unabhängig davon, was die Literatur sagt oder nicht sagt und welche Erfahrung andere Leute mit ökosystemischen Ideen gemacht haben, gibt es eine Anzahl von Gründen, warum Sie sie vielleicht verlockend finden könnten. Ökosystemische Ideen sind "benutzerfreundlich". Wenn Sie ökosystemisch über ein chronisches Problem nachdenken, bedeutet dies nicht, daß Sie sich von Ihren üblichen Methoden der Problemlösung lossagen müssen. Die ökosystemische Methode bietet Ihnen einen Rahmen, innerhalb dessen Sie über ein Problem, das Ihnen über den Kopf gewachsen ist, auf neue Weise nachdenken können. Hierdurch ist Ihnen eine Alternative gegeben und Sie brauchen nicht mehr dieselbe Sache, die ganz offensichtlich nicht hilft, immer stärker zu machen. Obwohl man zwar häufig die Erklärungen und Lösungen des "gesunden Menschenverstandes" hinter sich lassen muß, wenn man lernt, Schülerverhalten ökosystemisch zu sehen, so macht es die Dinge doch auch einfacher für Sie. Es wird leichter, das Verhalten jeder Person im Klassenzimmer und in der Schule als Teil eines jeden Problems zu sehen und auch als möglichen Beitrag zu einer Lösung; es wird leichter, sich auf eine Veränderung der problematischen Situation zu konzentrieren; und es wird leichter, mehrere widersprüchliche Erklärungen des problematischen Verhaltens in Erwägung zu ziehen. Vor allem aber, und das ist vielleicht das Wichtigste, ermutigt es Sie, sich zu überlegen, was am problematischen Verhalten der Person zweckmäßig und positiv ist.

Obwohl es vielleicht zunächst etwas ausgefallen erscheint, ein Problem ökosystemisch anzupacken, können die Ideen doch ohne spezielles Hintergrundwissen gemeistert werden. Da Sie sich auf die Veränderung konzentrieren und nicht auf die Diagnose, können die ökosystemischen Techniken, gelenkt durch Ihr fachliches Urteilsvermögen, auf sehr unterschiedliche problematische Situationen angewandt werden (wenn Schülerinnen zum Beispiel im Unterricht schlafen, sich streiten, ihre Hausaufgaben nicht machen). Sie brauchen, wenn Sie diese Ideen benutzen wollen, kein ausgeklügeltes System zu übernehmen, um Verhaltensweisen zu lenken, oder eine neue Fachsprache, um Ihre Probleme zu beschreiben. Wenn Sie feststellen, daß Sie in einer problematischen Situation "festsitzen", wählen Sie eine ökosystemische Idee oder Technik aus, bei der Sie sich am wohlsten fühlen und die Sie in dieser Situation für die passendste halten, und probieren Sie sie aus.

3
Lösungen an neuen Orten finden

In Kapitel Eins legten wir eine Reihe von Gründen dar, warum Sie es in problematischen Situationen vielleicht schwierig finden, sich zu verändern, selbst wenn Sie Ihre Ziele nicht erreichen. In Kapitel Zwei beschrieben wir, wie Probleme und Lösungen aus ökosystemischer Perspektive gesehen werden. In diesem Kapitel diskutieren wir Ihre Rolle in problematischen Situationen und erörtern, wie man die ökosystemischen Techniken, die in Teil Zwei genau dargestellt werden, am besten anpackt und versteht.

Wie Sie vielleicht schon bei unserer Anspielung auf den Detektiv Lord Peter Wimsey bemerkt haben, sind wir Fans des englischen Kriminalromans. Jeder Leser englischer Mordgeschichten weiß, daß es in den meisten Geschichten eine Reihe von falschen Ansatzpunkten bei der Aufklärung des Verbrechens gibt, wobei der Held verschiedene Fäden aufnimmt, die sich durch die anfänglichen Theorien anbieten und die zu den Geschehnissen zu passen scheinen, die dann aber in Sackgassen führen. Am Ende jedoch stößt der Held normalerweise auf eine Theorie, mit deren Hilfe sich das Rätsel lösen läßt. Wenn Sie die Konzepte, die in den vorhergegangenen Kapiteln beschrieben wurden, in Ihrer Schule oder Klasse praktisch anwenden wollen, könnte es Ihnen helfen, sich eine Methode anzueignen, die den Methoden des Meisterdetektivs der englischen Mordgeschichten nachempfunden ist. Wir nennen dies die "kriminalistische" Annäherung an die problematische Situation.

In mancher Hinsicht haben Meisterdetektive es leichter als Erzieher. Wurde jemand ermordet, kann man normalerweise mit Sicherheit sagen, daß jemand anderes den Mord begangen hat. Alles, was der Held zu tun hat, besteht darin, die wesentlichen Tatsachen zu sammeln und zu einer Theorie zu ordnen, die zur Lösung des Falles führt. Für Erzieher ist das "Verbrechen" selten so offensichtlich wie in einem Kriminalroman. Ja, oft steht sogar die Art des Verbrechens zur Diskussion. Trotz dieser Schwierigkeiten können wir mit einiger Zuversicht sagen, daß es bei einem Problem, das zu einem chronischen Problem geworden ist, schon vielversprechend ist, wenn uns unsere Theorie in eine Sackgasse geführt hat, und daß eine neue Theorie, die auch zu den Tatsachen paßt, notwendig ist. Kein Detektiv in einem Kriminalroman kann Anspruch darauf erheben, ein Held zu sein, weil er auf der Richtigkeit seiner Theorie beharrt, selbst wenn sie nicht zur Lösung führt. Genausowenig werden Erzieher den Weg aus einer Sackgasse herausfinden, wenn sie sich an den Ideen festklammern, die sie in die Irre geleitet haben. Ein Detektiv, der weiterhin auf der Richtigkeit seiner Theorie besteht, obwohl sie ganz offensichtlich bei der Lösung des Falles nutzlos ist, wird wie Inspektor Lestrade in den Sherlock-Holmes-Romanen zu einer komischen Figur. Leider gibt ein Erzieher, der sich an eine wenig hilfreiche Theorie klammert, weder sich noch den anderen, die auch mit dem Problem zu tun haben, Anlaß zur Komik.

Probleme als Geheimnisse: Erzieher als Detektive

Wenn man sich ein chronisches Problem wie ein Geheimnis vorstellt, das aufgedeckt werden soll, wird dadurch Ihre Rolle in der problematischen Situation, metaphorisch gesprochen, von der einer Handelsvertreterin eines bestimmten Standpunktes oder eines bestimmten Verhaltens umgewandelt in die einer tüchtigen Detektivin, die von einem spannenden Fall gefesselt ist. In einer problematischen Situation befindet sich die Handelsvertreterin in einem unausweichlichen Kampf. Wenn die anderen Menschen, mit denen sie zu tun hat, ihr ihren Standpunkt nicht "abkaufen", hat sie wenig Anhaltspunkte dafür, was sie anders machen könnte. Sie kann versuchen, die anderen unter Druck zu setzen, ihnen gut zuzureden, sie auszutricksen, zu manipulieren oder zu bestechen, damit sie ihr ihren Standpunkt abkaufen, oder sie kann sich in ihre Niederlage fügen. Im Gegensatz dazu hilft der Detektivin die Vernichtung der einen Theorie dabei, zusätzliche Information darüber zu erhalten, wie sie sich eine sinnvollere andere Theorie konstruieren kann. Dieser Vorgang des Konstruierens und Ausprobierens neuer Theorien geht so lange weiter, bis der "Fall" gelöst ist. Selbstverständlich sind dabei einige Fälle schwieriger als andere. Aber wie Sie ja von den Kriminalromanen wissen, sind den Meisterdetektiven die schwierigsten Fälle am liebsten.

Welche Fragen man sich stellt. In Ihrer Rolle als Detektivin müssen Sie Fragen aufwerfen, aus denen sich Hinweise über die ökosystemischen Beziehungen, die für das zu lösende Problem wichtig sind, ergeben. Eine Reihe von allgemeinen Fragen soll Ihnen dabei für den Anfang helfen, das Problem aus ökosystemischer Perspektive zu betrachten. Zum Beispiel: Wie sieht das Muster aus, das sich in dieser Situation immer wiederholt? Wie nehmen die beteiligten Personen das in Frage stehende Verhalten wahr? Wie kann das problematische Verhalten positiv interpretiert werden? Wodurch würde sich eine Besserung ankündigen? Wie wird dieser Raum, diese Schule, dieser Spielplatz aussehen, wenn das problematische Verhalten aufgehört hat? Welche Gegebenheiten dieser Situation möchte ich unverändert lassen? Die Anwort auf solche und ähnliche Fragen gibt Ihnen die notwendige Information, mit deren Hilfe Sie sich neu auf das Problem einstellen können, und bereitet den Einsatz der Techniken vor, die in Teil Zwei erklärt werden.

Hinweise. Außer den Fragestellungen, die Ihnen dabei helfen sollen, das Problem als Teil eines ökosystemischen Musters zu sehen, sollten Sie auch nach Hinweisen Ausschau halten, die Ihnen Einblick gewähren, wie die übrigen an der problematischen Situation Beteiligten die Geschehnisse wahrnehmen. Die beste Quelle für solche Hinweise ist vermutlich die bildhafte Sprache einer Person und die Kenntnis ihrer Interessen und Tätigkeiten, die bei der Kommunikation in der problematischen Situation metaphorisch eingesetzt werden können. Wenn ein Schüler zum Beispiel die Lehrerin anschreit: "Bei diesen Regeln für unsere Klasse geh` ich die Wände hoch!" kann die Lehrerin diese Ausdrucksweise des Schülers benutzen und fragen: "Welche Veränderungen im Klassenzimmer würden dir helfen, wieder die Wände herunterzukommen?" In solchen Augenblicken ist es weniger wichtig, daß die Lehrerin genau weiß, was der Schüler meint mit "bei diesen Regeln für unsere Klasse geh` ich die Wände hoch", als daß sie im Gespräch mit ihm die bildhafte Ausdrucksweise bemerkt, akzeptiert und selbst benutzt. Dadurch werden die Beteiligten oft in die Lage versetzt, deutlicher zu formulieren, wie sich ihnen das Problem aus ihrer Sicht darstellt, und Ihnen wird geholfen, Möglichkeiten zu entdecken, wie Sie Ihre übliche Art und Weise, mit diesen Menschen über ihre Probleme zu sprechen, ändern können.

Im folgenden Fallbeispiel weiß die Lehrerin, daß die drei Schüler zu einer Fußballmannschaft ihres Stadtteils gehören, und benutzt dieses Wissen als Hilfe, um effektiver mit ihnen über ein Problem sprechen zu können.

Fallbeispiel: Der Spielmacher

Wenn die Schüler morgens zur Schule kamen, mußten sie sich entscheiden, ob sie draußen bleiben oder ob sie sich zur ersten Stunde zur Stillarbeit melden wollten. Der Grund lag darin, daß die Schulbusse um acht Uhr fünfundzwanzig ankamen und der Unterricht für die Mittelstufe erst um acht Uhr fünfundvierzig anfing. Leider meldeten die Schüler sich oft nur deshalb zur ersten Stunde, um Zeit zum Unterhalten zu haben und nicht, um zu arbeiten.

Meine erste Stunde ist Leseunterricht; meine Schüler sind Sechstkläßler, die in einer homogenen Gruppe zusammengestellt sind und deren Lesefähigkeit unter dem üblichen Niveau ihrer Klassenstufe liegt. In den regulären Stunden nahm diese Gruppe interessiert an den Aktivitäten in der Klasse teil und war äußerst kooperativ. In der Zeit vor dem allgemeinen Unterrichtsbeginn (acht Uhr fünfundzwanzig bis acht Uhr fünfundvierzig) kamen immer drei Jungen, George, Tyrone und Henry, ins Klassenzimmer, setzten sich hin und begannen eine laute Unterhaltung, während die anderen Schüler leise arbeiteten.

Oft mußte ich die Jungen an die Schulregeln erinnern, und für eine kurze Zeit beruhigten sie sich dann. Bald darauf fingen sie jedoch wieder an, sich laut zu unterhalten, bis ich damit drohte, ich würde sie nach der Schule nachsitzen lassen oder sie während der Mittagspause in der Klasse behalten. Damit war die Situation dann geregelt.

Außer diesem Nachsitzen und der Extrazeit während der Mittagspause hatte ich noch verschiedene Methoden ausprobiert, das Problem zu lösen. Unter anderem hatte ich mit den Jungen einzeln gesprochen und vorgeschlagen, sie könnten doch einfach draußen bleiben, wenn sie sich unterhalten wollten; ich hatte sie an der Tür abgefangen und sie an eine Aufgabe erinnert, über die sie noch einmal nachdenken könnten. Ich hatte sogar Denkaufgaben für sie an die Tafel geschrieben, für die sie extra Pluspunkte erhalten konnten.

Die Idee, eine ökosystemische Methode anzuwenden, sprach mich an, da ich dann aufhören konnte, auf Drohungen und Strafen zurückzugreifen, um das Verhalten der Jungen zu verändern. Daher beschloß ich, den Jungen, wenn sie in die Klasse kamen, zu sagen: "Da es euch Dreien ja so offensichtlich Spaß macht, euch zu unterhalten, könnt ihr euch am Tisch hinten in der Klasse ruhig unterhalten, wenn ihr morgens kommt. Wenn ihr fertig seid, dürft ihr auf eure Plätze gehen und mit eurer Arbeit anfangen."

In den ersten paar Tagen hielten die Jungen das für eine großartige Regelung und hielten sich genau daran. Am dritten Tag nahmen sie jedoch ihr früheres Verhalten wieder auf. Daraufhin beschloß ich, sie einzeln anzusprechen. Ich sagte zu Henry, mir sei aufgefallen, wie sehr ihnen allen ihr Zusammensein Spaß machte und wie gut sie miteinander auskämen. Er rückte mit der Information heraus, daß sie alle zu derselben Fußballmannschaft gehörten und daß Tyrone der Spielmacher sei.

Als Tyrone am folgenden Tag hereinkam, sagte ich zu ihm: "Du scheinst immer genau zu wissen, was du tun willst, wenn du morgens hereinkommst, Tyrone, und du machst dich immer gleich daran, als ob du ein Fußballspiel zu leiten hast." Jeden Tag wandelte ich den Satz etwas ab (zum Beispiel: "Du bist mal wieder ganz dabei und weißt genau, was du vorhast."), bis ich den Punkt erreichte, wo ich Tyrone fragte:" Wie sieht denn heute dein Angriffsplan aus?". Nach seiner Antwort machte ich dann die Bemerkung: "Das klingt, als ob es ganz gut funktionieren könnte."

Tyrone begann nun jeden Tag mit irgendeiner ruhigen Arbeit. Seine Beteiligung an der lauten Unterhaltung ging zurück. Ich sagte nichts über das Reden. Schließlich, nach etwa vier Tagen, bedeutete Tyrone George durch *Zeichen*, er solle zu ihm an den tragbaren Leseapparat kommen. Die beiden begannen leise, mit den Worttabellen zu üben ! Ich beschloß, nichts dazu zu sagen, sondern weiterhin morgens diese Äußerungen zu Tyrone zu machen. Während dieser Zeit kam Henry morgens herein, setzte sich still hin, arbeitete aber nicht. Er beobachtete nur seine beiden Freunde. Manchmal rief er ihnen eine laute Bemerkung zu, die sie aber meist ignorierten.

Im Laufe der nächsten Tage fing ich an, zu Henry Bemerkungen zu machen wie: "Es ist hart, am Spielfeldrand zuzugucken, wenn man gern mitmachen würde" oder "manchmal trainieren die Männer am Spielfeldrand auch ein bißchen.".

Zur Zeit kommt Henry herein und setzt sich eine längere Zeit still hin. Eine Weile lang arbeitet er mit seinem Übungsmaterial und dann fällt es ihm wieder ein, den anderen laute Fragen und Kommentare zuzuwerfen. Aber jetzt sind seine Kommentare an andere Personen gerichtet. Anscheinend hat sein Verhalten sich, ob er wollte oder nicht, geändert. Ich werde weiterhin die Situation beobachten und gelegentlich eingreifen.

Da ich ihre Sprache gesprochen habe, arbeiten nun zwei der Jungen, Tyrone und George, in annehmbarer Weise. Diese Situation hat mir nicht nur gezeigt, daß es hilfreich ist, Verhalten positiv zu beschreiben, sondern daß man auch in der Lage sein muß, dies den betreffenden Menschen in einer Weise mitzuteilen, die sie verstehen können. Hätte ich nicht diese anfängliche positive Aussage zu George gemacht, dann hätte ich nicht von der engen gemeinsamen Verbindung dieser Jungen zum Fußball erfahren. Ich habe auch gelernt, daß es für mich unwichtig ist, wer die Leitung oder wer das Sagen hat, solange die Arbeit gemacht wird. Wenn sich nun die Ereignisse, die Erfahrungen der Schüler und ihre Verhaltensweisen wieder ändern, werden neue Interventionen notwendig sein. Ich bin mir bewußt, daß dies ein sich ständig weiter entwickelnder Prozeß ist.

Veränderungen wahrnehmen

Nachdem Sie angefangen haben zu versuchen, Ihren "Fall" zu lösen, müssen Sie sehr wachsam auf alle Veränderungen, die auftreten, achten. Selbstverständlich werden Ihnen alle Veränderungen beim problematischen Verhalten auffallen, auf die Sie gehofft hatten. Aber vielleicht bemerken Sie andere positive Veränderungen nicht, wenn Ihre Aufmerksamkeit sich ausschließlich auf das problematische Verhalten richtet. Wenn Ihnen aber positive Veränderungen in anderen Bereichen auffallen, kann das für Sie eine Ermunterung und Hilfe sein, neue Lösungen ohne Schwierigkeiten in Betracht zu ziehen, die vielleicht ganz anders aussehen als die spezielle Lösung, die Sie sich ursprünglich vorgestellt hatten. Sie werden überrascht sein, wie viele Veränderungen Sie sehen werden, wenn Sie danach Ausschau halten.

Im folgenden Fallbeispiel traten eine Anzahl von Veränderungen auf, ehe das Problem gelöst wurde. Diese Veränderungen passierten innerhalb eines sehr kurzen Zeitraumes, standen eindeutig in Beziehung zueinander und schienen den Weg für das Ergebnis, das der Lehrer anstrebte, zu ebnen.

Fallbeispiel: Trommeln in der Ferne

Meine sechste Klasse hatte mir sehr viel Ärger bereitet. Es sind fünfunddreißig Jungen in der Klasse. Etwa zehn verursachen die meisten Probleme. Eine Sache, die mich richtig störte, war, wenn alle zehn gleichzeitig mit den Fingern auf ihren Tischen trommelten. Es gelang mir nicht, mit Schreien, Drohen und einer Anzahl verschiedener Bestrafungen diesen Lärm zu unterbinden. Das Trommeln der Jungen frustrierte mich auf das Äußerste und störte meinen Unterricht.

Da ich wenig zu verlieren hatte, beschloß ich zu versuchen, positive Konnotation einzusetzen. (Die Techniken der positiven Konnotation werden in Kapitel Fünf und Sechs beschrieben.) Eines Tages, als das Trommeln wieder losging, hörte ich mit dem Unterrichten auf (Veränderung 1) und hörte den Trommlern ungefähr eine Minute lang aufmerksam zu (Veränderung 2). Ich sagte ihnen dann, daß ich ihre "Liebe zur Musik" zu schätzen wüßte (Veränderung 3), und dankte ihnen, weil sie die übrige Klasse an ihren "Talenten" hatten teilnehmen lassen (Veränderung 4). Ich sagte ihnen auch, ihr Trommeln stelle einen schönen Hintergrund für meinen Unterricht dar (Veränderung 5).

Ich weiß nicht genau, wie und warum das so war, aber ich konnte das, was ich zu sagen hatte, wirklich ernst sagen. Wie dem auch sei, jeder in der Klasse fing an, wie ich befürchtet hatte, auf dem Tisch zu trommeln (Veränderung 6). Plötzlich lachten wir alle (Veränderung 7), und das Trommeln hörte auf (Veränderung 8). Nach diesem Vorfall wiederholte ich jedesmal, wenn der Lärm wieder anfing, meine Aussage über die "Liebe der

Trommler zur Musik" (Veränderung 9). Nur noch ein oder zwei Schüler fingen mit dem Trommeln an und hörten sofort auf, sobald ich anfing, etwas zu sagen (Veränderung 10).

Das Fallbeispiel "Trommeln in der Ferne" zeigt, wie bei problematischen Situationen viele Veränderungen auftreten können, bevor eine zufriedenstellende Lösung erreicht wird. Probleme in Schulen und Klassen lassen sich aber häufig nicht so sauber lösen wie in diesem Beispiel. Häufig liegen die Veränderungen weit auseinander, sind scheinbar ohne Beziehung zueinander und scheinen nicht zu dem Ergebnis, das Sie sich erhofft hatten, beizutragen. In diesen Fällen kann man die Veränderungen leicht übersehen, da sie nicht als Lösungen oder als Beitrag zu einer Lösung wahrgenommen werden. Trotzdem ist es wichtig, sie wahrzunehmen.

Das folgende Fallbeispiel zeigt, wie viele verschiedenartige Veränderungen vor sich gingen, während sich die problematische Situation entwickelte. Anders als im Beispiel "Trommeln in der Ferne" stellte der Erfolg des Lehrers sich nicht sofort ein und war auch nicht vollständig.

Fallbeispiel: Die Schwätzerin

Betzadia ist eine Schülerin der siebten Klasse, die sofort zu schwatzen anfing, sowie sie meine Klase betrat. Sobald der Unterricht angefangen hatte und die anderen Schüler ihre Hefte austauschten, um die Aufgaben zu kontrollieren, schwatzte Betzadia. Wenn die anderen Schüler mit dem Korrigieren ihrer Arbeiten anfangen konnten, las ich die Antworten laut vor. Unweigerlich schrie Betzadia dann: "Augenblick!" und wühlte herum, um ihre Sachen zusammenzusuchen. Selbst wenn sie alles bereit hatte, war es nur eine Frage von Sekunden, bevor sie wieder mit dem Schwatzen anfing. Ich sagte dann: "Betzadia, guck auf deine Arbeit, die du nachsehen sollst." Diese und ein paar andere Vorhaltungen hielten sie normalerweise für zwei bis fünf Minuten vom Reden ab.

Wenn sie wieder mit dem Schwatzen anfing, verwarnte ich sie mit ernsterer Stimme und ganz direkt. Ich sagte dann zum Beispiel: "Betzadia, hör` jetzt mit dem Schwatzen auf!" Auf der Suche nach einer Ausrede erwiderte sie dann oft: "Sie hat mich was gefragt" oder "Er hat mich beschimpft". Es endete normalerweise damit, daß ich allen sagte, sie sollten still sein.

Es war ein ganz regulärer Bestandteil meiner Arbeit in der Klasse geworden, Betzadia für ihr Schwatzen zu bestrafen. Die Schüler schienen sich an das tägliche Ritual des Bestrafens gewöhnt zu haben. Manchmal drehten sich die, die in Betzadias Nähe saßen, zu ihr um und sagten nicht gerade freundlich zu ihr: "Halt den Mund!"

Alles, was ich bisher versucht hatte, hatte nicht funktioniert. Ich beschloß darum, ökosystemische Techniken einzusetzen, um so vielleicht das störende Verhalten abzustellen. Ich plante eine Strategie in drei Stufen. Als erstes wollte ich Betzadia wissen lassen, wie sehr ich die große Bedeutung, die sie der Freundschaft beimaß, bewunderte (was sich in ihrer Bereitschaft zeigte, schlechte Noten in Kauf zu nehmen, um durch ihr Reden Freundschaften zu bekräftigen). Als zweites wollte ich ihren Klassenkameraden helfen zu verstehen, daß Betzadias Schwatzen sie zwar manchmal störte, sie uns allen aber dabei half zu lernen, wie man mit einer Welt voller Ablenkungen fertig wurde. Und schließlich wollte ich, wenn notwendig, Betzadia darum bitten, ihre Freundschaften weiter zu bekräftigen, aber in einer Weise, die nicht die übrige Klasse ablenkte. Sie und ihre Freundin würden einander Botschaften schreiben müssen.

Ich war voller Eifer, meinen Plan zur Ausführung gelangen zu lassen. Und wie erwartet, auf die Minute genau fing Betzadia an zu schwatzen, sobald die Stunde am Montag begonnen hatte. Ich sah über ihr Reden hinweg und wartete, bis sie aufgrund ihrer eigenen Nachlässigkeit in Schwierigkeiten war (Veränderung 1). Das passierte schon sehr bald. Betzadia war an der Reihe zu antworten; sie wußte nicht, daß sie an der Reihe war, und als ihre Klassenkameraden ihr sagten, sie solle weitermachen, wußte sie nicht, bei welcher Frage wir waren, da sie "etwas anderes zu tun gehabt hatte".

"Betzadia," fing ich an (ich konnte sehen, die Klasse erwartete bereits die übliche Standpauke für Betzadia), "in der Vergangenheit bin ich immer ziemlich böse geworden, wenn du geschwatzt hast, aber ich glaube, mir war nicht klar, wie wichtig eine Freundschaft für dich ist. Es ist ja so, daß du schlechte Noten in der Schule riskierst, um dir deine Freundschaft mit Connie zu erhalten. Vielleicht ist manchen Menschen eine Freundschaft wichtiger als Zensuren. Ich kann deine Haltung respektieren" (Veränderung 2). Ich versuchte, so gut ich konnte, ganz ernsthaft zu sprechen, denn ich wollte bei Betzadia und der übrigen Klasse nicht den Eindruck erwecken, ich sei sarkastisch.

Zunächst begannen die Kinder zu kichern, als ich anfing zu sprechen. Sie meinten, das sei ein weiterer meiner Versuche, Spaß zu machen. Als sie aber meinen Ernst spürten, wurden sie aufmerksam. Als ich geendet hatte, sahen manche verwirrt aus, als sie sich anguckten (Veränderung 3). War Herr Collins übergeschnappt? Betzadia, die offensichtlich ebenfalls eine

Standpauke erwartet hatte, zeigte einen ähnlich verwirrten Gesichtsausdruck, erwiderte aber rasch: "Ja" (Veränderung 4), als ihre Klassenkameraden sich umdrehten, um zu sehen, wie sie auf meine Bemerkung reagierte. Sie schwatzte zwar noch eine Weile, verhielt sich dann aber für den Rest der Stunde zumeist still (Veränderung 5). Als die Schüler an diesem Tag die Klasse verliessen, konnte man hier und da ungläubiges Getuschel hören (Veränderung 6).

Am nächsten Tag ging es mit Betzadias Schwatzen wieder los, und ich versuchte, so gut es ging, es zu ignorieren (Veränderung 7). Als ein paar Schüler, die in ihrer Nähe saßen, anfingen, sich über ihr Schwatzen zu ärgern, bemerkten andere recht sarkastisch: "Sie baut ihre Freundschaft auf" (Veränderung 8). Ich wußte, ich war dabei, das Vertrauen der übrigen Klasse zu verlieren, und brachte schnell meine zweite Strategie ins Spiel. Ich erklärte der Klasse, daß Betzadia uns dabei half, in einer Welt voller Ablenkungen zu überleben (Veränderung 9), und wenn einige von ihnen die Ablenkung unerträglich fanden, sollten sie sich gern ganz ungezwungen bewegen (Veränderung 10), was einige dann auch machten (Veränderung 11). Einige Schüler schienen diese Reaktion zu bevorzugen, da sie Betzadia wie eine Naturgewalt behandelte. Betzadia antwortete selbstgefällig: "Ja". Sie redete zwar noch zwischendurch, aber in wesentlich geringerem Ausmaß (Veränderung 12). Auch ich behandelte sie wie ein störendes Naturereignis und versuchte, sie und ihr Schwatzen aus meinen Gedanken zu verbannen (Veränderung 13).

Betzadia machte mit ihrem etwas eingeschränkten Schwatzen den größten Teil der Woche weiter. In der darauffolgenden Woche tauchte jedoch das ursprüngliche Problem, das übermäßige Schwatzen, wieder auf (Veränderung 14). Es wurde Zeit, die dritte Strategie einzuführen. Ich erklärte Betzadia, daß ich sowohl ihre wie auch die Interessen ihrer Klassenkameraden im Auge behielte, und sagte ihr, wenn sie den inneren Zwang zum Reden verspürte, solle sie aufschreiben, was sie zu sagen habe, die Notiz zu Connie hinüberbringen, und dann Connie die Antwort aufschreiben und zu ihr zurückbringen lassen (Veränderung 15). Schließlich sei dies die Englischstunde. Wieder sahen die Schüler sehr verwirrt aus. Betzadia konnte es kaum abwarten. Sie kritzelte etwas in ihr Schreibheft, faltete das Papier zusammen und brachte es zu Connie (Veränderung 16). Connie war jedoch weniger erpicht darauf, mitzumachen und beantwortete Betzadias Botschaft nicht.

Als Betzadia am nächsten Tag anfing zu schwatzen, erinnerte ich sie an ihre Verpflichtung, eine schriftliche Botschaft zu schicken. Bereitwillig hielt sie sich daran. Diesmal antwortete Connie ihr, aber nur einmal (Veränderung 17). Als Betzadia noch einmal versuchte, verbal mit Connie Kontakt aufzunehmen, zeigte ich einfach in Betzadias Richtung, um ihr anzudeuten, sie müsse ihren Notizblock benutzen (Veränderung 18).

Wenn auch einiges an Kommunikation weiterlief, war es doch meistens einseitig mit Betzadia als Absender (Veränderung 19). Am nächsten Tag fragten die Schüler, ob sie auch dieses System benutzen könnten (Veränderung 20). Ich versuchte, die Strategie, so weit es ging, herunterzuspielen, und machte mit dem Unterricht weiter (Veränderung 21).

Betzadias Schwatzen ist weniger geworden (Veränderung 22), tritt aber zuweilen noch auf. Der Botschaftendienst wird sparsam verwendet, aber ich muß jetzt darauf achten, daß daraus nicht eine neue störende Verhaltensweise für mich wird (Veränderung 23).

Die Veränderungen im Verhalten des Lehrers und der Schüler und die Veränderungen in der Einstellung des Lehrers und der Schüler im Fallbeispiel "Die Schwätzerin" sind nicht zu trennen. Diese Veränderungen formten das Ökosystem der Klasse neu und gestalteten die problematische Situation um. In diesem Beispiel verschwand das problematische Verhalten nicht vollständig. Es wurde jedoch abgewandelt. Auch die Einstellung des Lehrers der Situation gegenüber veränderte sich in ausreichendem Maße, wodurch Betzadias Verhalten ihn nicht mehr im gleichen Umfang störte wie früher.

Obwohl der Lehrer selbst sich nicht dazu äußert, half ihm letztlich seine Fähigkeit, auftretende Veränderungen zu bemerken und darauf zu reagieren, zu verhindern, daß die problematischen Verhaltensmuster wieder auftauchten. Wenn wir in problematischen Situationen Veränderungen bemerken, sind wir eher fähig, konstruktive Lösungen herbeizuführen, denn beim Anblick dieser Veränderungen erscheinen uns die problematische Situation und die daran beteiligten Menschen in einem neuen Licht. Eine gute Detektivin lernt es, nach Veränderungen Ausschau zu halten und sie manchmal auch zu kommentieren, selbst wenn diese Veränderungen nicht direkt etwas mit dem Problem zu tun haben, und auf diese Weise beeinflußt sie positiv das problematische Verhaltensmuster.

Humor darf nicht fehlen

Wenn Sie manchmal beim Lesen unseres Vergleichs der Erzieher in problematischen Situationen mit einem Meisterdetektiv gelächelt haben, dann haben Sie einen weiteren wichtigen Aspekt kennengelernt, wie ökosystemische Konzepte auf eine Methode übertragen werden, nämlich den Humor. Menschen in chronisch problematischen Situationen neigen normalerweise wenig dazu, diese Situationen komisch zu finden. Chronische Probleme werden häufig in negativen Bildern dargestellt, deren Intensität von ärgerlich (das Problem ist wie ein Knoten im Schnürband: je stärker man zieht, desto fester wird er) bis recht furchterregend reicht (das Problem ist wie Treibsand: je heftiger man kämpft, um sich zu befreien, desto schneller sinkt man ein). Oft verhindert gerade die Ernsthaftigkeit, mit der ein Problem gesehen wird, die gedankliche Flexibilität und Kreativität, die so hilfreich bei der Veränderung der Dinge sind. Die Fähigkeit, das Komische einer Situation zu sehen, die bisher nur zu zusammengebissenen Zähnen und einem verkrampften Magen geführt hatte, ist eine große Veränderung und reicht häufig für sich allein schon aus, die Ereignisse positiv zu beeinflussen. Vielleicht ist dies der Grund, weswegen die Fallbeispiele der Erzieher, die ökosystemische Techniken benutzt haben, oft eine gewisse Unbeschwertheit gemeinsam haben.

Es hilft uns, ein Problem in einem anderen Licht zu sehen, wenn wir das problematische Verhalten neu und positiv beschreiben oder in einer problematischen Situation anders handeln. Vielleicht wird dadurch, daß wir ein altes Problem aus einer neuen Perspektive sehen, die Melodramatik der Situation etwas gemildert, wodurch es uns wieder möglich ist, darüber zu lächeln. Vielleicht wird es uns dadurch, daß wir über ein Problem lächeln können, wieder möglich, neue Perspektiven zu entdecken. Es spielt vermutlich keine Rolle, was zuerst kommt. Ganz eindeutig scheint aber das positive Gefühl der ganzen Sache ein neues Gesicht zu geben. In einer sehr gründlichen Aufarbeitung der Literatur mit dem Titel: "Illusion and Well Being: A Social Psychological Perspective in Mental Health" (Illusion und Wohlergehen: Eine sozialpsychologische Perspektive der geistigen Gesundheit) meinen TAYLOR und BROWN (1988), das, was sie als "positive Illusionen" beschreiben, "könne die Fähigkeit zu kreativer, produktiver Arbeit auf zwei Arten fördern: zum einen können diese Illusionen das intellektuell kreative Funktionieren selbst ermöglichen; zum anderen erhöhen sie die Motivation, Durchhaltekraft und Durchführung" (S. 198). Sie fahren fort: "Ein positiver Affekt ermöglicht ungewöhnliche und unterschiedlichste Assoziationen, die ein kreativeres Lösen der Probleme hervorbringen können" (S. 198/199).

Paradoxien

Die Techniken, die wir in den folgenden Kapiteln beschreiben, werden im allgemeinen in der Literatur der Familientherapie als paradoxe Techniken bezeichnet. In der Literatur gibt es zahlreiche Beschreibungen von paradoxen Strategien (siehe zum Beispiel GREENBERG, 1973; FAY, 1978; BOGDAN, 1982; WEEKS und L'ABATE, 1982; WEEKS, 1985; SELTZER, 1986). Diese Beschreibungen sind manchmal komplex und mit Fachausdrücken gespickt. Für unsere Zwecke ist die Definition, die die ungekürzte Ausgabe des "Random House Dictionary of the English Language" (1971) gibt, völlig ausreichend. Paradox wird definiert als eine "Aussage oder Behauptung, die scheinbar widersprüchlich oder absurd ist, aber in Wirklichkeit eine mögliche Wahrheit ausdrückt" (S. 1046).

Aus ökosystemischer Sicht sind chronisch problematische Situationen durch eine Stabilität der Standpunkte und des Verhaltens der betroffenen Menschen gekennzeichnet. Da die auf dem gesunden Menschenverstand begründete Sichtweise eines Menschen das Ergebnis komplexer und tiefgreifender sozialer Interaktionen ist, die über einen verhältnismäßig langen Zeitraum abgelaufen sind, ist diese Sichtweise selten einer Veränderung aufgrund direkter Konfrontation zugänglich. Paradoxe Techniken besitzen ihre besondere Wirkung, weil sie nicht diese Sichtweise des gesunden Menschenverstandes in Frage stellen; sie gestatten es vielmehr anderen Sichtweisen, sich nebenher zu entwickeln.

Bei den paradoxen Techniken wird die ökosystemische Auffassung, in jeder Situation könnten viele Dinge gleichzeitig wahr sein, sehr wirkungsvoll dargestellt, wobei aber nicht verlangt wird, frühere Überzeugungen als falsch einzustufen. Paradoxe Techniken werden benutzt, um mit neuen Interpretationen an problematische Situationen heranzugehen. Diese neuen Interpretationen scheinen häufig widersprüchlich oder gar absurd zu sein. Sie stellen jedoch einfach die unterschiedlichen Perspektive der Situationen oder Verhaltensweisen, die als problematisch gelten, dar.

Paradoxe Techniken können auch eingesetzt werden, um Verhaltensweisen und Ereignisse zu verändern, die scheinbar ohne Bezug zum Problem sind, und auf diese Weise beeinflussen sie die problematische Situation. Wenn Sie sich die problematische Situation als Teil eines größeren Musters ökosystemischer Beziehungen denken, besteht paradoxerweise eine mögliche Problemlösung darin, sich auf die Charakteristika eines Menschen oder einer Situation zu konzentrieren, die nicht problematisch sind. Familientherapeuten (DE SHAZER et al., 1986; MOLNAR und DE SHAZER, 1987) haben beschrieben, wie nützlich es ist, sich auf die unproblematischen Bereiche eines Ökosystems zu konzentrieren, um problematische Verhaltensweisen zu verändern, und dasselbe ist auch an Beispielen in Schulen gezeigt worden (siehe Kapitel Acht und Neun).

Ökosystemische Techniken
ins rechte Licht setzen

Wenn Sie die Beschreibungen der ökosystemischen Techniken in Teil Zwei lesen, wäre es nicht überraschend, wenn Sie feststellten, daß Sie eine oder mehrere Techniken von einer vertrauten Perspektive aus erklären könnten. In ihrer Diskussion verschiedener familientherapeutischer Methoden behaupten Duhl und Duhl (1981), dieselbe Intervention könne von verschiedenen Standpunkten aus interpretiert werden. Wenn man, so argumentieren Jaynes und Rugg (1988), einen Elternteil durch die klare Vorgabe der Grenzen und Konsequenzen "die Zügel in die Hand nehmen läßt", so kann dies gleichermaßen gut durch eine strukturelle oder eine behavioristische Begründung erklärt werden. Die wahrscheinlichste alternative Charakterisierung des ökosystemischen Ansatzes in der Therapie besteht darin, ihn als behavioristischen Ansatz aufzufassen. Chambless und Goldstein (1979) beschreiben Verhaltenstherapie als ein Behandlungssystem, das auf die Arbeit von Wolpe (Verhaltenstherapie) und Skinner (Verhaltensmodifizierung) zurückzuführen ist. Innerhalb dieser breitgefaßten Kategorie werden eine Anzahl von Methoden, die mit dem ökosystemischen Ansatz in Übereinklang zu stehen scheinen, benutzt. Die Arbeiten von Ellis (1962), Beck (1967), Stuart (1969), Hawkins, Peterson, Schweid und Bijou (1971), Patterson (1971) und Mahoney (1974) führen zum Beispiel zu Praktiken, die manchmal den ökosystemischen Techniken, die in Teil Zwei beschrieben werden, sehr ähnlich sehen können.

Sie werden sich vielleicht bei einigen unserer Fallbeispiele an Methoden zur Veränderung problematischen Verhaltens in der Schule erinnert fühlen, die auf Verstärkung (Skinner, 1968), Adlersche Konzepte (Dreikurs, 1968), kognitive Verhaltensmodifikation (Meichenbaum, 1977), Attributionstheorie (Nisbett und Ross, 1980), Verhaltensmanagement (Wielkiewicz, 1986) oder Motivationstheorie (Wlodkowski, 1986a, 1986b) zurückgehen. Es wäre nur natürlich, wenn Sie versuchten zu verstehen, wie ökosystemische Techniken funktionieren, indem Sie eine Ihnen bereits vertraute theoretische Sichtweise verwenden. Aber obwohl die ökosystemische Methode, die wir beschreiben, noch nicht ausreichend entwickelt ist, um Anspruch auf klar definierte begriffliche Abgrenzungen erheben zu können, hilft es Ihnen unserer Meinung nach nicht weiter, wenn Sie versuchen, ökosystemische Techniken mit Hilfe von Begriffen zu verstehen, die Ihnen von Erklärungen problematischer Verhaltensweisen her vertraut sind. Wenn Sie das machen, riskieren Sie, eine Darstellungsweise eines chronisch problematischen Verhaltens zu verstärken, die sich für Sie eigentlich schon als wenig hilfreich erwiesen hat. Außerdem besteht die Gefahr des Mißbrauchs der ökosystemischen Technik, die Sie anwenden wollen, indem Sie versuchen, sie an Regeln anzupassen, die Ihnen durch eine andere Methode der Verhaltensänderung auferlegt sind.

Es mag vielleicht Situationen geben, in denen Sie ökosystemische Techniken verwenden möchten oder in denen ökosystemische Techniken als Bestandteil eines größeren Planes eingesetzt werden sollten. Es ergeben sich in Schulen manchmal Krisensituationen, auf die man sofort reagieren muß. Erfahrene Therapeutinnen können systemische Techniken in Krisensituationen einsetzen, und erfahrene Erzieherinnen haben die Ideen, die in diesem Buch dargestellt werden, erfolgreich in Situationen verwendet, die eine rasche Reaktion verlangten. Wir versuchen in diesem Buch jedoch nicht, Ihnen beizubringen, wie man diese Methoden in Krisensituationen anwendet. Wir empfehlen Ihnen diese Techniken vielmehr für chronisch problematische Situationen, bei denen das problematische Verhalten und die Reaktionen darauf vorhersagbar sind.

Es gibt auch Situationen in Schulen, mit denen man sich auf eine Weise auseinandersetzen muß, die durch Gesetze des Staates, des Bundeslandes und der Gemeinde oder durch die Schulpolitik festgelegt ist. In Wisconsin sind Erzieherinnen zum Beispiel per Gesetz dazu angehalten, Kindesmißhandlung zu melden. Ökosystemische Ideen sollten zusätzlich und nicht anstelle solcher verpflichtenden Auflagen eingesetzt werden. Selbst wenn eine Erzieherin die Kindesmißhandlung gemeldet hat, muß sie weiterhin mit dem Kind in der schulischen Umgebung arbeiten. Die Vorschläge in diesem Buch wollen dem Schulpersonal bei seinen täglichen oder wöchentlichen Kontakten mit dem Schüler helfen, die ja weitergehen, selbst wenn ein Bericht in die Akten gekommen oder irgendeine andere erforderliche Maßnahme ergriffen worden ist.

Und schließlich gibt es Zeiten, wo es angebracht ist, Schüler und ihre Familien zur Therapie zu überweisen. Wir wollen nicht vorschlagen, daß Erzieherinnen zu Psychotherapeutinnen werden. Und doch muß auch nach einer berechtigten Überweisung des Schülers in die Therapie das Schulpersonal weiterhin mit ihm in der schulischen Umgebung arbeiten. Die Ideen, die in diesem Buch vorgestellt werden, können Ihnen helfen, innerhalb des schulischen Kontextes und des Klassenzimmers mit den Schülern zu arbeiten.

Ändern Sie sich selbst: Sie sind die Expertin

Für Menschen, die sich einem Problem gegenübersehen, ist es oft nicht ausreichend, intellektuell die Notwendigkeit einer Veränderung einzusehen, damit sie ihren Standpunkt oder ihr Verhalten ändern. Familientherapeuten wissen, daß Familienmitglieder sich oft gegenseitig die Familienprobleme anlasten. Jedes Familienmitglied erwartet von irgendeinem anderen Familienmitglied die Veränderung, die das Problem lösen soll. Daher konzentrieren Familientherapeuten sich in ihren anfänglichen Bemühungen darauf, der Familie zu helfen, das Problem bei dem Familienmitglied zu lösen, das aufgrund des Problems am meisten zu leiden scheint, und nicht bei dem Menschen, den die Familie als "das Problem" identifiziert hat. Diese Art, an ein Problem heranzugehen, kann auch Erzieherinnen helfen, ihr Verhalten in problematischen Situationen zu verändern.

Das Unbehagen, das eine Lehrerin, Schulpsychologin, Beraterin, Sozialbeiterin oder Direktorin zum Beispiel in einer problematischen Situation empfinden, trägt dazu bei, andersartiges Denken oder Handeln auszulösen. Außerdem hat die Erzieherin zwar vielleicht wenig direkte Kontrolle über die Ideen und die Verhaltensweisen anderer, aber über ihre eigenen Gedanken und Verhaltensweisen übt sie eine ganz beträchtliche Kontrolle aus. Aus diesem Grund ist es leichter für die Erzieherin, die ja das Problem als Problem erlebt, ihr eigenes Denken oder Verhalten zu ändern und dadurch eine Veränderung der chronisch problematischen Situation herbeizuführen, als das Verhalten und Denken eines anderen Menschen zu ändern.

Obwohl dies eine einfache Aussage zu sein scheint, denken Erzieherinnen nicht selten daran, die Ideen oder das Verhalten der problematischen Person zu ändern, wobei sie stillschweigend davon ausgehen, sie selbst würden dabei die gleichen bleiben. Klassenräume und Schulen sind Ökosysteme, und eine Person kann nicht unverändert bleiben, während andere sich verändern, denn alle Wahrnehmungen und Verhaltensweisen im Ökosystem interagieren und beeinflussen einander. Wenn Sie die Technik des Umdeutens, der positiven Konnotation, Symptomverschreibung oder irgendeine andere Technik der folgenden Kapitel ausprobieren wollen, müssen Sie notwendigerweise ihre Sichtweise des Problems und ihr Verhalten in Bezug auf das Problem ändern. Die Techniken, die in Teil Zwei erklärt werden, sind also Methoden, die Ihnen helfen sollen, Ihre Ideen über ein chronisches Problem, das Sie lösen wollen, und Ihr damit zusammenhängendes Verhalten zu verändern. So gesehen sind sie auch Methoden, das Verhalten eines anderen Menschen zu beeinflussen.

Wie wir in Kapitel Zwei erwähnt haben, verlangen die ökosystemischen Techniken nicht von Ihnen, sich einen neuen Stil anzueignen oder ein neues Vokabular zu lernen. Sie brauchen, wenn sie anfangen wollen, ökosystemische Ideen in die Tat umzusetzen, nur zu entscheiden, daß es jetzt an der Zeit ist, in dieser problematischen Situation etwas Neues auszuprobieren. Es wird Ihnen leichter fallen, diese Entscheidung zu treffen, wenn Sie sich sicher sind, das Problem nicht lösen zu können, wenn Sie weiterhin das machen, was Sie schon können. Da Sie in Bezug auf sich selbst und das Problem die Expertin sind, wissen Sie, was Sie versuchen werden und was nicht. Sie kennen die anderen Menschen in dieser Situation. Sie wissen, was Sie schon ausprobiert haben. Sie kennen die Forderungen und Erwartungen Ihrer Schule. Sie sind die Fachfrau, die dafür bezahlt wird, ein kompetentes Urteil abzugeben. Obwohl ökosystemische Ideen in den verschiedensten Situationen sehr erfolgreich angewendet worden sind, hängt die Entscheidung, ob irgendeine unserer Ideen in einer problematischen Situation, der Sie sich gegenüber sehen, angewendet wird, von Ihrem fachlichen Urteil ab.

Und was schließlich vielleicht am wichtigsten ist: wenn Sie die Techniken, die in diesem Buch beschrieben werden, einsetzen - falls es überhaupt dazu kommt -, werden Sie sicher sein wollen, daß Sie sie mit Überzeugung aufrichtig und ernsthaft benutzen können. Da ökosystemische Techniken die "Wahrheit", die der gesunde Menschenverstand in einer problematischen Verhaltensweise sieht, ignorieren, verwechseln manche Menschen anfangs ökosystemische Techniken mit "umgedrehter Psychologie" (eine Sache sagen und eine andere denken, um einen anderen Menschen dazu zu bringen, das zu tun, was man sich wünscht) und befürchten, sie seien irgendwie unaufrichtig. Dies ist ein Problem, mit dem Sie sich auch auseinandersetzen müssen. Aus ökosystemischer Sicht gibt es viele Wahrheiten über ein beliebiges Verhalten. Viele ökosystemische Techniken sind einfach nur Wege, eine andere Wahrheit in Bezug auf eine problematische Situation zu finden und entsprechend zu handeln, um sie zu ändern.

Wenn Sie bei irgendeiner problematischen Situation feststellen, Sie können das Verhalten oder die Situation nicht ganz aufrichtig auf eine neue Art beschreiben, sollten Sie nicht versuchen, ökosystemische Techniken zu verwenden. Diese Techniken sind keine Denkspiele, die man benutzt, um eine Sache zu sagen, während man etwas anderes denkt. Umgedrehte Psychologie überläßt man am besten Tom Sawyer. Wenn Sie die Beschreibungen der Techniken in Teil Zwei lesen, vergessen Sie nicht, daß es bei der Überlegung, ob es für Sie angebracht ist, ökosystemische Ideen als Hilfe zu benutzen, um ein Problem, das einfach nicht verschwinden will, zu lösen, keinen Ersatz für Ihr persönliches und fachliches Urteil gibt.

4
Anders denken über Probleme

In Kapitel Eins erklärten wir, wie schwer es ist, Verhalten in problematischen Situationen zu ändern, denn obwohl das Verhalten der Menschen und ihre Sichtweise des Verhaltens sich vielleicht im Konflikt befinden, sind sie miteinander verknüpfte Elemente eines stabilen, sich selbst bestärkenden Musters sozialer Interaktion. Nehmen Sie ein einfaches Beispiel: Eine Lehrerin beurteilt das wiederholte unaufgeforderte Antworten einer Schülerin während des Unterrichts als einen unvernünftigen und unangemessenen Versuch, Aufmerksamkeit zu erlangen; die Schülerin hält es für notwendig, mit den Antworten herauszuplatzen, weil sie meint, die Lehrerin ignoriere sie häufig. Lehrerin und Schülerin sehen beide ihre Sichtweise bestätigt, wenn die Schülerin mit der Antwort herausplatzt, um die Aufmerksamkeit der Lehrerin zu erregen, und die Lehrerin entschlossen die Schülerin ignoriert in dem Versuch, sie von ihrem Verhalten abzubringen. Die Beziehung zwischen dem Verhalten der Schülerin und dem der Lehrerin ist nur ein kleines Element im komplexen Muster von Beziehungen, die das Ökosystem des Klassenzimmers ausmachen. Es ist interessant, weil es problematisch ist. Aus ökosystemischer Perspektive wissen wir, daß jegliche Veränderung im Austausch zwischen Lehrerin und Schülerin in unserem Beispiel notwendigerweise das Ökosystem des Klassenzimmers beeinflußt und umgekehrt. Die Frage ist natürlich, wie man eine konstruktive Veränderung hervorruft.

Umdeutungen

Familientherapeuten, die das, was wir die ökosystemische Perspektive nennen, übernommen haben, haben eine sehr wirkungsvolle Art entdeckt, eine Veränderung problematischer Verhaltensmuster zu bewirken: Für das problematische Verhalten wird eine positive alternative Interpretation formuliert, und die Klienten werden ermutigt, diese Interpretation durch eine konsistente Handlungsweise in die problematische Situation mit einzubringen. Diese Technik nennt man Umdeuten.

Für die Erzieherin heißt "umdeuten", eine neuartige "Deutung" des problematischen Verhaltens zu finden, und zwar eine, die positiv ist, auf die Gegebenheiten der Situation paßt und den betroffenen Menschen plausibel erscheint. Das Umdeuten zeigt auch auf, wie man sich in der problematischen Situation anders verhalten kann. Wenn die Lehrerin in unserem Beispiel in der Lage wäre, das Herausplatzen der Schülerin als große Anteilnahme und Interesse an ihren Stunden zu interpretieren, statt als unangemessenen Versuch, Aufmerksamkeit zu erregen, dann würden sich ganz von selbst andere Reaktionen als das Ignorieren der Schülerin anbieten.

Wenn man problematisches Verhalten in der Schule als Bestandteil eines sich selbst verstärkenden ökosystemischen Musters ansieht, folgt daraus, daß eine Veränderung unserer Wahrnehmung dieses Verhaltens dazu beitragen wird, den sozialen Kontext des Problems neu zu formen und dadurch das problematische Verhalten zu beeinflussen. In der Schulsituation wird die erste Veränderung des sozialen Kontextes in der Wahrnehmung und dem Verhalten der Person, die die Umdeutung vornimmt, stattfinden. Dies ist etwas anders als in der therapeutischen Situation. In der Therapie bietet die Therapeutin Umdeutungen an, auf die die Familie reagiert. In der Schulsituation muß die Erzieherin, die das Umdeuten benutzen will, dieses formulieren und ihr Verhalten entsprechend ändern. Es wird Ihnen helfen, die Technik des Umdeutens zu verstehen und zu benutzen, wenn Sie mit den Thesen, die in Kapitel Drei diskutiert wurden, vertraut sind und sie akzeptieren. Die Thesen sind folgende: (1) Viele Interpretationen eines gegebenen Verhaltens können gleichzeitig zutreffen, und (2) das Verhalten eines Menschen (einschließlich das Verhalten, das Sie für problematisch halten) wird von diesem Menschen als angemessene Reaktion auf die Situation, so wie er sie wahrnimmt, betrachtet. Wenn Ihnen diese Punkte noch unklar sind, sollten sie vielleicht noch einmal auf Kapitel Drei zurückkommen, bevor Sie weiterlesen.

Analyse der Fallbeispiele

Bei jedem der folgenden Fallbeispiele haben wir erläuternde Kommentare beigefügt, um die Hauptelemente des Umdeutens hervorzuheben. Im ersten Fall zum Beispiel wäre eine Möglichkeit, das Verhalten der Jungen zu interpretieren, die, daß sie absichtlich versuchen, der Lehrerin das Leben schwer zu machen. Eine andere Interpretation wäre zu sagen, sie versuchten, sich irgendwie um die Arbeit zu drücken. Will man das Verhalten der Jungen positiv interpretieren, kann man sagen, sie seien gute Freunde, die jeden Morgen versuchen, durch ihre Gespräche die Freundschaftsbande zu stärken. Als die Lehrerin sich das Verhalten der Schüler als vorsätzlichen Versuch, ihr Ärger zu bereiten, erklärte, reagierte sie entsprechend, und das chronische Problem blieb weiterhin bestehen. Als die Lehrerin die Situation umdeutete (das heißt, sich auf eine positive, alternative

Interpretation des Verhaltens der Jungen konzentrierte und entsprechend dieser neuen Interpretation handelte), veränderte sie das Interaktionsmuster, das die chronisch problematische Situation bestimmt hatte. Durch dieses Fokussieren auf eine positive Interpretation des Verhaltens der Jungen änderte die Lehrerin ihre Art der Wahrnehmung des problematischen Verhaltens und war daher in der Lage, ihre Reaktionsweise zu verändern. Aus ökosystemischer Sicht beeinflußte sie ganz unausweichlich das Verhalten der Jungen, da sie ihr eigenes Verhalten geändert hatte.

Fallbeispiel: Faule Störenfriede oder dicke Freunde?

Bob bestand darauf, solange es geht, neben Pete zu stehen und nicht an seinem Platz zu sein. Sie sind die dicksten Freunde und helfen sich in allem. Wenn zum Beispiel einer eine Frage beantwortet, sagt der andere: "Ja, das stimmt."

Jeden Morgen kamen die Kinder ins Klassenzimmer, setzten sich hin und erledigten still einige Aufgaben, während ich das Essensgeld einsammelte. Sie waren dazu angehalten, diese morgendliche Aufgabe als Übung zu erledigen.

Jeden Morgen kam Bob herein und stellte sich neben Petes Tisch, und sie sprachen über die Ereignisse vom Vorabend. Ich sagte Bob immer wieder, er solle sich an seinen Platz setzen, weil es schwierig war, an ihm vorbei zu sehen und die Antworten der anderen Kinder zu verstehen, während ich das Essensgeld einsammelte. Außerdem konnte Bob seine Übungen nicht zu Ende bringen, da er mit Pete sprach. In der Vergangenheit waren immer drei oder vier freundliche Aufforderungen und eine drohendere notwendig gewesen, bis Bob schließlich an seinen Platz ging, aber auch von dort sprach er immer noch mit Pete oder sandte ihm Botschaften per Zeichensprache. Zu diesem Zeitpunkt war ich dann normalerweise zornig, Pete und Bob hatten ihre Arbeit nicht erledigt, und wegen all des Durcheinanders mußte das Geldeinsammeln abgebrochen werden.

Ich beschloß, es mit Umdeuten zu versuchen. Ich hatte das Problem so interpretiert, daß Pete und Bob versuchten, Zeit herumzubringen, um sich vor der Arbeit zu drücken und mir das Leben schwer zu machen. (Die Interpretation der Lehrerin vom Verhalten der Jungen war negativ, sie versuchten nämlich in ihren Augen, Zeit herumzubringen, sich um ihre Arbeit zu drücken und ihr das Leben schwer zu machen.) Als ich über die Situation nachdachte, fiel mir eine andere Erklärung für ihr Verhalten ein. Meine positive, alternative Interpretation war die, daß Bob und Pete gute Freunde waren, die morgens als allererstes gern Zeit füreinander haben wollten, um sich auf diese Weise gegenseitig ihre engen Freundschaftsbande zu bestätigen. (Als die Lehrerin das Umdeuten anwendet, fängt sie an, positive, alternative Interpretationsmöglichkeiten für das Verhalten der Schüler in Betracht zu ziehen. Sobald sie eine einleuchtende, positive, alternative Erklärung für das Verhalten gefunden hat, formuliert sie einen Satz, den sie ihnen im Rahmen dieser neuen Interpretation sagen kann, und handelt entsprechend.)

Als Bob am nächsten Morgen hereinkam und sich neben Petes Tisch stellte, sagte ich: "Bob, es ist wirklich toll zu sehen, was für eine dicke Freundschaft zwischen dir und Pete besteht, so daß du jeden Morgen Zeit mit ihm verbringen möchtest." Er sah mich an, nahm die Arme hoch und sagte: "Ist schon gut. Ich setz mich an meinen Platz." Er glaubte offensichtlich nicht, daß ich es ernst meinte.

Als Bob am nächsten Morgen neben Petes Tisch stand und anfing zu reden, sagte ich: "Mach' nur weiter, Bob, und bleib noch ein bißchen bei Pete, manchmal ist eine dicke Freundschaft wichtiger als alles andere." Er sah mich an, als sei ich sarkastisch gewesen, und Pete fing an zu kichern. Als ich weiterhin ganz sachlich blieb, wandelte sich ihr Zweifel in Erstaunen. (Wenn man umdeutet, muß die positive Interpretation unbedingt jedem Betroffenen einleuchten. Um die Umdeutung aufrichtig und nicht sarkastisch äußern zu können, mußte die Lehrerin sie für einleuchtend halten, und auch den Schülern mußte sie, um ernstgenommen zu nehmen, einleuchten.) Bob sprach nur noch etwa fünfzehn Sekunden lang mit Pete, dann ging er an seinen Platz und beendete seine Arbeit.

Bob bleibt immer noch jeden Morgen ein oder zwei Minuten lang an Petes Tisch stehen für einen kleinen Schwatz, aber dann geht er an seinen Platz und fängt mit seiner Arbeit an. Er schafft jetzt mehr Arbeit. Ich fange den Tag mit viel besserer Laune an und stelle fest, daß ich meinen Schülern gegenüber viel toleranter bin.

Diskussion. Die Entwicklung, die diese Lehrerin durchmacht, zeigt einige wesentliche Eigenschaften des Umdeutens. Sie identifizierte die negativen Interpretationen, die sie dem problematischen Verhalten zugeschrieben hatte. Sie durchdachte die Situation und entwickelte eine positive, alternative Interpretation für das problematische Verhalten, und zwar eine Interpretation, die ihr einleuchtete, wodurch sie die Umdeutung aufrichtig und nicht sarkastisch hervorbringen konnte. Sie wählte eine Interpretation, die den Schülern einleuchtete, damit sie ihre neue, positive Interpretation ernst nehmen würden.

Dieses Fallbeispiel zeigt auch, daß es manchmal notwendig ist, die Umdeutung zu wiederholen. Wenn man sich mit Hilfe des Umdeutens einer problematischen Situation zuwendet, verhält man sich ganz anders und sagt ganz andere Dinge zu den anderen Personen, die in diese problematische Situation mit einbezogen sind. Wenn die Beteiligten zum ersten Mal eine Umdeutung hören, sind sie häufig überrascht. Daher kann es notwendig sein, die Umdeutung zu wiederholen, damit der Zuhörer sie versteht.

Und schließlich zeigen die abschließenden Bemerkungen der Lehrerin die affektiven und verhaltensbezogenen Veränderungen, die sich aufgrund der Umdeutung und ihrer ökosystemischen Implikationen vollziehen. "Er schafft jetzt mehr Arbeit. Und ich fange den Tag mit viel besserer Laune an und stelle fest, daß ich viel toleranter meinen Schülern gegenüber bin."

Die Sonntagsschullehrerin im nächsten Fallbeispiel fing an, einen ihrer Schüler mit problematischem Verhalten als einen harten Arbeiter zu beschreiben, der mal eine Pause braucht, statt als ein störendes Element. Ihre Fähigkeit, eine kooperative Perspektive einzunehmen (sich zu überlegen, wie die Situation vielleicht für den Schüler aussah), half ihr, das Verhalten des Schülers umzudeuten, und gab beiden die Möglichkeit, sich anders zu verhalten.

Fallbeispiel: Störender Teufel oder fleißiger Engel ?

Nachdem ich in meiner Schule erfolgreich mit Umdeuten gearbeitet hatte, beschloß ich, meine neu gewonnenen Fähigkeiten auf einen Schüler in der Sonntagsschule anzuwenden. Ich hatte den Schüler seit zwei Jahren, und seit dem letzten Jahr hatte Todd mich ganz schön in Atem gehalten. Er kam normalerweise voller Schwung in die Klasse, sprach laut, ärgerte die anderen Schüler, fragte, wann wir Pause machten, und vor allem beklagte er sich über all die Arbeit in der Klasse. Während der Stunde machte er häufig mit diesem Gehabe weiter. Manchmal hegte ich den unchristlichen Wunsch, er würde sich am Sonntag nicht sehen lassen.

In der Vergangenheit hatte ich die üblichen Methoden, sich mit solch einem Kind auseinanderzusetzen, ausprobiert. Ich hatte ihn ignoriert, getadelt, ihm gedroht. Ich hatte die üblichen Formen von Bestechungen benutzt, wie zum Beispiel Aufkleber, Essen und Spiele. Nichts schien über längere Zeit hinweg wirkungsvoll zu sein.

Als Todd am letzten Sonntag zur Sonntagsschule kam, erschien er in seiner üblichen Manier, laut und Aufmerksamkeit heischend. Sofort deutete ich sein Verhalten um. Ich legte ruhig den Arm um ihn und sagte ihm, es sei verständlich, wenn er meinte, es sei unfair, daß er früh für die Sonntagsschule aufstehen müßte. Ich sagte ihm, ich wüßte, wie hart er die ganze Woche in der Schule arbeitete, und nun müßte er noch mehr arbeiten. (Die Sonntagsschullehrerin fängt an, die problematische Situation so zu beschreiben, wie es vielleicht dem Schüler erscheint: er arbeitet die ganze Woche hart in der Schule und nun muß er noch mehr tun. Mit dieser Perspektive bietet sie eine Alternative an, statt zu versuchen, ihn dazu zu bringen, sich in der Sonntagsschule zu benehmen.)

Ich sagte, ich fände es völlig in Ordnung, wenn er zu seinen Eltern in den Gottesdienst gehen wollte. Dann brauchte er keine Arbeit zu machen. (Die Sonntagsschullehrerin weiß nicht, warum Todd sich bisher in dieser Art und Weise verhalten hat. Sie weiß, er hat sich über die Arbeit in der Sonntagsschule beklagt, und sie weiß, er geht in der Woche zur Schule. Sie benutzt eine kooperative Perspektive [das heißt, sie erkennt an, daß die Situation aus Todds Sicht unter Umständen anders aussieht und daß er sein Verhalten aufgrund seiner eigenen Interpretation der Situation für vernünftig hält] und sucht nach einer positiven Interpretation seines Verhaltens, die seiner eigenen Sichtweise Rechnung trägt, statt ihn für das Problem verantwortlich zu machen. Indem sie Todd als einen fleißigen Jungen beschreibt und ihm unterstellt, er sei vielleicht überarbeitet und brauche eine Pause, ändert die Lehrerin die Art, wie sie bisher über Todd gedacht und wie sie sich mit ihm auseinandergesetzt hat. Diese Veränderung ihres Verhaltens gibt auch ihm die Gelegenheit zur Veränderung.) Ich sagte, der Pastor wäre vermutlich von seinem Interesse an der Predigt anstelle des Unterrichts beeindruckt. Als ich anfing, ihn zur Tür des Klassenzimmers zurückzubringen, war ich aufrichtig überzeugt, Todd würde die Predigt vorziehen. Aber plötzlich stand er stocksteif und sah zu mir hoch. Er fragte, ob er zur Sonntagsschule zurückkommen dürfte, wenn es ihm in der Kirche nicht gefiel. Ich versicherte ihm, das wäre völlig in Ordnung. Er ging ein paar Schritte weiter und sagte dann, er würde lieber in der Sonntagsschule bleiben. Er ging in die Klasse und arbeitete äußerst konzentriert und kooperativ. Er ist an den letzten beiden Sonntagen wiedergekommen, aber obwohl ich ihn immer noch hören kann, wenn er sich nähert, fügt er sich mit einem Minimum an Reden und Klagen ein, sobald er das Klassenzimmer betritt.

Diskussion. Warum hat Todds Verhalten sich geändert? Bedenken Sie einmal den Unterschied zwischen ignoriert, getadelt, bedroht sowie bestochen werden auf der einen Seite und gelobt werden, weil man ein fleißiger Junge ist, der sich eine Pause verdient hat, auf der anderen Seite. Durch das Umdeuten von Todds Verhalten, das ihn zu einem fleißigen Jungen machte, schuf die Lehrerin eine neue Situation, die anders war als die problematische. In der problematischen Situation wurde Todd als ein Schüler, der stört, beschrieben und verhielt sich auch so. In der neuen Situation, die durch die alternative Interpretation seines Verhalten entstand, wird Todd als fleißiger Schüler angesehen, der eine Pause verdient hat. Todd, den Fleißigen, hat es immer gegeben, und die Lehrerin hat dazu beigetragen, ihn zu schaffen, weil sie den fleißigen Schüler in ihm gesehen hat.

Wenn man sich einem Menschen gegenüber entsprechend einer bestimmten Meinung, die man von ihm hat, verhält, stärkt dies normalerweise diesen Aspekt oder diese Wahrheit und macht sie zu einer Realität. In der bekannten Arbeit von ROSENTHAL und JACOBSON, die sie in "Pygmalion in the Classroom" ("Pygmalion im Klassenzimmer", 1968) beschreiben, "sahen" und "schufen" Lehrer "intellektuelle Koryphäen" aus Schülern, die intellektuell nicht besonders vielversprechend waren.

Die Lehrerin im nächsten Fallbeispiel war in der Lage, mit dem Kind zu kooperieren, und gemeinsam machten sie aus einem störenden Kind ein hilfsbereites.

Fallbeispiel: Wundertäter

Judith ist ein fünfjähriges Vorschulkind, die jedesmal, wenn die Kinder sich aufstellen, jeden aus der Reihe drängelt und schiebt, um die erste zu sein. Alle Kinder waren abwechselnd einmal als erste an der Reihe, aber Judith meinte, sie müßte immer die erste sein.

Ich hatte mit Judith über "Sich-Abwechseln" und "Fair-Sein" gesprochen. Ich hatte sie auch als zweite in der Reihe stehen lassen, und wenn das Drängeln und Schubsen nicht aufhörte, kam sie an das Ende der Reihe. Keiner dieser Versuche war erfolgreich. Judith machte mit ihrem untragbaren Verhalten weiter.

Ich beschloß, die Situation umzudeuten. Ich hatte Judiths Verhalten als unfair den anderen Kindern gegenüber und störend für mich betrachtet. Als ich anfing, die Dinge anders zu sehen, bemerkte ich, daß Judith, anders als die anderen Kinder, die immer trödelten und denen man immer mehrere Male sagen mußte, sie sollten sich aufstellen, stets sofort da war, gleich nachdem ich den Kindern gesagt hatte, sie sollten sich aufstellen. Ich beschloß, diese Art Enthusiasmus auszunutzen, und so wurde Judith meine "Reihenhelferin". Ich machte eine Liste mit den Namen aller Kinder und erteilte Judith die Aufgabe, eine/n Anführer/in zu wählen und seinen/ihren Namen an die Tafel zu schreiben. Sobald das Kind einmal als erstes an der Reihe gewesen war, strich Judith den Namen aus, und so war jedes Kind in der Klasse, einschließlich Judith, einmal an der Reihe. Jeden Tag unterhielten Judith und ich uns kurz darüber, wie die Reihe durch die Flure und auf den Spielplatz gehen sollte.

Ein Wunder geschah. Judith nahm diesen Plan ganz und gar begeistert auf. Sie wählt jetzt eine/n Anführer/in und schreibt den Namen an die Tafel, was noch ein zusätzlicher Bonus ist, weil ihr die Extraschreibübung sehr gut tut. Sie ist sehr kooperativ und geht am Ende der Reihe mit, damit sie alle Kinder im Auge behalten kann. Unsere kleinen Gespräche geben ihr etwas Extraaufmerksamkeit. Alles läuft sehr gut.

Ich denke, in dieser Situation nützte das Umdeuten mir genausoviel wie dem Kind, denn ich habe nicht direkt irgendetwas zu ihr über meine neue Art, die Dinge zu betrachten, gesagt. Ich habe einfach angefangen, anders mit ihr zu arbeiten.

Diskussion. Die Lehrerin in diesem Fallbeispiel führt an, daß das Umdeuten ebenso für sie gedacht war wie für das Kind. Alle Umdeutungen wirken zunächst einmal auf die Person, die die Umdeutung formuliert. Diese neue Einschätzung gestattet ihr, Dinge anders zu sagen und zu sehen.

Dieser Fall ist deswegen interessant, weil die Lehrerin, anders als in den meisten anderen Beispielen, nicht versucht, irgendetwas, was die Umdeutung widerspiegelt, zum Kind zu sagen. Vielmehr läßt die Lehrerin die Umdeutung durch ihre Handlungen erkennen.

Wie der nächste Fall zeigt, kann erfolgreiches Umdeuten des Verhaltens eines Schülers in einer bestimmtem problematischen Situation weitere Kreise ziehen, die auch andere schulische Bereiche und sogar die gesamte Lehrer/Schüler-Beziehung beeinflussen können.

Fallbeispiel: Streitsüchtiger Kerl oder unbeholfener Jugendlicher?

Als Lehrer einer sechsten Klasse bin ich häufig Zeuge, wie Schüler versuchen, die Führungsposition an sich zu reißen und ihre Popularität zu vergrößern. Viele Schüler steigen entsprechend ihren akademischen oder verbalen Fähigkeiten auf, während andere sich mehr auf ihre äußere Erscheinung oder ihre sportlichen Fähigkeiten verlassen. Andere überragen aufgrund ihrer körperlichen Reife ihre Altersgruppe und können eine Gefolgschaft fordern, statt sie sich zu verdienen.

Dieses war in meiner sechsten Klasse in diesem Jahr der Fall. Rick überragt seine Klassenkameraden schon seit seiner Grundschulzeit. Er ist in der sechsten Klasse, könnte aber ohne Schwierigkeiten für ein Oberstufenschüler gehalten werden. Seine körperliche Statur hat ihm ohne weiteres eine dominierende Position den anderen gegenüber verschafft. Statt ein Partner im Klassenzimmer zu sein, vertritt Rick die "Antiautoritätsposition" eines rauhen Burschen oder Rebellen. Während des ganzen Schuljahres versuchte er, diesem Image gerecht zu werden, indem er Aufgaben nicht fertigstellte, an den üblichen Aktivitäten in der Klasse nicht teilnahm, die Lehrer störte und die Mitschüler einschüchterte. (Die negative Interpretation, die der Lehrer dem Verhalten seines Schülers gibt, ist offensichtlich nicht nachlässig dahingesagt; sie läßt durchblicken, daß der Lehrer seine Erfahrung mit anderen Schülern in der Vergangenheit mit eingebracht hat ebenso wie sein Wissen von diesem bestimmten Schüler in seiner Klasse und in der Schule, um so ein umfassendes Verständnis des Verhalten des Schülers zu erhalten. Er stellt die Größe des Schülers in Rechnung und die Art und Weise, wie der Schüler sie seiner Meinung nach einsetzt. Und er deutet das Nicht-Teilnehmen des Schülers an den Aktivitäten und das Nicht-Erledigen der Aufgaben als eine Demonstration seiner Position als Rebell. Wie wir in Kapitel Eins untersucht haben, kann vorausgehendes Wissen, Erfahrung und die soziale Unterstützung einer bestimmten Deutung des problematischen Verhaltens es manchmal schwer machen, nach einer alternativen und insbesondere positiven Interpretation zu suchen. Lehrerinnen und andere Erzieherinnen stehen sehr wahrscheinlich unter beträchtlichem Druck ihrer Peer-Gruppe, ihr Verhalten nicht in einer Weise zu verändern, die ihre Kolleginnen vielleicht als "Nachgeben" oder "Senken des Standards" betrachten könnten. Dies kann die Aufgabe des Umdeutens deutlich erschweren und an die Erzieherin größere Anforderungen stellen, eine kooperative Sichtweise zu verwenden und nach positiven Erklärungen für das problematische Verhalten zu suchen.)

Zu Beginn des Schuljahres versuchte ich, Rick auf meine Seite zu bringen, indem ich ihm in der Hoffnung, eine positive Führungsposition seinerseits zu fördern, besondere Aufgaben übertrug. Viele dieser kleinen Aufgaben benutzte er zur Manipulation, führte sie schlecht aus oder verwendete sie gegen mich. Ich habe versucht, mit Rick zu reden, und ihn wissen lassen, welche Erwartungen ich an ihn stellte. Ich habe ihm gesagt, ich erwartete von ihm zumindest, daß er meinen Wunsch respektierte, für die anderen ein sicheres und angemessenes erzieherisches Umfeld zu haben. Rick schien an der Tatsache, ein sehr wirkungsvoller Störenfried zu sein, Spaß zu haben. Sehr häufig, wenn ich mit dem Rücken an der Wand stand, begegnete ich Rick mit seinen eigenen Waffen, stellte seiner Aggression meine eigene entgegen und drohte ihm mit Nachsitzen und Schulausschluß. Dies stärkte nur sein Image. (Der Lehrer beschreibt sehr deutlich, wie seine Sichtweise und seine Handlungen und die des Schülers sich nicht nur gegenseitig beeinflussen und die problematische Situation am Leben erhalten, sondern diese sogar noch verstärken.)

Erst vor kurzem bereiteten die Schüler meiner Klasse ein Musical vor, das sie der Schule und den Eltern vorführen wollten. Ricks Wunsch, an solchem "langweiligen Zeug" nicht teilzuhaben, schien auf einige andere abzufärben. Ich mußte irgendetwas unternehmen und so dachte ich, ich würde es mit dem Umdeuten versuchen. (Um das Verhalten des Schülers umzudeuten, muß der Lehrer seine bisherige Interpretation von Ricks Verhalten als rebellisch, antiautoritär undsoweiter aufgeben und eine neue, nicht negative Interpretation finden, die sowohl für ihn wie auch für Rick einleuchtend ist. Wenn man sich entsprechend dieser neuen Interpretation verhält, führt dies zu einer neuen Reaktionsweise den Schülern gegenüber.)

Während der Probe, als die Schüler bestimmte Handbewegungen zu einem Lied übten und Rick herumalberte, ging ich zu ihm und sagte, ich könne verstehen, wie unwohl er sich fühlte, wenn er hierbei mitmachte. Ich als Erwachsener, der genauso groß war wie er, wäre auch verlegen, wenn ich solche Bewegungen ausprobierte. Ich bot ihm an, auf die Seite zu gehen, wenn er wolle, und genau wie ich einfach zuzusehen.

Rick schien etwas verblüfft. Während der restlichen Stunde machte er nicht mit, störte aber auch nicht. Bei der nächsten Probe sah ich voller Überraschung, wie Rick sich ernsthaft bemühte, mit dem Rest der Klasse mitzumachen, und im weiteren Verlauf der Probe wurde seine Anteilnahme immer aufrichtiger.

Es ist einige Wochen her, seit ich das Umdeuten einsetzte. Ich bin Zeuge einer veränderten Haltung von Rick nicht nur in Bezug auf seine Mitarbeit, sondern auch mir gegenüber geworden. Ich kann mit ihm über seine Arbeit sprechen, und er scheint meinen Ideen und Vorschlägen gegenüber offener zu sein. Seine Arbeit in der Klasse ist besser geworden, obwohl er durch einige Vorfälle außerhalb der Klasse etwas Ärger gehabt hat. Ich bin sehr angenehm überrascht und beeindruckt von den Ergebnissen dieser Technik.

Gerade heute nachmittag nach der Schule kam Rick, nachdem die anderen Schüler alle schon hinausgegangen waren, noch einmal in die Klasse zurück und wünschte mir ein schönes Wochenende. Noch niemals zuvor hatte er mir überhaupt "Auf Wiedersehen" gesagt. Dies ist für mich wirklich eine deutliche Veränderung.

Diskussion. Dieses Fallbeispiel zeigt, wie leicht die Interaktionen der Menschen in problematischen Situationen das Problem aufrechterhalten und verstärken können. Ein besorgter, sensibler Lehrer, der eine Reihe von Methoden ausprobiert hatte, stellte fest, daß er zeitweise immer noch mit eigener Aggression auf die Aggression des Schülers reagierte. Glücklicherweise war er bereit, mit seiner Detektivarbeit fortzufahren, bis er eine Hypothese geschaffen hatte, die dem Verhalten des Schülers Rechnung trug, eine andere Interpretation der Bedeutung des Verhaltens anbot und eine alternative Handlungsweise nahelegte. Seine detektivischen Bemühungen wurden durch recht dramatische Veränderungen in der problematischen Situation belohnt, nachdem er die Technik des Umdeutens angewandt hatte.

Wie wir schon vorher in diesem Kapitel betont haben, hat das Umdeuten immer eine Wirkung auf die Person, die die Technik einsetzt, wie auch auf andere an der problematischen Situation Beteiligte. Das folgende Fallbeispiel ist besonders interessant, da eine der ersten Veränderungen, die überhaupt stattfanden, die Veränderung der Sichtweise der Lehrerin war. Der Fall ist auch bemerkenswert wegen der Anzahl der Menschen, die in den Versuch, das Problem zu lösen, hineingezogen wurden.

Fallbeispiel: Sarah ist traurig - aus gutem Grund

Die Gruppe von Schülern, die ich dieses Jahr habe, stellt, gelinde gesagt, eine Herausforderung dar. Ich habe wenigstens vier schwierige Schülerinnen, bei denen ich das Umdeuten ausprobieren wollte, aber ich beschränkte mich zunächst und suchte mir nur eine aus.

Ich will dieses Kind die traurige Sarah nennen. Am ersten Tag des Schuljahres kam sie weinend in meine Klasse. Sie weinte weiter, bis ich zu ihr ging und fragte, was ihr fehlte. Sie nannte dann irgendeine Krankheit wie Kopfschmerzen, Bauchschmerzen, Übelkeit oder etwas Ähnliches. Ihr Weinen regte die anderen Schüler an ihrem Tisch auf. Auch der Schulleiter, die Schülerkoordinatorin und die Mutter machten sich Sorgen. Es störte mich wirklich, daß sich so viele Leute über das tägliche Weinen dieses Kindes aufregten. Sarah war ruhig und schüchtern. Sie war intelligent, und die Arbeiten, die sie abgab waren von ausgezeichneter Qualität. Ich wollte ihr wirklich gern helfen, aber die ständigen Weinanfälle machten mir zu schaffen.

Sobald Sarah sich um acht Uhr dreißig an ihren Tisch setzte, kullerten große Tränen ihre Wangen hinab. Ich fragte, ob sie, bevor die Schule anfing, im Bus oder auf dem Spielplatz weinte. Sie sagte nein. Ich fragte sie, ob sie Probleme habe, und versuchte, sie aufzumuntern. Wenn alles fehlschlug, schickte ich sie ins Büro. Das Büro schickte sie weiter zur Krankenschwester. Die meiste Zeit konnte man nichts feststellen, was physisch nicht mit ihr in Ordnung war. Mehrere Male wurde Sarah nach Hause geschickt. Vom ersten Tag an durchliefen wir, wie ein Uhrwerk, dasselbe Muster. Während meiner ganzen Zeit als Lehrerin habe ich noch nie solch einen Fall gesehen. Ich hatte schon Kinder erlebt, die weinten, aber niemals mit einer solchen Ausdauer. Ich war ratlos.

Anfangs versuchte ich, das Problem zu lösen, indem ich mit Sarah sprach. Ich stellte ihr Fragen nach dem Grund ihrer Traurigkeit. Ich versuchte auch, sie aufzumuntern. Ich sagte ihr, das sei alles nicht so schlimm, und versuchte, ihr positive Dinge zu zeigen.

Wenn das Weinen anhielt, schickte ich sie ins Büro, weil ich glaubte, sie könne wirklich krank sein. Ihre Mutter kam und holte sie ab. Nachdem so eine Woche vergangen war, wollte die Mutter wissen, wo das Problem war, und wir organisierten eine Konferenz. Wir stellten fest, daß die Ärztin Sarah untersucht hatte und ihr nichts fehlte. Die Mutter unterstützte unsere Bemühungen. Wir beschlossen, das Weinen zu ignorieren; es erübrigt sich zu sagen, daß es nur noch schlimmer wurde.

Als nächstes zogen wir die Koordinatorin hinzu. Statt Sarah gleich in die Klasse gehen zu lassen, schickten wir sie erst zur Koordinatorin, wo sie malen durfte, was sie ausgezeichnet konnte. Damit hatten wir das Weinen um acht Uhr dreißig unter Kontrolle, aber so konnte es nicht das ganze Jahr weitergehen. Außerdem weinte sie immer noch später am Morgen oder am Nachmittag.

Der Schulleiter schickte mir ein Schreiben, um zu fragen, welche Fortschritte wir machten, und erbot sich zu helfen.

Ende September kam eine neue Schülerin in die Klasse. Ich wies dem Kind einen Platz an Sarahs Tisch zu in dem Versuch, die Aufmerksamkeit auf eine andere Person zu lenken. Sarah ist eine gute Schülerin und weiß, was in der Klasse zu tun ist; sie konnte für das neue Kind eine große Hilfe sein. Sie war jetzt morgens nicht mehr im Büro der Koordinatorin, aber sie weinte immer noch später am Tag. Die Mutter machte sich Sorgen, daß sie Sarah in ihre alte Schule zurückschicken müßte, wenn dieser Zustand anhielt.

Die Kunsterzieherin verwies Sarah ebenfalls wegen ihres Verhaltens im Kunstunterricht an die Sozialarbeiterin. Trotz all dieser Interventionen hatte ich im Oktober immer noch ein weinendes, trauriges Kind. (Hier haben wir eine Lehrerin, die in der Vergangenheit erfolgreich Probleme mit weinenden Kindern gelöst hat, die aber in dieser Situation matt gesetzt ist. Zum Teil hat sie bei diesem Kind Erfolg, indem sie das, was sie anzuwenden weiß, auch erprobt und andere mit hinzuzieht, aber das Problem ist, wie sie selber erklärt, immer noch nicht gelöst. Man muß ihr zugute halten, daß sie gewillt ist, etwas Neues auszuprobieren, statt mit Interventionen weiterzumachen, die in früheren, aber nicht in der gegenwärtigen Situation funktioniert haben.)

Mir schien, Umdeuten könnte vielleicht helfen. Ich fing an, die Situation von Sarahs Standpunkt aus zu betrachten. Ich begann in Erwägung zu ziehen, man könne mit ihr übereinstimmen, daß es verständlich war, wenn sie traurig ist. Und, ja, sie vermißte tatsächlich ihre alte Schule und ihre Freundinnen. Mir fiel auf, wie meine Position in diesem Fall sich immer mehr veränderte, je länger ich in dieser Weise nachdachte. Statt darüber nachzudenken, wie ich Sarah aufmuntern könnte, fing ich an, Mitleid mit ihr zu haben und ihren Standpunkt zu verstehen.

Am nächsten Montag beobachtete ich zunächst einfach alles, bevor ich irgendetwas sagte oder tat. Und natürlich weinte Sarah um neun Uhr fünfundvierzig. Am Mittwoch redete ich mit ihr. Ich hörte ihr wirklich zu. Sie sagte, sie vermißte ihre alte Schule und die Lehrer und Freundinnen, die sie dort gehabt hatte. Ich wußte auch, daß sie eine Perfektionistin war und keine Mißerfolge wollte. Ich sagte ihr, ich könne verstehen, wie sehr sie ihre alte Schule vermißte und wie traurig sie sei, weil sie von dort hatte fortgehen müssen. Ich versuchte nicht, sie aufzumuntern oder über ihre Trauer zu reden, indem ich über die positiven Dinge in dieser neuen Schule sprach. (Vielleicht hatte es in der Vergangenheit bei anderen Schülern geholfen, sie aufzumuntern, wenn man sie auf positive Dinge hinwies; bei dieser Schülerin half es nicht. Die Fähigkeit der Lehrerin, die Situation umzudeuten und sie mit den Augen der Schülerin zu sehen, gestattete ihr, ganz aufrichtig zu sagen, wie verständlich die Trauer des Kindes sei. Durch das Umdeuten wurden auch mögliche neue Lösungsversuche dargelegt.)

Wir riefen die Lehrerin in der alten Schule an. Die Lehrerin sprach mit Sarah und sagte ihr, die ganze Schule sei stolz auf sie. Die Lehrerinnen an der anderen Schule wünschten ihr viel Erfolg in der neuen Schule mit all ihren Herausforderungen. Wir legten Wert darauf, die Mutter einmal in der Woche während der Pause an ihrem Arbeitsplatz anzurufen, und als die Mutter im Urlaub war, schickte sie Sarah Briefe. Außerdem behielt ich mir an einem Tag in der Woche immer fünfzehn bis dreißig Minuten vor, in denen ich mit Sarah über das Problem sprach.

Die Ergebnisse sind erstaunlich. Die Zeiten, in denen Sarah weinte, wurden allmählich seltener. Ich konnte es sehen. In der vergangenen Woche ist nicht eine Träne geflossen. Sie scheint glücklich zu sein und begierig darauf zu helfen.

Jetzt kann ich anfangen, mich mit den drei anderen Schülerinnen zu beschäftigen.

Diskussion. Es ist schwer, Lösungsmöglichkeiten aufzugeben, die in der Vergangenheit funktioniert haben, selbst wenn sie in der gegenwärtigen problematischen Situation nicht helfen. Da die Umdeutung unsere Sichtweise der problematischen Situation verändert, kann sie neue, alternative Lösungen schaffen, die wir in einer für uns chronisch problematisch gewordenen Situation einsetzen können.

Wenn Sie zu diesem Zeitpunkt vielleicht immer noch zögern, das Umdeuten auszuprobieren, ermutigt Sie vielleicht die Erfahrung der Lehrerin im letzten Beispiel dieses Kapitels dazu. Diese Lehrerin kombinierte das Umdeuten mit anderen Techniken (die später beschrieben werden), um miteinander verknüpfte Probleme dreier Schülerinnen zu lösen. Wir haben dieses Fallbeispiel mit hinzugezogen, da es die positive Wirkung illustriert, die der Einsatz ökosystemischer Techniken auf die Person hat, die sie benutzt.

Fallbeispiel: Schmollerin, Kontrahentin und Petztante oder gute Fee, mitfühlende Klassenkameradin und wahre Freundin?

Sheryl, Peggy und Gail kamen häufig nicht miteinander aus. Ihr Betragen in der Klasse störte. Sheryl schmollte dann und beantwortete Fragen, indem sie die Wörter mit ihren Lippen formte, aber keinen Laut hervorbrachte. Sie benahm sich schüchtern oder verschämt. Sie war oft abgelenkt, hörte nicht auf die Anweisungen und schaffte es meistens nicht, die Aufgaben zu erledigen. Peggy schrie Sheryl mitten im Unterricht an. Peggy schmollte auch und weigerte sich, neben Sheryl zu sitzen, wenn dies für irgendeine Tätigkeit in der Klassse notwendig war. Gail verpetzte Peggy oft wegen irgendwelcher angeblicher Vergehen.

Ich hatte in der Vergangenheit eine Anzahl von Methoden mit diesen Dreien versucht. Bei Sheryl hatte ich das Schmollen ignoriert. Ich hatte sie aufgemuntert und ihr besondere Aufmerksamkeit geschenkt. Ich hatte versucht, mich mit ihr vernünftig darüber zu unterhalten. Ich hatte ihr gesagt, sie könne gern schmollen, wenn sie wolle, ich hätte aber keine Zait, auf ihre Antwort zu warten; wenn sie also bereit war, mit mir zu reden, solle sie es mich wissen lassen. Bei Peggy hatte ich ausprobiert, sie zu tadeln, wenn sie Sheryl anschrie und sich weigerte, neben ihr zu sitzen. Ich hatte ihr auch ganz einfach gesagt, sie solle aufhören zu schmollen, und ich bestrafte sie nach einem vorher verabredeten Plan. Mit Gail hatte ich ausprobiert, sie zu ignorieren. Ich hatte ihr gesagt, ich wolle nichts über die Angelegenheiten anderer Leute hören. Ich hatte sie gefragt, ob das, was sie mir zu sagen hatte, ihre eigenen Angelegenheiten betraf. Wenn sie mit dem herausplatzte, was sie über Peggy sagen wollte, sprach ich in jedem Fall mit Peggy darüber.

Ich will jetzt beschreiben, wie ich meine Reaktionen auf diese drei Schülerinnen geändert und welche Ergebnisse ich damit erzielt habe.

Sheryl begann den Tag mit Schmollen, weil sie keinen Bleistift hatte. Sie schmollte fünfundvierzig Minuten lang. Sie kam zu mir und "sprach" lautlos mit mir. Ich sagte ihr, ich könne sie nicht verstehen, und sie setzte sich hin und schmollte weiter. Ich ging an Sheryls Platz und deutete ihr Verhalten um, indem ich ihr sagte, mir schien, sie habe einen schlechten Tag und ihr Verhalten sei eine verständliche Methode, mit den Dingen zurecht zu kommen. Ich sagte ihr, sie würde es vielleicht noch weitere fünfzehn Minuten oder sogar eine halbe Stunde versuchen müssen, in dieser Form zurecht zu kommen, bis sie sich besser fühlte.

Sheryl sah mich schüchtern an. Ich ging weg. Etwa fünf oder zehn Minuten später kam sie zu mir und bat um Hilfe. Ich fragte sie, ob sie sich sicher sei, daß sie bereit war, und erklärte ihr, wenn nicht, solle sie sich nur die notwendige Zeit dafür nehmen. Die Klasse lachte. Ich fragte, warum sie lachten. Ich sagte ihnen, ich meinte es ernst. Ich sagte, Sheryl habe sich einen Weg zurechtgelegt, Probleme zu lösen, und wenn er helfe, meinte ich, solle sie es ruhig so machen. Sie hörten alle auf zu lachen. Sie bat wieder um Hilfe, und ich half ihr. Am nächsten Tag erinnerte ich sie daran, wenn nötig, ihre Strategie zu Hilfe zu nehmen. Sie fragte, warum. Ich sagte ihr, meiner Meinung nach sei dies ihre einzigartige Weise, mit Problemen fertigzuwerden, und wenn sie half, war sie nützlich. An diesem Tag gab es kein Schmollen. Am dritten Tag kam es zu einer Auseinandersetzung zwischen uns, weil sie nicht zuhörte, als ich unterrichtete. Ich erinnerte sie daran, daß dies vielleicht eine günstige Situation sei, um ihre einzigartige Strategie anzuwenden, aber sie machte es nicht.

Etwa zwei Wochen später bemerkte ich Sheryl gegenüber, sie habe ihre Arbeit gemacht und keinen einzigen schlechten Tag gehabt. Ich erwähnte auch, es würde normal sein, wenn sie irgendwann einmal einen schlechten Tag habe, und wenn es soweit sei, solle sie einfach ihre besondere Methode, damit fertigzuwerden, anwenden.

Als ich am Problem zwischen Sheryl und Peggy arbeitete, beschloß ich, Peggys Schreien als Sorge um Sheryls Wohlergehen und Beweis ihrer Freundschaft umzudeuten. Als ich dies zum ersten Mal zu Peggy sagte, sah sie mich an, als sei ich verrückt geworden oder verstünde gar nichts. Sie hat aber seitdem Sheryl nicht mehr angeschrien oder sich geweigert, neben ihr zu sitzen. Heute hat Peggy geschmollt und sich geweigert, zu ihrer Lesegruppe zu gehen, daher werde ich ihr Schmollen umdeuten, als ihre Art, Probleme zu lösen, und sie ermutigen, so weiter zu machen.

Als Gail das letzte Mal Peggy verpetzte, sagte ich ihr, mir gefiele ihre Anteilnahme an Peggy, und sie müßten wohl gute Freundinnen sein. Peggy gegenüber sagte ich nichts und tat nichts wegen ihres Betragens. Gail sah mich mit dem Ausdruck "wieder nichts!" an. Peggy lächelte. Bis heute hat Gail Peggy nicht mehr verpetzt. Im allgemeinen verpetzen auch die anderen in der Klasse Peggy nicht mehr.

Es hat sich noch etwas anderes ergeben. Letztes Jahr war mein erstes Jahr an einer neuen Schule, mit einem neuen Programm und einer neuen Klassenstufe. Vorher hatte ich mich bei meiner Arbeit wohl gefühlt und Freude an meinen Schülern gehabt. Im vergangenen Jahr lief nichts so gut, wie ich erwartet hatte. Ich war unzufrieden mit der Qualität meiner Arbeit und fühlte sehr wenig Verbundenheit mit meinen Schülern. Für mich bestand das schönste Ergebnis dieser Techniken vielleicht darin, daß ich mich erfolgreicher fühlte und wieder anfing, an meiner Arbeit Freude zu haben.

Diskussion. Wenn Sie das Umdeuten einsetzen, wird es Ihnen helfen, viele Aspekte und Wahrheiten über das Verhalten anderer zu erkennen, und Ihnen erlauben, einen Aspekt oder eine Wahrheit über einen Menschen auszuwählen, den oder die sie gern verändern oder verstärken würden, indem Sie sich mit dieser neuen Beschreibung vor Augen der Person zuwenden.

In allen Fallbeispielen dieses Kapitels suchten die Lehrerinnen in ihren Schülerinnen nach etwas, was sie sehen wollten: gute Freundinnen, die sich leise und kurz unterhalten konnten und sich dann an die Arbeit machten; ein fleißiger Schüler der Sonntagsschule; ein unbeholfener, aber hilfsbereiter Jugendlicher. Schon die Suche nach diesen Fähigkeiten in ihren Schülerinnen half Lehrerinnen wie Schülerinnen, sie zu schaffen und zu finden.

Überblick über die wesentlichen Merkmale des Umdeutens

Bei allen Untersuchungen verschiedener Fälle tauchen gewisse Merkmale des Umdeutens immer wieder auf. Dazu gehört zum Beispiel die Überzeugung, das problematische Verhalten könne legitimerweise auf verschiedene Art und Weise gedeutet werden, oder auch die Überzeugung, jeder, auch der "schwierige Mensch", betrachtet sein Verhalten in der Situation, so wie er sie sieht, als angemessen.

Zusätzlich zu diesen Überzeugungen gehören zur Technik des Umdeutens folgende wesentlichen Elemente:

1. Bewußtmachen der gegenwärtigen Interpretation des problematischen Verhaltens.
2. Schaffung positiver, alternativer Interpretationen des Verhaltens.
3. Auswahl einer überzeugenden positiven Interpretation.
4. Formulierung eines oder zwei Sätze, die die neue, positive Interpretation beschreiben.
5. Handlung, die diese neue Interpretation reflektiert.

Vorgehensweise bei Umdeutungen

Das Folgende soll Ihnen dabei helfen, sich den allgemeinen Ablauf der Entwicklung des Umdeutens zu durchdenken.

1. Denken Sie an ein Problem, das Sie im Augenblick haben. Stellen Sie sich vor, welche Handlungen im einzelnen ablaufen. Was macht die Person? Wann macht sie es? Wer hat noch damit zu tun? (Beispiel: Bob kommt jeden Morgen herein und stellt sich neben Petes Tisch. Sie reden und lachen zehn Minuten lang, während sie eigentlich die Arbeit für den Tag vorbereiten sollen.)

2. Wie reagieren Sie normalerweise auf das Verhalten und welche Ergebnisse erzielen Sie ? (Beispiel: Ich bitte Bob, sich hinzusetzen. Normalerweise bitte ich ihn dreimal freundlich, sich hinzusetzen; dann befehle ich ihm, sich hinzusetzen. Dann geht er normalerweise zu seinem Platz, wo er weiter mit Pete spricht oder ihm Botschaften signalisiert.)

3. Wie erklären Sie sich, warum diese Person sich so verhält ? (Beispiel: Er ist verantwortungslos. Er versucht, mich zu ärgern. Er ist störrisch. Er ist unhöflich. Er will sich nicht an die Regeln halten.)

4. Welche positive, alternative Erklärung könnte es für dieses Verhalten geben ? (Beispiel: Er mag seinen Freund sehr gern. Es ist ihm wichtig, jeden Morgen auf das Neue den Kontakt zu seinem Freund wiederherzustellen. Er ist ein sehr aktiver Junge, der einen Weg gefunden hat, um sich mit möglichst wenig störendem Verhalten in die Klassenzimmerroutine einzufinden.)

5. Wie könnten Sie auf der Grundlage einer dieser positiven, alternativen Erklärungen für das Verhalten dieser Person anders als bisher reagieren ? Was könnten Sie auf der Grundlage einer dieser alternativen Erklärungen tatsächlich sagen oder tun ? (Beispiel: "Bob, ich sehe, die Freundschaft mit Pete ist dir sehr wichtig und du nimmst dir morgens gern ein paar Minuten Zeit, um dich seiner zu vergewissern. Manchmal sind die Freunde wichtiger als alles andere.")

Jetzt sind Sie an der Reihe. Wenn Sie sich einmal in einer Umdeutung versuchen wollen, schlagen Sie die Übungsanweisungen auf Seite 193 auf. Diese Übungen werden Ihnen bei den Vorbereitungen für die Anwendung auf eine Ihrer eigenen problematischen Situationen helfen.

5
Auf der Suche nach positiver Motivation

Das Motiv, das Sie dem Verhalten eines anderen Menschen unterstellen, bietet eine hypothetische Erklärung für das Verhalten dieses Menschen. Obwohl Sie es vielleicht für die Wahrheit halten, ist es doch nur eine hypothetische Erklärung neben vielen anderen. Es überrascht nicht, wenn die Motive, die einem problematischen Verhalten unterstellt werden, sehr oft negativ sind. Wenn sich zum Beispiel ein Kind immer wieder weigert, sich hinzusetzen, wenn es dazu aufgefordert wird, kann dies negativ erklärt werden durch die Motivation des Machtbestrebens. Wenn man meint, das Verhalten eines Schülers in einer problematischen Situation bedeute, er strebe nach der Macht, die legitimerweise der Lehrerin zusteht, wird man als Erzieherin vermutlich nicht geneigt sein, hinter dem, was der Schüler tut, ein positives Motiv zu sehen. Trotzdem kann es Erzieherinnen helfen, wirkungsvollere Reaktionsweisen auf Schülerverhalten zu finden, wenn sie dem problematischen Verhalten ein positives Motiv zuschreiben.

Die Technik
der positiven Konnotation des Motivs

Im wesentlichen besteht die Technik der positiven Konnotation des Motivs darin, mögliche positive Motivationen eines problematischen Verhaltens zu entdecken. In unserem Beispiel im letzten Kapitel mit dem Schüler, der mit den Antworten herausplatzt, und der Lehrerin, die standhaft versucht, das Verhalten des Schülers zu ignorieren, ist es leicht, negative Motive für das Verhalten des Schülers zu finden. Man kann zum Beispiel unterstellen, der Schüler sei vom Wunsch motiviert, die Klasse zu stören, die Lehrerin in Verlegenheit zu bringen, anzugeben oder vielleicht den Unterricht zu kontrollieren. Wenn eine Lehrerin irgendeines dieser negativen Motive dem Herausplatzen des Schülers zuschreibt, ist die logische Reaktion auf dieses Verhalten, es zu ignorieren. Dadurch wird die Möglichkeit geboten, die Störung so gering wie möglich zu halten, es wird nicht unterstellt, die Lehrerin könne in Verlegenheit gebracht sein, und die Existenz eines Machtkampfes wird geleugnet. All diese Vorteile sind jedoch nichts wert, wenn die problematische Situation sich nicht ändert. Ist dies der Fall, kann die Lehrerin eine neue Reaktionsweise aufgrund der vielen möglichen, negativen Interpretationen des Motivs für das Schülerverhalten formulieren, oder sie kann etwas anderes ausprobieren - nämlich die Technik, die wir als positive Konnotation des Motivs bezeichnen.

Der erste Schritt beim Einsatz dieser Technik besteht darin, positive Motive für das problematische Verhalten zu erkennen. Im Fall des Schülers, der mit den Antworten herausplatzt, liegen eine Reihe möglicher positiver Motive auf der Hand. Der Schüler platzt zum Beispiel vielleicht deswegen mit den Antworten heraus, weil er wirklich am Thema interessiert ist und sein Interesse zeigen möchte; er mag die Lehrerin und ist besorgt, weil vielleicht die anderen Schüler nicht reagieren und die Lehrerin dadurch in Verlegenheit gebracht werden könnte; oder er ist vom Wunsch getrieben, der Lehrerin zu helfen, im Verlauf der Unterrichtsstunde mehr Fragen zu stellen.

Zuschreibungen positiver Motivationen zu einem problematischen Verhalten sind genauso hypothetisch wie die Zuschreibung negativer Motivationen. Da aber die Wahrheit über die Motive eines Menschen niemals bekannt sein kann, hängt der Wert einer solchen positiven Motivationszuschreibung von der Nützlichkeit ab - wie nützlich sie für eine Veränderung der problematischen Situation ist. Wenn die Lehrerin es für plausibel halten kann, daß der Schüler mit den Antworten herausplatzt, weil er von diesem Thema begeistert ist und nicht, weil er die Klasse stören will, wird sie Wege finden, positiv und aufrichtig auf das Verhalten zu reagieren. Wenn der Schüler das nächste Mal mit einer Antwort herausplatzt und die Lehrerin ihn nicht ignoriert, sondern sich einen Moment Zeit nimmt, um ihm für seine Begeisterung zu danken, wird die problematische Situation sich verändert haben. Ob nun diese Veränderung von seiten der Lehrerin ausreicht, um das Herausplatzen des Schülers zu beeinflussen, wird sich erst mit der Zeit herausstellen.

Analyse der Fallbeispiele

Die folgenden Fallbeispiele helfen uns darzulegen, wie die Zuschreibung eines positiven Motivs bei problematischem Verhalten die problematische Situation verwandelt und das problematische Verhalten beeinflußt. Das erste Fallbeispiel zeigt ganz deutlich, wie zunächst die Schulberaterin dem Verhalten eine positive Motivation unterstellt, und wie der Schüler darauf reagiert, daß sein Verhalten als positiv motiviert dargestellt wird. Dieses Fallbeispiel ist auch deswegen interessant, weil hier eine Schulberaterin tätig ist, die mit allen Lehrerinnen des Schülers zusammenarbeitet. Die

Schulberaterin formulierte die Aussagen der positiven Konnotation mit den Lehrerinnen, aber es waren eigentlich die Lehrerinnen, die sie dem Schüler gegenüber aussprachen.

Fallbeispiel: Der Denker

Mike ist ein Schüler der fünften Klasse, der sich häufig weigerte, an Diskussionen in der Klasse teilzunehmen oder schriftliche Aufgaben in der Schule zu erledigen. Er weigerte sich nicht immer, bei diesen Aktivitäten mitzumachen. Er schien irgendwie nach einem Auswahlsystem vorzugehen. Seine selektiven Weigerungen schienen auf seiner Laune und auf seiner Bereitschaft mitzumachen, begründet, und nicht vom Inhalt oder vom Schwierigkeitsgrad der Arbeit, die verlangt wurde, abhängig zu sein. (Die Hypothese, die die Beraterin und die Lehrerinnen entwickelten, führt das Verhalten des Schülers auf seine Laune und seine innere Einstellung zurück. Wie normalerweise bei problematischen Situationen, hält man die Motive des Schülers für negativ. Ein Schüler, der sich weigert an Aktivitäten in der Klasse teilzunehmen, weil er einfach nicht bereit oder nicht in der Stimmung ist, wird nicht positiv gesehen.) Verglichen mit anderen Schülern seiner Klasse besitzt Mike eine durchschnittliche bis überdurchschnittliche Lernfähigkeit. In standardisierten Leistungstests erreicht er stets die Landesnorm seiner Klassenstufe oder liegt leicht darüber (beim oder über dem fünfzigsten Prozentrang). Mikes Lehrerinnen meinten, es gäbe keinen triftigen Grund, warum er Aufgaben nicht erfüllen oder an Diskussionen in der Klasse nicht gleichwertig teilnehmen sollte, da er die Fähigkeit dafür zu haben schien. (Die Beraterin und die Lehrerinnen haben die Geschehnisse untersucht und sie in einer Weise, die ihnen sinnvoll erschien, interpretiert. Dieser Schüler ist in der Lage, die Arbeit zu leisten, daher muß seine Weigerung bedeuten, daß er nicht will. Die Lehrerinnen verhielten sich dem Schüler gegenüber in einer Weise, die sich folgerichtig aus ihrer Hypothese über seine Motive ergab.)

Mikes Lehrerinnen haben verschiedene Techniken ausprobiert, um ihn wieder auf die richtige Bahn zu bringen, damit er ein produktiveres Mitglied der Klassengemeinschaft würde. Sie haben mit ihm über die Situation diskutiert und ihm erklärt, wie wichtig es für ihn sei, die zugewiesene Arbeit konsequent auszuführen und sich mehr an den Diskussionen in der Klasse zu beteiligen. Sie haben ihm kleinere Aufgaben zu erledigen gegeben in der Hoffnung, er würde zumindest einen Teil der Arbeit machen. Es wurden Eltern/Lehrer-Konferenzen abgehalten. Jeden Abend wurde ihm ein Blatt Papier mit den zugewiesenen Aufgaben, vollendet oder nicht vollendet, für seine Eltern zur Durchsicht mitgegeben, das unterschrieben wieder zur Schule mitzubringen war. Er erhielt besondere Aufmerksamkeit, wenn er seine Arbeit zu Ende brachte und Interesse für die Diskussion in der Klasse zeigte. Im wesentlichen hatten diese Techniken nur eine geringe oder gar keine Wirkung, abgesehen von geringfügigen Verbesserungen, die sich nach einer Konferenz mit Mikes Eltern einstellten. Diese Verbesserungen waren jedoch nur von kurzer Dauer, und nach einigen Tagen war Mike wieder zu seinem alten Verhalten zurückgekehrt. (Die ursprüngliche Hypothese paßt auf die Gegebenheiten der Situation, aber die Reaktionen dem Schüler gegenüber, die auf dieser Hypothese basieren, scheinen nicht zu helfen. Wenn wir noch einmal die Metapher des Meisterdetektivs aus Kapitel Drei anwenden, müssen wir sagen, es ist an der Zeit, eine neue Theorie über die Motive des Schülers für sein Verhalten zu entwickeln, die zu den Gegebenheiten paßt, aber die Dinge anders erklärt.)

Den Lehrerinnen wurden die Techniken der Umdeutung und der positiven Konnotation erklärt. Obwohl sie etwas zögerten, diese neuen Techniken auszuprobieren, kamen wir zu der Übereinkunft, wir würden Mikes Motiv für seine Weigerung, am Unterricht teilzunehmen, positiv konnotieren, um zu sehen, ob wir dadurch positive Ergebnisse erreichen würden. Es wurde vorgeschlagen, die Lehrerinnen sollten konsequent bei einer Äußerung Mike gegenüber bleiben, wenn er sich weigerte, bei der Arbeit in der Klasse mitzumachen. Die grundlegende Aussage, die sie machen sollten, war folgende: "Wir wissen, wie wichtig es für dich ist, alle Fakten in Betracht zu ziehen und gründlich nachzudenken, bevor du dich meldest und an einer Diskussion in der Gruppe teilnimmst. Daher möchten wir, daß du dir die Zeit wirklich nimmst, die deiner Meinung nach nötig ist, bevor du dich meldest und aufgerufen wirst." Für seine Arbeit in der Klasse lautete die positive Konnotation: "Wir meinen auch, es ist nichts dagegen einzuwenden, wenn du gründlich nachdenkst und alle Fakten in Betracht ziehst, bevor du mit deinen schriftlichen Arbeiten in der Klasse anfängst. Du brauchst diese Zeit, um deine Gedanken zu sammeln." (Das Verhalten, das der Schüler an den Tag legte, bestand darin, bei den Diskussionen in der Gruppe nichts zu sagen und nicht mit den schriftlichen Arbeiten anzufangen. Als die Schulberaterin die Lehrerinnen bat, diesem Verhalten positive Motive zu unterstellen, konnten sie dieses Nicht-Reden und Nicht-Arbeiten als ein Verhalten beschreiben, das vom Wunsch motiviert war, "alle Fakten in Betracht zu ziehen" und "gründlich nachzudenken". Die neue Hypothese wird den Gegebenheiten gerecht (nicht sprechen und nicht mit der Arbeit beginnen), erklärt sie aber anders. Diese Gegebenheiten bedeuten nicht mehr Unwilligkeit, vielmehr signalisieren sie Nachdenken. Mit dieser neuen Hypothese für die Motive des Schülers reagierten die Lehrerinnen ganz anders auf sein Verhalten. Es ist logisch, daß eine Lehrerin anders auf einen Schüler reagiert, der "nachdenkt", als auf einen Schüler, der "nicht mitmacht".)

Mikes Lehrerinnen berichteten, er habe sich zwei Tage lang, nachdem diese Aussagen ihm gegenüber gemacht worden waren, weiterhin geweigert, seine Arbeit zu machen und sich an Diskussionen zu beteiligen. Er schien jedoch auch die Vorstellung zu gewinnen, seine Lehrerinnen fänden dies in Ordnung, da sie nicht mehr an ihm herumnörgelten, daß er seine Arbeit erledigen und ein aktives Mitglied der Diskussionsgruppe sein solle. (Dies ist eine weitere wichtige Veränderung im Verhalten der Lehrerinnen und eine bedeutsame Veränderung des Interaktionsmusters zwischen dem Schüler und seinen Lehrerinnen.)

Die Lehrerinnen berichteten, während der nächsten paar Tage *tat* Mike so, als ob er nachdachte und alle Fakten in Betracht zog, machte seine Arbeit aber immer noch nicht ganz fertig und sagte nicht viel in den Diskussionen. (Der Schüler scheint das neue Motiv, das seinem Verhalten unterlegt worden war, auszuprobieren.) Seine Lehrerinnen fühlten aber, daß er in dieser Zeit mehr auf das achtete, was in der Klasse geschah, als früher. Vier Tage, nachdem diese Aussage ihm gegenüber gemacht worden war, fing Mike schließlich an, seine schriftlichen Arbeiten fertigzustellen und sich beständiger an den Diskussionen in der Gruppe zu beteiligen. Mikes Lehrerinnen berichten jetzt, er weigere sich selten, seine Arbeit zu erledigen und schien viel glücklicher in der Klassengemeinschaft zu sein.

Diskussion. Da die Unterstellung eines Motivs für irgendein Verhalten nicht mehr als eine Hypothese darstellt, kann man nicht wissen, ob die positiven oder negativen Motivationen, die dem Verhalten des Schülers zugeschrieben wurden, richtig waren. Mikes Lehrerinnen hatten den Eindruck, Mike habe die positiven Motive, die ihm zugeschrieben wurden, übernommen. Sie berichteten, anfangs "tat er so, als ob" das, was sie gesagt hatten, richtig sei. In ihren Augen schien er nur vorzugeben, er würde überlegen und die Dinge sorgfältig überdenken. Ihrem Bericht nach wurde dies dann wahr, und er dachte erst nach und beteiligte sich dann. Vielleicht schufen die Lehrerinnen mit ihrer neuen Hypothese eine positive, sich selbst erfüllende Prophezeiung. Sie wollten in Mike einen Schüler sehen, der nachdachte, bevor er sich beteiligte, und indem sie ihn so beschrieben, halfen sie ihm, so zu werden. Oder vielleicht hatte Mike immer ein positives Motiv für sein Verhalten gehabt, und die positive Veränderung war entstanden, weil die Lehrerinnen bereit waren, eine neue Hypothese zu entwickeln und das positive Motiv, das die ganze Zeit schon existierte, zu suchen und zu finden.

Positive Konnotation des Motivs kann auch eingesetzt werden, wenn man an einem Problem arbeitet, an dem mehr als ein Schüler beteiligt ist, wie das folgende Fallbeispiel zeigt. Dieses Fallbeispiel ist einzigartig, da der

Lehrer eine wirkungsvolle Lösung gefunden hatte, das Verhalten von zwei Schülern unter Kontrolle zu halten, aber mit dem, was er tun mußte, um diese Kontrolle aufrechtzuerhalten, unzufrieden war.

Fallbeispiel: Mitfühlende Klassenkameraden

Richard und Matthew sind Schüler am Lernzentrum. Sie gehen in einer wohlhabenden Gegend des Landes auf eine Vorortschule und sind für eine bestimmte Zeit für ein Leistungsförderungsprogramm am Zentrum freigestellt. Beide sind als lernbehindert eingestuft. Beide kommen aus reichen Familien, wobei Richard "altreich" und Matthew "neureich" ist. (Matthews Mutter weist sehr rasch darauf hin.) Richard ist für sein Alter klein und nicht so klug wie Matthew, aber er hat ein loses Mundwerk und kann den größeren, stärkeren und klügeren Matthew verbal treffen und unterwerfen. Er macht dies schon seit langem. Matthew hat jedoch vor kurzem seine körperliche Überlegenheit entdeckt und befiehlt Richard nun, den Mund zu halten, oder er "kriegt eine rein", wenn Richard allzu sarkastisch oder erniedrigend mit seinen verbalen Herabwürdigungen wird.

In der Schule wurden die Jungen im selben Raum von derselben Lehrerin unterrichtet. Am Nachmittag, im Lernzentrum, erzählten sie dem Sonderschullehrer immer schnell die Vorfälle des Vormittags. Sie erzählten ihm dann all die "schlimmen" Dinge, die jeder von ihnen gemacht hatte, und widerlegten sich ständig gegenseitig wegen der "Fakten" - wer zuerst was gemacht hatte undsoweiter. Dies kostete viel Zeit, und die positive emotionale Umgebung, die für das Lernen notwendig war, wurde durch die Tiraden, Herabwürdigungen und das Petzen der Jungen ernsthaft gestört. Ihr Spiel, dem anderen immer eine Nasenlänge voraus sein zu wollen, stand ihnen selbst im Wege.

Wenn ich zugegen war, reichte ein kurzer Blick von mir oder ein "Hört mal auf, Jungs, das reicht." Trotzdem fand die Kontrolle über ihr Verhalten nicht aus ihrem eigenen Antrieb statt, sondern war auf meinen körperlich/psychologischen Druck begründet. Ich dachte, wenn sie ihr Verhalten selbst korrigieren könnten, wäre das für alle Betroffenen eine wirkliche Verbesserung. (Obwohl dieser Lehrer erfolgreich das Verhalten der Schüler unter Kontrolle hat, ist er mit der Methode, die er benutzt und die er als Druck bezeichnet, nicht zufrieden. Er ist gewillt, etwas anderes zu versuchen, weil er sich eine bessere und seiner Beurteilung nach humanere Methode wünscht, das Verhalten der Jungen zu beeinflussen.)

Ich beschloß, ihr Motiv für das "sich gegenseitig Überbieten" positiv zu konnotieren. Ich sagte ihnen, wie mich ihre Sorge beeindruckt, die sie für ihr gegenseitiges Verhalten zeigten. Ich sagte, für mich sei offensichtlich, daß sie sich umeinander so viel Sorgen machten, da jeder von ihnen bereit war, seine eigene Lernzeit am Zentrum zu opfern, damit der andere weiterkommen würde. "Also, das ist wahre Fürsorge," sagte ich, "die eigene Lernzeit opfern, damit der andere lernen kann." (Dieser Lehrer war in der Lage, ein positives Motiv für das Verhalten der Jungen festzustellen. Er beschrieb sie als besorgt und ihr Verhalten vom Wunsch motiviert, einander beim Lernen und Vorankommen zu helfen.) Dies funktionierte etwa anderthalb Wochen gut (neun Besuche im Zentrum). Der Lehrer sagte mir dann, es habe einen Rückfall gegeben. Das alte Verhalten hatte sich wieder bemerkbar gemacht. Ich näherte mich lächelnd den beiden Jungen und sagte: "Es überrascht mich nicht, daß ihr immer noch eure eigenen Interessen füreinander opfert. Ich habe das eurem Lehrer sogar vorausgesagt. Alt eingefahrene Methoden wie eure, sich umeinander zu kümmern, lassen sich nicht leicht abstellen." (Ein Rückfall oder das Wiederauftreten alter Verhaltensmuster ist selbst dann nicht ungewöhnlich, wenn das neue Verhalten schon eingeführt ist. Rückfälle sind ein so normales Geschehen, daß eine Technik entwickelt worden ist, die "einen Rückfall vorhersagen" genannt wird (beschrieben in Kapitel Zehn), die uns hilft, das neue Verhalten aufrechtzuhalten und sogar zu verstärken, indem mögliche Rückfälle als normal definiert werden.)

Es ist jetzt zwei Wochen her seit meiner Bemerkung den Jungen gegenüber, das "umeinander kümmern" ließe sich nicht so leicht abstellen, und alles scheint in Ordnung zu sein. Die positive Konnotation und die Beschreibung des Rückfalls in ihrem Verhalten als etwas Verständliches, wirkten sich positiv als Hilfe für eine Veränderung in Richards und Matthews Verhalten aus. Kontrolle ihres Verhaltens von außen (Zwang und Druck) ist nicht mehr notwendig.

Diskussion. Wie dieses Fallbeispiel zeigt, können die Techniken in diesem Buch von Erzieherinnen auch in den Situationen benutzt werden, wo sie zwar erfolgreich das Verhalten der Schüler beeinflußt haben, aber mit den Methoden, mit denen sie versucht haben, an ihr Ziel zu gelangen, nicht zufrieden sind. Dieser Lehrer zog die Alternative vor, mit positiver Konnotation auf das Verhalten der Jungen zu reagieren, anstatt mit Einschüchterung.

Obwohl es in den meisten Fallbeispielen in diesem Buch um Erzieherinnen und Schülerinnen geht, kann es natürlich auch zu Problemen unter Kolleginnnen kommen. Da die hier beschriebenen Techniken auf eine große Bandbreite von Situationen anwendbar sind, haben wir zur Illustration einige Fallbeispiele mit hinzugezogen, die Kolleginnen untereinander betreffen.

Das nächste Fallbeispiel zeigt, wie positive Konnotation benutzt wird, ein chronisches Problem mit einer Kollegin zu lösen, und wie dadurch berufliche Beziehungen gestärkt werden und sich zum Nutzen des betroffenen Schülers auswirken.

Fallbeispiel: Die gewissenhafte Lehrerin

Ich bin Schulpsychologin und leite ein multidisziplinäres Team (M-Team). Das M-Team erstellt Gutachten bei besonderen erzieherischen Notwendigkeiten ("Exceptional Education Needs": EEN) von Schülern, die zu ihnen überwiesen werden. Eine Lehrerin der vierten Klasse hatte die Angewohnheit, uns pro Jahr mehrere Kinder zur M-Team-Untersuchung zu schicken, die ganz offensichtlich keine Kandidaten für spezielle Erziehungsprogramme waren. Es handelte sich normalerweise um Kinder, deren Leistungen und Fähigkeiten unter dem Durchschnitt lagen und die die "untere Gruppe" in Lesen und/oder Mathematik ausmachten. Sie waren normalerweise weniger als ein Jahr zurück. Und doch bestand die Lehrerin darauf, daß sie eine Lernschwäche hätten. Diese sinnlosen M-Team-Untersuchungen verursachten stundenlange Arbeit, Berge von Papier, unnötige Sorge auf Seiten der Eltern und unterbrachen den Zeitplan des Kindes. Wenn am Ende der M-Team-Konferenzen der Beschluß feststand, daß das Kind keine Lernschwäche habe, seufzte die Lehrerin und machte abfällige Bemerkungen, weil wir angeblich den Bedürfnissen des armen Kindes wegen irgendwelcher Formalitäten nicht gerecht wurden. Dies war für die Eltern oft verwirrend und entmutigend und für die anderen M-Team-Mitglieder frustrierend, die auch überzeugt waren, sie hätten nur das Beste für das Kind im Auge. (Diese Schulpsychologin hat eine problematische Situation beschrieben, die mehrere Bereiche des Ökosystems berührt. Es sind nicht nur die Angestellten der Schule und die Schüler betroffen, sondern auch die Eltern und die Beziehungen zwischen Elternhaus und Schule.)

Ich hatte angeboten, mich mit der Lehrerin zu beraten, bevor sie die Fälle überwies. Ich hatte ihr erklärt, wenn es ihr um erzieherische Empfehlungen ginge, würde eine Beratung mit mir oder ein anderes als ein EEN-Gutachten auch seinen Zweck erfüllen und rationeller als die Arbeit in großer M-Team-Besetzung sein. Aber die Lehrerin machte weiterhin ständig EEN-Zuweisungen mit der Behauptung, sie wolle keine versteckte Lernschwäche "übersehen" und sie sei dies ihren Kindern schuldig. (Die Kommentare der Lehrerin darüber, warum sie Kinder überwies, können als Hinweis benutzt werden, wie man in dieser Situation vorgehen könnte. Sie hatte ausgesagt, daß aus ihrer Perspektive ihr Motiv für die Zuweisung der Kinder ihre Sorge für sie sei. Diese Ausage über ihr Motiv kann als Anhaltspunkt bei der Formulierung einer positiven Konnotation verwendet werden.)

Ich beschloß, das Motiv der Lehrerin für ihre unangemessenen Überweisungen positiv zu konnotieren. Obwohl mir das Ergebnis ihres Verhaltens nicht gefiel, konnte man sich ihre Motive recht gut als etwas Positives denken. (Es ist wichtig, hier auf die Haltung der Schulpsychologin, die sie der Lehrerin gegenüber einnimmt, zu achten. Sie war bereit, die Möglichkeit einzuräumen, daß das Verhalten der Lehrerin zwar unerwünscht sei, ihre Motive für dieses Verhalten jedoch positiv sein könnten.) Ich hoffte, zwei Dinge zu erreichen. Sie sollte aufhören, diese Bemerkungen zu machen, mit denen sie immer aufwartete, wenn ein Kind nicht für ein EEN-Programm empfohlen wurde, und sie sollte mit ihren unangemessenen Zuweisungen aufhören.

Vor einer Konferenz mit dem M-Team über ein Kind, das sie unangemessenerweise zugewiesen hatte, sprach ich sie im Klassenzimmer an. Ich sagte zu ihr: "Sie sind eine so gewissenhafte Lehrerin. Ich kann an der Anzahl der Zuweisungen, die sie machen, sehen, wie sehr Sie sich um die individuellen Bedürfnisse ihrer Kinder wirklich Gedanken machen. Heute werden Sie uns dabei helfen zu zeigen, daß eine normale Lehrerin ebenso gut in der Lage ist, die unterdurchschnittlich begabten Kinder zu unterrichten, wie die Sonderschullehrerinnen." (Die Schulpsychologin benutzte das von der Lehrerin vorgebrachte Motiv (sie schulde es ihren Schülern, keine versteckten Lernschwierigkeiten zu übersehen) als Anhaltspunkt bei der Entwicklung einer Aussage, die sie der Lehrerin gegenüber machen konnte. Die Schulpsychologin formulierte dann das Motiv mit ihren eigenen Worten und beschrieb die Lehrerin als "gewissenhaft" und besorgt um die "individuellen Bedürfnisse" der Kinder, was im wesentlichen das war, was die Lehrerin vorher als ihr Motiv für die Zuweisungen der Kinder bezeichnet hatte. Die Schulpsychologin führte dann die positive Konnotation noch einen Schritt weiter und machte der Lehrerin Komplimente über ihre Fähigkeiten, Schüler zu unterrrichten.)

Als das M-Team bei der Konferenz beschloß, das Kind habe keine Lernschwäche, reagierte die Lehrerin nicht wie üblich verstimmt. Sie fing stattdessen an, verschiedene kreative Techniken aufzuzählen, die sie in der Klasse bei dem Kind ausprobieren könnte. Man wird sehen, ob sie weiterhin nicht geeignete Kinder überweist.

Diskussion. In diesem Fallbeispiel war die Schulpsychologin in der Lage, eine kooperative Beziehung zwischen sich und der Lehrerin im Hinblick auf eines ihrer Ziele herzustellen. Es ist noch zu früh, um zu sagen, ob das andere Ziel erreicht wird. Jedoch wird durch die bisher erkennbaren Veränderungen in dieser chronisch problematischen Situation die Wahrscheinlichkeit einer weiteren Veränderung größer. Aufgrund der ersten positiven Reaktion der Lehrerin, als ihre Motive positiv formuliert wurden, kann man mit weiterer Kooperation rechnen. Es ist möglich, aber doch schwierig, nicht mit jemandem zu kooperieren, der dich als gewissenhafte, besorgte und fähige Lehrerin bezeichnet hat.

Die Schulpsychologin änderte ihre Perspektive dieser Situation, und als Folge hiervon änderten sowohl die Lehrerin wie auch die Schulpsychologin ihr Verhalten. Die Schulpsychologin war in der Lage, ein positives Motiv hinter den Überweisungen der Lehrerin zu sehen, und ihre Reaktion der Lehrerin gegenüber beruhte auf dieser Perspektive. Als die Lehrerin nicht nur ihr Motiv, sondern auch ihre Fähigkeiten als Lehrerin so eindeutig anerkannt sieht, ändert sie während der M-Team-Konferenz ihre Perspektive und ihr Verhalten.

Das nächste Fallbeispiel zeigt zum einen, wie positive Konnotation angewendet werden kann, und ist außerdem hilfreich, weil es die Kämpfe aufdeckt, die eine Lehrerin unter Umständen durchzustehen hat, wenn sie die Ideen aus diesem Buch anwendet.

In den Dialogen, die sie mit aufführt, zeigt die Lehrerin, wie leicht es ist, in ein wenig hilfreiches Interaktionsmuster abzugleiten. Sie zeigt auch, wie ungewöhnlich es sein kann, eine andere Art von Reaktion auf ein problematisches Verhalten anzufangen, und wie schwierig, diese neue, andere Reaktionsweise beizubehalten, wenn die Schülerin anfangs weiterhin in ihrer üblichen Art und Weise reagiert.

Fallbeispiel: Harte Arbeit während der Abwesenheit

Abigail erschien erst in der dritten Woche im September in der Schule. Kurz nach ihrer Ankunft studierte ich ihre Schulakte und entdeckte, daß sie seit der dritten Klasse mit großer Regelmäßigkeit immer wieder der Schule ferngeblieben war. Sie fehlte im Durchschnitt an zwei bis fünf Tagen in der Woche. Außerdem kam sie zwei oder dreimal in der Woche zu spät. Eine genauere Untersuchung ihrer Schulakte brachte keinen Hinweis auf eine Schulphobie zutage. Für die meisten Tage, an denen sie fehlte, gab es sorgfältig ausgefüllte Entschuldigungsschreiben, die von einem Elternteil oder beiden unterschrieben waren. Es gab auch keine Berichte über irgendeine Krankheit, die ernst genug war, um ein so häufiges Fernbleiben zu rechtfertigen.

Zu Beginn des Schuljahres versuchte ich, das Problem mit Abigail in einem privaten Gespräch zu diskutieren. Sie war sehr defensiv und behauptete, sie fehle nur in der Schule, wenn sie krank sei. Trotzdem konnte ich in den darauffolgenden Wochen keine Anzeichen irgendeiner Krankheit feststellen, nicht einmal eine einfache Erkältung, wenn sie gefehlt hatte.

Bevor ich etwas über Umdeuten und positive Konnotation gelernt hatte, hatte ich bewußt oder unbewußt angefangen, mich mit dem Problem der "negativen Konnotation" zu befassen. Ein Beispiel für meinen Versuch, das Problem zu lösen, finden Sie im folgenden Dialog, so gut ich mich daran erinnern kann, zwischen Abigail und mir:

Ich: Abigail, du mußt zur Schule gehen. Mit der Schule ist es genauso wie mit dem Beruf. Wenn du nicht zur Schule gehst, zeigt das, daß du verantwortungslos bist.

Abigail: Sie sind vielleicht toll. Ich bin krank. Ich kann nicht zur Schule kommen, wenn ich krank bin. Ich werde nicht die ganze Schule mit meiner Grippe und meinem Husten und Schnupfen anstecken. Rufen Sie doch meine Mutter an, die wird Ihnen schon sagen, wie krank ich wirklich bin. Hören Sie auf, mich zu nerven. Es geht Sie nichts an, ob ich zur Schule komme oder nicht.

Ich: (Ich fing jetzt an, die Geduld mit ihren schnippischen Antworten zu verlieren.) Du bist ein faules kleines Mädchen, Abigail. Du bist nicht zu krank, um in die Schule zu kommen. Du willst einfach morgens nicht so früh aufstehen, daß du den Bus bekommst. Sieh dir mal an, wie oft du zu spät kommst.

Abigail: Ich bin krank. Diese Schule macht mich krank. Sie ist wie ein Gefängnis, und ich kann mittags noch nicht mal aus dem Gebäude gehen. Sie machen mich auch krank!

Ich: (sehr ärgerlich) Mein gnädiges Fräulein, Sie sind sehr respektlos. Ich glaube, es ist jetzt Zeit für ein kleines Gespräch mit der stellvertretenden Schulleiterin. Ich werde sofort einen Bericht über dein Betragen schreiben, und du gehst jetzt nach draußen!

Abigail ging hinaus und knallte die Tür so zu, daß fast das Glas zerbrach. Das Ergebnis dieser Technik der Problemlösung durch negative Konnotation war, daß Abigail für den Rest der Woche nicht mehr in der Schule erschien.

Kurz darauf lernte ich, wie man positive Konnotation in einer problematischen Situation anwendet. Ich beschloß, Abigails Motive für ihr Zuhausebleiben positiv zu konnotieren. Ich probierte diesen neuen Ansatz mit einigen Befürchtungen aus, da die neue Methode für das äußerst konservative Klima an unserer Schule etwas unorthodox war, aber ich war entschlossen, der Methode eine Chance einzuräumen, um eine häufigere Anwesenheit von Abigail in der Schule zu erreichen. (Wir haben festgestellt, daß es oft dieses große Engagement ist, das die Erzieherinnen dazu bewegt, etwas Neues auszuprobieren.)

Es folgt ein weiterer Dialog zwischen Abigail und mir im Anschluß an ihre nächste Abwesenheit, die zwei Tage dauerte. Als ich die positive Konnotation formulierte, schloß ich einige Sätze mit ein, die auch Abigail benutzt, um eine bessere Kommunikation herzustellen. (In Kapitel Drei haben wir besprochen, welche Rolle es bei der Problemlösung spielen kann, die Sprache des Schülers zu verwenden.)

Ich: Hallo, Abigail, es überrascht mich wirklich, dich in der Klasse zu sehen. Ich war sicher, es war wirklich wichtig, was du zu Hause zu tun hattest, sonst wärst du ja zur Schule gekommen. Ich finde es wirklich toll, daß du erwachsen genug bist, um zu erkennen, wie wichtig es ist, Prioritäten zu setzen. Du bist sicher zu Hause geblieben, um besonders hart für deine Arbeiten zu lernen, damit du eine glatte Eins bekommst. Erzähl mal, hast du, als du mit dem Lernen fertig warst, noch die Möglichkeit gehabt, irgendwelche interessanten Folgen von "General Hospital" oder "Days of Our Lives" zu sehen?

(Die Lehrerin hat aufgehört, das, was sie "negative Konnotation" nannte, auf die Motive der Schülerin für ihr Zuhausebleiben anzuwenden, nämlich Faulheit, Verantwortungslosigkeit undsoweiter. Stattdessen schreibt sie ihr positive Motive zu, wie zum Beispiel besonders hart arbeiten wollen, um ihre Zensuren zu verbessern. Selbst als sie Abigail nach dem Fernsehen fragt, geht die Lehrerin davon aus, daß die Schülerin erst nach Beendigung der Arbeit damit anfing. Die Lehrerin weiß nicht, was die Schülerin, während sie fehlte, gemacht hat oder warum sie gefehlt hat. Sie probiert eine neue Methode aus, auf die Schülerin zu reagieren. Diese neue Reaktionsweise beruht auf den positiven Motiven, die die Lehrerin für möglich hält.)

Abigail: (kichert nervös, dann fällt ihr der Unterkiefer herunter und die Augen treten vor Staunen hervor) Klar, das hab ich gemacht, es war prima. Tausendmal besser als die blöde und langweilige Schule, besonders die Lehrer. Ich hatte eine herrliche Zeit und außerdem keine Schulaufgaben.

Die Klasse brüllte vor Lachen. Ich mußte meinen Ärger über so viel Respektlosigkeit der Schüler herunterschlucken und machte weiter in der Hoffnung, kein Schüler würde mich beim Direktor anzeigen, weil ich das Schwänzen der Schule förderte. Ich war aber fest entschlossen, alles auszuprobieren, um dieses Kind dazu zu bringen, in die Schule zu gehen.

Ich: Vielleicht kannst du den anderen Kindern erzählen, was gerade in diesen Folgen passiert, ja?

(Die Lehrerin verdient eine Medaille für die Selbstbeherrschung, die es sie gekostet haben muß, bei ihrer neuen Art zu reagieren zu bleiben, wenn man bedenkt, was da gerade vorgefallen war. Ihre Fähigkeit, sich so zu verhalten, beweist nicht nur ihr Engagement, eine Änderung durchzuführen, sondern auch ihren Wunsch, die Situation in einem anderen Licht zu betrachten. Wäre sie nur daran interessiert gewesen, die Schülerin zu manipulieren, wäre sie unter Umständen an genau diesem Punkt zur negativen Konnotation zurückgekehrt und hätte einen Bericht über das Benehmen der Schülerin verfaßt.)

Ich erwartete keine schnellen Wunder und war daher nicht allzu überrascht, als Abigail am nächsten Montag wieder fehlte. Am Dienstag sprach ich wieder mit ihr.

Ich: Hallo, Abigail, wie ich sehe, hast du dir nach dem Wochenende eine Pause zum Ausruhen gegönnt. Tolle Sache ! Ich wette, weil du zu Hause geblieben bist und gelernt hast, bist du viel besser als die anderen auf deine Stunden vorbereitet.

Abigail: (starrt mich wieder ungläubig an, aber nicht ganz so arrogant wie bei unserem letzten Aufeinandertreffen) Klar, 'ne tolle Sache. Ich bleib morgen vielleicht wieder zu Hause.

Ich hielt mich zurück, um sie nicht anzubrüllen: "Oh, nein, das wirst du nicht tun !" und ließ das Thema fallen.

Ich war wirklich überrascht, als sie den Rest der Woche anwesend war, sagte aber ihr gegenüber nichts. Ich drückte nur die Daumen. (Glücklicherweise kann die Lehrerin der Versuchung widerstehen, die Schülerin zu loben. Wie Sie in späteren Beispielen sehen werden, folgt dem Loben eines Schülers häufig ein Rückfall in das alte Verhalten.)

Ich führte eine sehr sorgfältige Liste über ihren Schulbesuch, also das Problem, das ich durch die positive Konnotation zu überwinden suchte.

Das Problem war nicht sofort gelöst. Im Februar fehlte sie noch zweimal, aber das waren sechs Tage weniger als im Januar. In der ersten Märzwoche fehlte Abigail einen Tag. In der Meinung, das Problem sei praktisch gelöst, erwähnte ich beiläufig ihr gegenüber, wie überrascht ich von ihrem regelmäßigen Schulbesuch sei. Am folgenden Tag war sie nicht in der Schule. (Lob für ein Verhalten, das uns gefällt, scheint eine zwanghafte Reaktion von uns zu sein, die uns unser gesunder Menschenverstand eingibt, obwohl es nicht immer das Verhalten bestärkt.) Als sie wiederkam, konnotierte ich ihr Motiv für das Zuhausebleiben positiv und sagte ihr, ich sei sicher, sie sei zu Hause geblieben, um bei ihrer Rückkehr besser auf die Stunden vorbereitet zu sein. Seitdem hat sie nicht mehr gefehlt und ist noch nicht einmal zu spät gekommen. Es ist das erste Mal seit September, daß sie dreieinhalb Wochen zur Schule gekommen ist, ohne einen Tag auszulassen.

Sowohl für Abigail wie auch für mich funktionierte die positive Konnotation bei problematischem Verhalten gut. Am siebzehnten März hatten wir einen Elternabend. Zum ersten Mal nahm Abigails Mutter ohne besondere Aufforderung durch die Schule daran teil. Sie erzählte mir, es sei für sie kein Problem mehr, Abigail dazu zu bringen, zur Schule zu gehen. Sie kann nicht verstehen, wodurch diese positive Veränderung in Abigails Haltung der Schule gegenüber bewirkt wurde. Aber ich kann es.

Diskussion. Dieses Fallbeispiel veranschaulicht einige wichtige Punkte. Es zeigt die Sorge, die eine Erzieherin vielleicht empfindet, wenn sie diese Techniken anwendet, die von den Kollegen oder der Verwaltung mißverstanden werden können. Es zeigt auch das Engagement der Erzieherinnen, die etwas Neues ausprobieren, wenn das, was sie bisher gemacht haben, nicht funktioniert hat. Außerdem zeigt es die Entschlossenheit der Lehrerin, mit dieser neuen Art zu reagieren, durchzuhalten, selbst wenn die Schülerin anfangs negativ reagiert.

Dieses Fallbeispiel bringt weiterhin zum Ausdruck, daß selbst langwierige und chronische Schwierigkeiten verändert werden können. Diese Schülerin hatte eine lange Geschichte des Schuleschwänzens hinter sich mit durchschnittlich zwei bis fünf geschwänzten Tagen pro Woche. Zum Zeitpunkt des letzten Berichts der Lehrerin war sie dreieinhalb Wochen zur Schule gegangen, ohne zu schwänzen oder zu spät zu kommen.

Und schließlich wird ganz deutlich die mögliche positive Auswirkung auf die Beziehung zwischen Elternhaus und Schule demonstriert. Die Mutter der Schülerin brauchte nicht mehr zu den Elternabenden zitiert zu werden und berichtete, sie habe keine Schwierigkeiten mehr, ihre Tochter zum Schulbesuch zu bewegen.

Nicht alle Probleme sind so schwerwiegend oder langwierig wie das hier geschilderte. Trotzdem können uns auch die kleinen täglichen Ärgernisse das Leben vergällen. Im nächsten Fallbeispiel wendet die Lehrerin die positive Konnotation auf genau eine solche Situation an.

Fallbeispiel: Sich Zeit nehmen für eine Mitarbeiterin

Walter ist ein Mann, mit dem ich zusammen unterrichte. Früher hat er ständig an mir herumgenörgelt. Ob ich nun viel zu tun hatte oder gar nichts, er mußte immer eine abfällige Bemerkung darüber machen. So ging das jeden Tag. Ich hätte gern nur einmal einen Tag erlebt, an dem ich mir nicht Walters Bemerkungen anhören mußte.

Ich hatte vieles in der Vergangenheit ausprobiert, aber nichts schien zu funktionieren. Ich hatte ihm gesagt, er solle sich um seine eigenen Sachen kümmern. Dann hat er nur gelacht und weiter seine Bemerkungen gemacht. Ich hatte versucht, ihn zu ignorieren, auch das hatte nicht funktioniert. In einem letzten Versuch war ich sogar furchtbar böse geworden, hatte mich aufgeregt und ihn angeschrien, aber er sah mich dann nur an und gab weiter seine Kommentare ab.

Ich beschloß, es mit der positiven Konnotation zu versuchen, um sein Verhalten zu ändern. Ich sah ihn an und sagte mit sehr ruhiger Stimme, ich sei glücklich, weil er sich so viel Sorgen um mein Wohlergehen machte und sich extra Zeit von seiner Arbeitszeit abzweigte, um mit mir zu reden.

Ich war überrascht, wie gut dies funktionierte. Nachdem ich ein paar Mal diese Aussagen mit positiver Konnotation gemacht hatte, hörte er mit seinen Bemerkungen auf. Er ließ mich einfach in Ruhe. Trotzdem bemerkte ich, daß er nach ein paar Tagen ohne meine Kommentare wieder damit anfing. Ich sah ihn dann ruhig an und sagte ihm wieder, wie glücklich ich über seine Besorgnis sei. Das schien ihn aus der Bahn zu werfen. Nun ist er sehr nett zu mir, und wenn es ein Problem gibt, hilft er mir sogar.

Diskussion. Wir werden nie das eigentliche Motiv von Walters Verhalten erfahren. Vielleicht wollte er wirklich "ständig an ihr herumnörgeln", oder vielleicht war es seine Art und Weise, seine "Besorgnis zu zeigen". Ohne Zweifel "zweigte er extra Zeit von seiner Arbeitszeit ab, um mit ihr zu reden".

Ganz gleich wie Walters ursprüngliche Absicht oder sein Motiv aussahen, so lange die Lehrerin sich nur ein negatives Motiv vorstellen konnte, mißfiel ihr das Verhalten des Kollegen und sie reagierte in einer Weise, die dazu beitrug, sein Verhalten andauern zu lassen.

Als sie Walters Motiv positiv konnotierte, hat diese Lehrerin vielleicht die Motive, weswegen Walter ihr gegenüber die Kommentare abgab, verändert; das heißt, er hat vielleicht die positiven Motive, die sie ihm unterstellte, übernommen, wodurch sich dann sein Verhalten änderte. Oder sie hat vielleicht zum ersten Mal erkannt, daß sein Verhalten tatsächlich positiven Motiven entsprang. Vielleicht hatte er ihr die ganze Zeit nur etwas Aufmerksamkeit schenken wollen. Wenn dies der Fall war, trug es schließlich zu einer Veränderung seines Verhaltens bei, als sie dies verstand und anerkannte. Außerdem war sie vielleicht viel weniger verärgert über seine Kommentare und hat sie nicht mehr für "abschätzig", sondern für "interessant" gehalten, als sie dazu überging, ein potentiell positives Motiv hinter seinem Verhalten zu erkennen.

Unser letztes Fallbeispiel dieses Kapitels zeigt, wie eine Lehrerin erfolgreich die positive Konnotation auf das Motiv einer Schülerin anwandte und wie ein anfänglicher Erfolg eine solide Grundlage für ein produktiveres Schülerin/Lehrerin-Verhältnis bildete. Als die Schülerin einen Rückfall hatte, sah die Lehrerin dies nicht als Versagen an, sondern erkannte den vorherigen Erfolg der Schülerin an und feilte die ürsprüngliche positive Konnotation aus.

Fallbeispiel: Exaktheit ist wichtig

Clara ist eine dreizehnjährige Schülerin in einem Mathematikleistungskurs. Clara kannte überhaupt keine Hemmungen. Sie stand von ihrem Platz auf, streckte sich und gähnte laut. Sie sprach mit sich selbst und störte die Klasse und mich, die Lehrerin. Clara war extrem unsystematisch und räumte ständig ihre Aktendeckel und Bücher um. Wegen dieses Verhaltens wußte sie selten genau, was sie zu tun hatte, und bat nicht nur einmal, sondern viele Male um Wiederholung der Anweisungen.

Von all ihren unpassenden Angewohnheiten war es am störendsten, wenn sie ständig mit irgendetwas herausplatzte und um Wiederholung von Anweisungen bat. Dies wurde so störend, daß manchmal die ganze Klasse aufstöhnte, wenn Clara sich so benahm.

Immer wieder fragte ich sie, wenn sie wieder mit etwas herausgeplatzt war: "Warum hast du nicht zugehört ?" oder ich warf ihr vor: "Du hörst nie zu!" Ihre ständige Antwort war: "Ich habe zugehört !" Ich versuchte auch, ihre Hand zu ignorieren, wenn sie sich meldete oder etwas rief, und weigerte mich, Anweisungen zu wiederholen. Das war aber kein Hindernis für Clara. Sie fragte dann einen anderen Schüler oder störte die übrige Klasse, weil sie sich umschaute, um herauszufinden, was sie machten.

Ich beschloß, Claras Motiv, weswegen sie darum bat, daß Anweisungen wiederholt wurden, positiv zu konnotieren. Ich wollte nicht sarkastisch klingen, und beschloß daher, meinen Ton sehr sorgfältig zu wählen. Als Clara das nächste Mal darum bat, Anweisungen für sie zu wiederholen, erwiderte ich: "Ich weiß, du hast zugehört, mir ist aber auch klar, daß du einfach sehr exakt sein möchtest."

Clara verschlug es die Sprache. Sie sah mich einfach an und begann mit ihrer Arbeit. Zweimal danach fing sie an zu fragen, brach aber mitten im Satz ab.

Drei Wochen lang hielt Clara es aus, ohne zu unterbrechen oder mit irgendeiner Äußerung herauszuplatzen. Dann fing sie ganz plötzlich wieder an, in der Klasse einfach loszureden. Das Problem tauchte wieder auf, nachdem ich glaubte, ich hätte sie erfolgreich geheilt. Drei Wochen lang hatte sie nicht dazwischengeredet oder die Klasse in irgendeiner Weise gestört, und jetzt fing es wieder an.

Mitten in der Stunde unterbrach Clara uns dreimal mit Fragen zu den Anweisungen, die ich gegeben hatte. Nach dem dritten Mal sagte ich ihr, was sie gemacht hatte, und drückte mein Erstaunen aus, daß dies nach drei "erfolgreichen" Wochen wieder geschehen war. Sie behauptete, sie habe nur zweimal unterbrochen; ich führte aber die drei Male an, und sie mußte mir zustimmen.

Interessanterweise war Clara danach sehr bestrebt, ihre ärgerliche Angewohnheit zu überwinden, da sie es, wie sie erklärte, nicht gern hatte, wenn man sie wegen des Störens aufrief, und da sie die drei friedlichen Wochen genossen hatte. Wenn man ihr früher gesagt hatte, sie solle auf die Anweisungen hören, hatte sie immer widersprochen. Ich hatte die positive Konnotation benutzt: "Ich weiß, du hast zugehört, aber mir ist auch klar, daß du einfach sehr exakt sein möchtest." Dies hatte Clara geholfen, sich ihrer Handlungen bewußt zu werden, und die Klasse war von ihrem Stören befreit.

Da ich solch positiven Wirkungen durch die positive Konnotation erzielt hatte, beschloß ich, dieselbe Strategie noch einmal anzuwenden. Diesmal sagte ich zu Clara: "Ich weiß, es kann sehr frustrierend sein zu versuchen, ganz exakt zu sein, aber mir ist auch klar, daß du versuchst, dein Zuhören zu verbessern."

Seitdem ist Clara sich ihres Verhaltens sehr bewußt und sehr kooperativ gewesen. Bisher hat sie ihre Ausbrüche erfolgreich im Zaum gehalten. Wir hoffen beide, daß ihr Erfolg andauern wird.

Diskussion. Dieses Fallbeispiel ist zum einen beachtenswert, weil es die Anwendung der positiven Konnotation auf ein Motiv illustriert, und zum anderen wegen der veränderten Haltung sowohl der Schülerin wie auch der Lehrerin. Die positive Konnotation des Motivs der Schülerin schien in der problematischen Situation zu helfen, und als das Verhalten von neuem auftrat, waren die Schülerin und die Lehrerin in der Lage, gemeinsam an diesem Rückfall zu arbeiten. Die Lehrerin kam zu der Überzeugung, die Schülerin versuche aufrichtig, ihre ärgerliche Angewohnheit abzustellen, und die Schülerin erkannte an, daß die Lehrerin sich wirklich über ihren Erfolg freute.

Wenn Sie dem Verhalten, das Ihnen nicht gefällt, ein positives Motiv unterstellen, kann dadurch die Situation verbessert werden, denn wenn Sie dem problematischen Verhalten ein positives Motiv zuschreiben, kann es sehr wohl geschehen, daß es Sie weniger stört. Vielleicht fangen Sie auch an, anders zu reagieren, wenn Sie sich die Motive für das problematische Verhalten positiv denken. Sind diese Veränderungen erst einmal erreicht, kann die problematische Situation nicht mehr dieselbe bleiben.

Überblick über die wesentlichen Merkmale der positiven Konnotation eines Motivs

Schreibt man dem Verhalten eines Menschen ein bestimmtes Motiv zu, sei es nun positiv oder negativ, so ist das immer eine Hypothese. Wenn wir einem Menschen, dessen Verhalten problematisch ist, positive Motive zuschreiben, kann dadurch die problematische Situation positiv verändert werden. Die Haltung, die dieser positiven Konnotation eines Motivs zugrundeliegt, ist durch den Willen gekennzeichnet, das, was scheinbar ein negatives Motiv ist, skeptisch zu betrachten und an ein mögliches positives Motiv des problematischen Verhaltens zu glauben.

Außer dieser inneren Einstellung gehören die folgenden wesentlichen Elemente zur Technik der positiven Konnotation eines Motivs:

1. Bewußtmachung der Motive, die Sie gegenwärtig der Person unterstellen, die das problematische Verhalten zeigt.

2. Beschreibung alternativer und positiver Motive für das problematische Verhalten.

3. Auswahl eines überzeugenden positiven Motivs.

4. Formulierung von ein oder zwei Sätzen, in denen die neue positive Motivation für das Verhalten beschrieben wird.

5. Handlungsweise, die die Anerkennung des positven Motivs reflektiert.

Vorgehensweise bei positiver Konnotation des Motivs

Dieser Teil soll Ihnen helfen, ein allgemeines Verfahren zu durchdenken, mit dem man die Motive eines problematischen Verhaltens positiv konnotiert.

1. Denken Sie an ein Problem, das Sie im Augenblick haben. Stellen Sie sich vor, welche Handlungen im einzelnen ablaufen. Was macht die Person, wann macht sie es, wer gehört noch dazu und so weiter ? (Beispiel: Ron und Joe beschimpfen sich gegenseitig in der Stunde. Als Ron, der weniger intelligent ist, eine falsche Antwort gibt, macht Joe sich über ihn lustig. Ron reagiert darauf, indem er Joe laut beleidigt.)

2. Wie reagieren Sie normalerweise auf das Verhalten und welche Ergebnisse erhalten Sie? (Beispiel: Ich halte den Jungen normalerweise eine Standpauke, daß sie zu alt wären, um sich noch gegenseitig zu beschimpfen, und ich sage ihnen, sie seien eigentlich schon zu erwachsen, um noch so unhöflich zu sein. Oft benutzen sie dies als Munition, um sich gegenseitig der Unreife zu beschuldigen.)

3. Warum macht Ihrer Meinung nach die Person dies ? Welches sind Ihrer Meinung nach die Motive der Person für dieses Verhalten ? (Beispiel: Beide Jungen haben ein schwaches Selbstbewußtsein und versuchen ihr Ego aufzuwerten. Sie haben keine Geschwister und wissen daher nicht, wie man miteinander auskommt. Es sind zu viele Kinder in der Familie und daher wollen sie die Aufmerksamkeit auf sich lenken. Sie

versuchen die Klasse zu stören. Sie befinden sich in einem Machtkampf. Sie wollen sich gegenseitig auf die Palme bringen.)

4. Welche positiven Motive könnte es für das Verhalten geben ? (Beispiel: Es ist ihre Art, ihre gegenseitige Verbundenheit auszudrücken. Es ist ihre Art, ihre Besorgnis auszudrücken. Sie zeigen sich gegenseitig ihre Grenzen. Sie helfen einander, die eigenen Grenzen kennenzulernen.)

5. Wie können Sie auf der Grundlage eines oder mehrerer dieser positiven Motive anders als bisher in der Vergangenheit reagieren ? Was könnten Sie zu den Jungen sagen ? (Beispiel: Ron und Joe, es ist überraschend zu sehen, welche Besorgnis ihr gegenseitig für eure Arbeit und euren Erfolg in der Schule zeigt. Solch ein Maß an Verbundenheit sieht man nicht häufig unter Schülern.)

Jetzt sind Sie an der Reihe. Wenn Sie sich in der positiven Konnotation eines Motivs versuchen wollen, schlagen Sie die Übungsanweisungen auf Seite 194 auf. Diese Übungen werden Ihnen bei den Vorbereitungen für die Anwendung der Technik der positiven Konnotation eines Motivs auf eine Ihrer eigenen problematischen Situationen helfen.

6
Positive Funktionen problematischer Verhaltensweisen erkennen

Die meisten von uns sind es gewohnt, über die Motive und die Bedeutung ihres eigenen Verhaltens und das anderer Menschen nachzudenken. Was Schüler motiviert und welche Bedeutung ihr Verhalten hat, ist ein vertrautes Gesprächsthema für Erzieherinnen. Wenn wir das Motiv und die Bedeutung des Verhaltens eines Schülers bestimmen, ergibt sich dadurch für uns die Erklärung für das Verhalten. "Sie verhält sich so, weil sie andere beherrschen will" (Motiv) oder "er kommt so oft zu spät, weil er vergeßlich ist" (Bedeutung). Die Funktionen, die ein Verhalten erfüllt (die Art der Beziehungen zwischen einem Verhalten und den anderen Elementen eines Ökosystems), werden häufig übersehen. Sie sind jedoch genauso wichtig. Für jegliches Verhalten kann, wenn man danach sucht, eine Anzahl unterschiedlicher ökosystemischer Funktionen gefunden werden, obwohl es in problematischen Situationen oft die negativen Funktionen des Verhaltens sind, die am schnellsten erkannt werden, zum Beispiel: "Wenn sie sich in der Stunde das Haar kämmt, stört das die anderen Schüler." Positive Funktionen des problematischen Verhaltens, wie "wenn sie sich in der Stunde das Haar kämmt, ist das für mich das Signal, daß die Stillarbeit zu lang war", werden nicht so leicht erkannt. Trotzdem lohnt es sich, nach diesen positiven Funktionen Ausschau zu halten, denn oft steckt in ihnen der Schlüssel zur Veränderung.

In den Kapiteln Vier und Fünf führten wir das Beispiel des Schülers an, der ständig mit den Antworten herausplatzte, weil die Lehrerin dazu neigte, ihn zu ignorieren. Die Lehrerin reagierte darauf, indem sie den Schüler ignorierte, um ihn von diesem Herausplatzen abzuhalten. Wenn der Schüler sich einmal das Verhalten der Lehrerin in Bezug auf seine ökosystemischen Funktionen überlegt hätte, hätte er vielleicht eine positive Funktion entdeckt, daß nämlich dieses Ignorieren der Lehrerin ihn vor der üblichen Bestrafung für vorlautes Reden bewahrte. Wenn dem Schüler diese Funktion aufgefallen wäre, wäre er vielleicht zu dem Schluß gekommen, die Lehrerin könne ihn leiden und er hätte paradoxerweise mit seinem vorlauten Verhalten aufgehört. Wenn die Lehrerin sich das Verhalten des Schülers in Hinblick auf seine ökosystemischen Funktionen überlegt hätte, wäre ihr vielleicht als eine positive Funktion aufgefallen, daß dieses vorlaute Reden sie dazu brachte, ihre Gesprächsmethoden in der Klasse neu zu überdenken. Wenn ihr diese Funktion aufgefallen wäre, wäre sie vielleicht zu dem Schluß gekommen, daß dieses vorlaute Antworten des Schülers ihr geholfen hatte, ihren Unterricht zu verbessern und paradoxerweise hätte sie vielleicht damit aufgehört, ihn zu ignorieren.

Die Technik
der positiven Konnotation der Funktion

Die Technik der positiven Konnotation der Funktion besteht darin, positive Funktionen eines Verhaltens zu erkennen, dem man vorher nur negative Funktionen zugeschrieben hatte, und dann entsprechend dieser positiven Funktion auf das Verhalten zu reagieren.

Das Herausplatzen des Schülers in unserem Beispiel könnte jede der folgenden Funktionen in der Klasse erfüllen: andere Schüler ablenken (negativ), die Ausführungen der Lehrerin unterbrechen (negativ), andere Schüler davon abbringen, die Fragen der Lehrerin zu beantworten (negativ), anderen Schülern helfen zu lernen, Ablenkungen zu ertragen (positiv), die Lehrerin ermutigen, eine Vielzahl verschiedener Fragetechniken auszuprobieren (positiv), anderen Schülern mehr Zeit verschaffen nachzudenken und mögliche falsche Antworten zu verwerfen (positiv).

Wenn man positive Funktionen eines problematischen Verhaltens erkennen möchte, hilft es, sich daran zu erinnern, daß eine Funktion die Beziehung zwischen einem Verhalten und den anderen Elementen im Ökosystem ist und eben nicht dasselbe, wie das angestrebte Ziel. Die Funktionen eines problematischen Verhaltens können ganz anders aussehen als die Ziele, die eine Person im Auge hat, deren Verhalten beschrieben wird.

Die Technik der positiven Konnotation der Funktion erfordert von Ihnen, möglichst viele positive Funktionen eines problematischen Verhaltens zu erkennen und dann die positive Funktion auszuwählen, die Ihrer Meinung nach die einleuchtendste ist und die Sie ganz aufrichtig zum Ausdruck bringen können.

Die neue Sichtweise, die Sie sich angeeignet haben, als Sie dem problematischen Verhalten eine positive Funktion zuerkannten, wird Ihnen dabei helfen zu entscheiden, wie Sie sich jetzt in Ihrer speziellen problematischen Situation anders verhalten können. Wenn die Lehrerin in unserem

Beispiel beschließt, eine plausible positive Funktion des Herausplatzens des Schülers sei die, sie zu ermutigen, eine Vielzahl von Gesprächstechniken auszuprobieren, könnte sie das nächste Mal, wenn der Schüler vorlaut antwortet, zum Beispiel sagen: "Weißt du, das ganze Jahr lang hast du deine Antworten einfach in die Klasse gerufen, ohne dich zu melden und zu warten, bis du aufgerufen wirst. Ich bin böse geworden und ich habe versucht, dich zu ignorieren. Dieses Verhalten von dir hat mir aber geholfen zu erkennen, daß ich schon seit langer Zeit denselben Fragestil benutze und vielleicht ist jetzt einmal ein Wechsel fällig. Ich werde deshalb jetzt viele verschiedene Arten des Fragens ausprobieren. Du wirst mir dabei helfen zu erkennen, welche die beste ist, denn wenn du weniger häufig Antworten in die Klasse rufst, weiß ich, mein Fragen wird besser. Ich denke, wenn wir auf diese Weise zusammenarbeiten, können wir für alle einen besseren Unterricht erreichen."

Der Schlüssel für den Erfolg dieser Technik liegt in Ihrer Fähigkeit, positive Funktionen eines Verhaltens zu erkennen, auf dessen negative Aspekte Sie sich bisher ausschließlich konzentriert haben, mindestens eine dieser positiven Funktionen als einleuchtend zu akzeptieren und Ihr Verhalten entsprechend der positiven Funktion, die Sie angenommen haben, umzustellen.

Analyse der Fallbeispiele

Die Lehrerin im folgenden Fallbeispiel mußte sehr entschlossen ihre kriminalistischen Fähigkeiten einsetzen, um irgendeine ökosystemische Funktion für das Verhalten der Schülerin zu entdecken, denn das Problem lag darin, daß die Schülerin in der Klasse nichts machte.

Fallbeispiel: Lebloses Objekt oder enthusiastisches Mädchen?

Greta, ein Kind mit durchschnittlichen intellektuellen Fähigkeiten, verhielt sich in meiner Klasse mehr wie ein lebloses Objekt als wie ein Kind. Wenn sie es schaffte, in zweieinhalb Stunden zwei Zeilen zu schreiben, war das für ihre Verhältnisse ein erfolgreicher Morgen. Sie nahm selten an den Diskussionen der ganzen Klasse teil und kaum mehr an den Diskusssionen in kleinen Gruppen. Wenn man sie aufrief, ließ sie den Kopf hängen und blieb stumm. Sie vermied jede Art von Interaktion sowohl mit der Lehrerin wie auch mit den Klassenkameradinnen. Sie machte in der Stunde überhaupt keinen Ärger; sie saß einfach da und machte gar nichts.

Ich hatte die Techniken der positiven wie auch der negativen Verstärkung bei Greta ausprobiert. Sie wurde positiv verstärkt, um an einer Aufgabe weiterzuarbeiten, überhaupt irgendwelche Arbeit zu machen und sich am Klassengespräch zu beteiligen. Dies hatte praktisch keine Auswirkung. Sie hatte sich auch negative Konsequenzen eingehandelt, mußte zum Beispiel in der Pause in der Klasse bleiben und ihre Arbeit beenden, bekam Briefe nach Hause geschickt, und die Eltern wurden angerufen. Greta schienen diese negativen Konsequenzen sehr wenig auszumachen; sie machte weiterhin fast nichts in der Schule.

Ich beschloß, die möglichen positiven Funktionen von Gretas Verhalten zu untersuchen. (Hier haben wir eine Schülerin, die fast nichts in der Schule macht. Die erste Aufgabe der Lehrerin besteht darin, einige mögliche positive Funktionen dieses Nichtstuns zu entdecken. Es ist einfacher sich vorzustellen, welche ökosystemische Funktion ein eindeutig störendes Betragen haben mag, da es andere mit einbezieht. Das Fehlen jeden Verhaltens jedoch, also keine Arbeit machen, nichts mit anderen Schülern zu tun haben, stellt ein schwierigeres Problem dar. Wie könnte das Nichtstun der Schülerin die anderen in der Klasse beeinflussen und, noch genauer formuliert, wie kann man hier sagen, dies habe eine positive Funktion?)

In meinen Augen hatte Gretas Angewohnheit, nur sehr wenig Arbeit zu erledigen, die Funktion, mir Zeit zu ersparen, die ich sonst damit verbracht hätte, ihre Arbeiten zu korrigieren. Ich benutzte diese Zeit zum Planen und um anderen Schülern zu helfen. (Nachdem die Lehrerin erfolgreich einige positive Funktionen des Verhaltens der Schülerin, oder vielmehr des Mangels an Verhalten, festgestellt hat, formuliert sie sich ein oder zwei Sätze, die sie der Schülerin sagen kann, um zum Ausdruck zu bringen, daß sie die neu entdeckten positiven Funktionen anerkennt.)

Ich sagte zu Greta, da sie auf ihren Anteil an meiner Zeit verzichtet habe, versetze sie mich in die Lage, mehr Zeit damit verbringen zu können, anderen Kindern zu helfen und deren Arbeiten zu korrigieren, und für ein Kind ihres Alters sei dies ein seltenes Opfer, das sie hier ihren Klassenkameraden brächte. Diese Aussage wiederholte ich immer, wenn es angemessen war, den ganzen Tag über.

An diesem Tag verbrachte Greta den größten Teil ihrer Zeit damit, mir ungläubige Blicke zuzuwerfen. Wie immer machte sie keine Arbeit. (Gretas überraschte Reaktion läßt vermuten, daß die Lehrerin eine Funktion von Gretas Verhalten entdeckt hatte, deren Greta sich nicht bewußt war. Dies unterstreicht das Argument, ein Verhalten könne viele ökosystemische

Funktionen haben, von denen einige vielleicht von der betreffenden Person gar nicht erkannt oder beabsichtigt wurden.)

Am folgenden Tag verschwand das Problem völlig — zusammen mit Greta. Sie blieb die nächsten sechs Tage der Schule fern. Ich brauche nicht zu erwähnen, daß ich mich fragte, ob ihre Abwesenheit irgendetwas mit mir zu tun habe.

Als Greta wiederkam, setzte sie sich hin wie immer, begann aber sofort zu arbeiten. Eine Aufgabe, für die sie früher ein paar Tage gebraucht hätte, beendete sie in dreißig Minuten. Sie kam mit ihrer Aufgabe in die Lesegruppe, nahm aktiv an der Gruppenarbeit teil und erhielt für ihre schriftliche Arbeit die beste Zensur. Als ich ihre Arbeit durchsah, sagte ich zu ihr: "Gute Arbeit." Greta ging zu ihrem Platz zurück und machte den ganzen restlichen Morgen nichts mehr!

Seit dem Tag habe ich mich vor meiner üblichen Neigung, Greta positiv zu verstärken, gehütet. Wenn notwendig, wiederholte ich meine ursprüngliche Beschreibung der positiven Funktion ihres Verhaltens mit leichter Abänderung. Ich habe Greta auch gesagt, ich würde gern ihre Arbeit durchsehen, wenn sie irgendetwas gemacht haben sollte. Ihre Arbeitshaltung hat sich etwas verbessert, am interessantesten ist aber, daß sie aktiver am Unterricht teilnimmt, Fragen richtig beantwortet, eine positive Beziehung zu ihrer Peer-Gruppe hat und sogar in kleineren Gruppen, in denen diskutiert werden soll oder die eine schriftliche Aufgabe bekommen haben, eine Führungsrolle übernommen hat. Obwohl sie immer noch nicht ihre ganze Arbeit erledigt, schafft sie viel mehr als vorher und zeigt im ganzen eine viel positivere Haltung.

Aus dem mürrischen, "leblosen Objekt" ist ein liebenswertes und sogar begeisterungsfähiges Mädchen namens Greta geworden.

Diskussion. Als die Lehrerin sich Gretas Verhalten im weiteren Kontext des Ökosystems der Klasse ansah, konnte sie eine positive ökosystemische Funktion des problematischen Verhaltens entdecken. Weil sie Greta in diesem Licht sah, war es der Lehrerin möglich, anders als früher auf sie zu reagieren. Außerdem unterstellte es der Schülerin eine Funktion ihres Verhaltens, die sie beabsichtigt haben mag oder auch nicht, die sie aber in jedem Fall als einen Menschen darstellte, der durch sein Verhalten etwas für die Klasse und die Lehrerin beisteuerte. Als diese positive Funktion von Gretas Verhalten formuliert und sie als nützliches Mitglied dieser Gruppe dargestellt wurde, wurde sie auch zu einem solchen nützlichen Mitglied.

Dieses Fallbeispiel verdeutlicht auch einen anderen wichtigen Punkt. Durch ihre frühere Erfahrung mit dem Loben (das sie als positive Verstärkung bezeichnet), wußte die Lehrerin, daß sie hiermit nicht zum gewünschten Ergebnis kam. Als sie Greta gegenüber auf dieses natürliche und selbstverständliche Mittel zurückgriff, reagierte Greta sofort so, wie sie es in der Vergangenheit immer getan hatte - sie machte nichts. Glücklicherweise fing die Lehrerin sich und war in der Lage, ihr Verhalten zu ändern.

Obwohl das problematische Verhalten, das im nächsten Fall dargestellt wird, ganz anders als das eben beschriebene ist, entdeckt der Schulberater, der mit einer der Lehrerinnen des Schülers zusammenarbeitete, eine sehr ähnliche positive, ökosystemische Funktion des problematischen Verhaltens des Schülers.

Fallbeispiel: Das Opferlamm

Brian ist ein Siebtkläßler, der vermutlich von allen Siebtkläßlern, mit denen ich den vergangenen vierzehn Jahren meiner Arbeit als Schulberater zu tun hatte, die negativste Einstellung zu fast allen Dingen hatte. Es war sehr schwierig, mit ihm zu reden oder zu argumentieren. Anfang des Jahres hatte er wegen Drogenmißbrauchs in der Schule einen Monat lang Schulverbot. Als er wiederkam, schien seine Haltung besser zu sein, aber er brauchte nicht lange, um zu seinen alten Verhaltensweisen zurückzukehren. Alle in der Schule, Lehrerinnen, Verwaltungsbeamte und Beraterinnen, hatten versucht, ihm zu helfen.

Als ich zu Beginn des Jahres mit Brian zu tun hatte, versuchte ich, vieles, was er in den vergangenen Jahren wiederholt zu hören bekommen hatte, mit ihm zu bereden: Er leistete nicht das, was er konnte; er bekam seine Arbeit nicht fertig; er war häufig nicht da oder schwänzte undsoweiter. So sehr ich auch versuchte, mich ihm gegenüber positiv zu verhalten oder ihm eine positive Haltung zu vermitteln, ich hatte keinen Erfolg. (Man kann sich leicht die Schwierigkeiten sowohl für den Berater wie auch für den Schüler vorstellen, etwas Positives zu finden, wenn der Kernpunkt ihrer Unterhaltung negativ war, nämlich das Schwänzen, Zuspätkommen, Nichterledigen der Schulaufgaben, Drogengeschichten undsoweiter. Die objektiven Fakten in dieser Situation lassen scheinbar wenig Spielraum, irgendetwas Positives zu finden.)

Ich wollte positive Konnotation ausprobieren, war anfänglich jedoch unsicher, welche Funktionen, insbesondere positive, ich für Brians Verhalten finden könnte. Ich beschloß, mit unserer Sonderschullehrerin zusammenzuarbeiten, Frau Weaver, die viermal in der Woche mit Brian eine halbe Stunde lang arbeitet.

Die Möglichkeit, eine Funktion von Brians Verhalten positiv zu konnotieren, ergab sich, als er beschloß, er wolle sich nicht mehr von Frau Weaver helfen lassen. Statt einfach nachzugeben und zu sagen, er brauche nicht mehr zu ihr zu kommen (es ist freiwillig), brachte sie Brian zu mir, und wir führten ein Gespräch darüber. Wir redeten sehr lange. Er reagierte immer noch sehr negativ. Schließlich sagte ich: "Brian, ich freue mich, daß du deine Zeit mit Frau Weaver zur Verfügung stellen willst, damit sie anderen Schülern zugutekommt." (Indem der Berater das ganze Ökosystem, einschließlich der anderen Schüler, betrachtete, also eine größere Einheit als nur Brian als Individuum und sein individuelles problematisches Verhalten, war er in der Lage, für Brians Weigerung, mit der Sonderschullehrerin zu arbeiten, eine positive ökosystemische Funktion zu finden. Statt sich auf die negativen Aspekte von Brians Verhalten zu konzentrieren, verwies er auf die positive Funktion, nämlich daß Brian anderen Schülern die Möglichkeit gab, extra Zeit mit der Lehrerin zur Verfügung zu haben. Brian war gewillt, seine eigene Zeit für seine Klassenkameraden zu opfern.)

Seine Antwort war: "Die anderen Kinder sind mir egal." (Glücklicherweise widersteht der Berater der Versuchung, Brian zu überzeugen, die "anderen Kinder seien ihm doch nicht egal". Ob es nun in Brians Absicht liegt oder nicht, auf jeden Fall hat seine Weigerung, mit der Lehrerin zu arbeiten, die positive Funktion, daß die anderen Kinder mehr Zeit mit ihr zur Verfügung haben.)

Nach weiterer Diskussion sagte ich: "Brian, wie du weißt, ist es völlig freiwillig, ob du mit Frau Weaver arbeitest oder nicht. So oder so ist es deine Entscheidung. Ich bin sicher, du möchtest darüber noch einmal nachdenken, bevor du deine Entscheidung über eine weitere Zusammenarbeit fällst." Daraufhin sagte er: "Ich weiß, ich will nicht mehr an dem Kurs teilnehmen", und ging aus meinem Büro. (Der Berater hat seine Reaktionsweise auf den Schüler geändert, aber der Schüler reagiert zu diesem Zeitpunkt auf den Berater immer noch nach dem alten Interaktionsmuster. Am letzten Fall haben wir gesehen, wie leicht es ist, in alte Verhaltensmuster zurückzufallen, selbst wenn sie nicht von Nutzen waren. Man muß es dem Berater zugute halten, daß er dies nicht macht. Er bleibt bei seiner neuen Definition der problematischen Situation und verhält sich dementsprechend. Er hat eine positive ökosystemische Funktion für die Entscheidung des Schülers, nicht mehr mit der Sonderschullehrerin zu arbeiten, definiert, er versucht nicht, den Schüler von irgendetwas zu überzeugen und er schlägt Brian nur vor, er solle sich Zeit nehmen und die Entscheidung noch einmal überdenken.)

Am nächsten Tag stand Brian vor Unterrichtsbeginn vor Frau Weavers Tür und fragte, ob er sie sprechen könnte. Er ließ durchblicken, daß er tatsächlich ihre Hilfe brauchte und fragte, ob er beim Kurs weiter mitmachen könnte. Seit diesem Tag hat er besser bei ihr gearbeitet und mehr als früher erreicht.

Aufgrund meiner Beteiligung an der Angelegenheit zwischen Brian und Frau Weaver ist meinem Empfinden nach die Beziehung zwischen Brian und mir viel positiver geworden. Brian kommt aus eigenem Antrieb zu mir, um mich zu sehen, und zeigt allmählich Bereitschaft, mit mir zu reden.

Diskussion. Dieses Fallbeispiel zeigt, wie schwierig und scheinbar unmöglich es sein kann, in einer ernsten und langwierigen problematischen Situation irgendeinen positiven Anhaltspunkt zu finden. Der Schulberater hatte eine ganze Zeit lang versucht, irgendetwas Positives für die Zusammenarbeit mit dem Schüler zu finden, und berichtete, auch Lehrerinnen und Verwaltungsbeamte hätten versucht zu helfen. In solchen Situationen, wenn das Verhalten eines Individuums nichts Empfehlenswertes an sich zu haben scheint, ist es häufig hilfreich, sich die Funktionen dieses Verhaltens in der Klasse anzusehen. Selbst sehr negativ eingeschätztes Verhalten kann positive ökosystemische Funktionen haben. Indem man sich auf diese positiven Funktionen des problematischen Verhaltens konzentriert, eröffnet man sich neue aussichtsreiche Wege, Veränderungen in einer problematischen Situation hervorzurufen.

Als zweites wird in diesem Beispiel sehr deutlich, wie zäh die Interaktionsmuster in problematischen Situationen sind. Dieser Schüler hat eine lange Geschichte hinter sich, wie er mit dem Schulpersonal in seiner besonderen Weise umgeht. Es hat ihm nicht geholfen, ist ihm aber vertraut, und selbst als der Schulberater anfängt, das Muster zu ändern, indem er seine Interaktionsweise mit dem Schüler ändert, behält der Schüler seine ursprüngliche Verhaltensweise zunächst bei. Glücklicherweise kann der Berater, der Versuchung widerstehen, die alte, vertraute Interaktionsweise wieder aufzunehmen. Er bleibt in seiner Haltung dem Schüler gegenüber bei seiner neuen Methode, die auf der positiven Funktion begründet ist, die er für das Verhalten des Schülers beschlossen hat.

Und schließlich reflektiert die Fähigkeit des Beraters, weiterhin in diesem neuen Stil auf den Schüler zu reagieren, daß er eine positive Funktion für das problematische Verhalten gefunden hat, von der er auch überzeugt ist.

Da der Berater eine positive Funktion für das problematische Verhalten festgestellt hat, die wirklich als positiv für die Klasse wie auch für die Schule akzeptiert wird, ist seine neue Verhaltensweise dem Schüler gegenüber auch ungekünstelt.

Manchmal betrachtet man das beabsichtigte Ziel, das der Schüler anstrebt (Gelächter im nächsten Fallbeispiel), anfangs nur in seiner negativen ökosystemischen Funktion. Sieht man die Funktion in einem anderen Licht, erkennt man vielleicht eine positve ökosystemische Funktion des Verhaltens. Wenn man nun von dieser positiven Funktion aus innerhalb der Klasse auf das problematische Verhalten reagiert, kann dies zu dramatischen Veränderungen führen.

Das nächste Fallbeispiel ist auch deswegen interessant, weil die Lehrerin zwei Helferinnen in die Intervention miteinbezieht, da sie diejenigen waren, die eigentlich die Schwierigkeiten mit der Schülerin hatten.

Fallbeispiel: Ernsthafte Schülerin im Clowns-Kostüm

Brenda ist eine Schülerin der ersten Klasse, der es an Selbstbeherrschung mangelte und die bei der Arbeit mit den Helferinnen der Lehrerin sehr unkooperativ war. Sie galt schon in der Vorschule als Kind mit Verhaltensproblemen, zeigte aber bei meinem Unterrichtsstil für das erste Schuljahr ein angemessenes Verhalten. Unglücklicherweise übertrug sie ihr positives Betragen unter meiner Anleitung und Unterrichtsgestaltung nicht auf die Situationen, wo sie mit den Helferinnen arbeiten sollte. Die Helferinnen in meiner Klase arbeiten mit einzelnen Schülern oder mit kleinen Gruppen, wo das bei mir Gelernte geübt werden soll.

Brenda reagierte meist albern und störte, wenn sie mit den Helferinnen arbeiten sollte. Wenn sie zum Beispiel ein Reimwort für "können" sagen sollte, sagte sie "mögen", lachte und sah sich beifallsuchend zu den anderen Kindern um. Manchmal lachten die anderen Kinder auch. Dann wieder ignorierten sie sie, weil ihre Antworten sie nicht überraschten. Oder aber Brenda beantwortete eine Frage mit einem lauten "Ich weiß nicht" und einem Lachen, wenn sie die Antwort in Wirklichkeit wußte und auch gab, wenn sie noch einmal gefragt wurde. Eine andere ärgerliche Angewohnheit Brendas war die, andere Kinder anzustoßen und etwas Komisches zu fragen oder ihnen etwas Komisches zu erzählen.

Die Helferinnen waren von Brendas unkooperativem Verhalten frustriert. Sie waren nicht in der Lage, ihre Aufgaben so durchzuführen, wie sie es gern gemacht hätten. Auch mich lenkte es ab, denn während ich eine Gruppe unterrichtete, hörte ich mit einem Ohr zu, was Brenda in ihrer Gruppe bei der Helferin machte. Manchmal, wenn sie wirklich ernsthaft störte, ging ich zu ihrer Gruppe hinüber und nahm sie heraus, wenn die Helferin das nicht schon gemacht hatte.

Bei unseren bisherigen Versuchen, dieses Problem zu lösen, hatten die Helferinnen und ich uns überlegt, welche Bedürfnisse unserer Meinung nach in Brendas Verhalten zum Ausdruck kamen. Wir meinten, daß sie sehr viel Aufmerksamkeit brauchte, und versuchten es daher mit der Technik der positiven Verstärkung wie zum Beispiel (1) Aufkleber auf einer Karte, wenn Brendas Antworten angemessen waren, (2) verbal Loben und ihr mitteilen, welchen Fortschritt sie machte, (3) persönliche Bemerkungen ihr gegenüber, bevor wir anfingen, mit ihr zu arbeiten und (4) ein Brief an ihre Eltern, wenn sie gut arbeitete. Manchmal benutzten wir auch negative Verstärkung und nahmen Brenda aus der Gruppe, damit die Gruppe mit ihrer Arbeit weiterkam. Die Helferin sagte dann z.B.: "Brenda, du benimmst dich zu albern, und wir können unsere Arbeit nicht fertig machen, du mußt also aus der Gruppe fort." Dann mußte sie ohne Hilfe allein an ihrem Platz arbeiten.

Diese Lösungsversuche halfen nur sehr wenig. Das Problem bestand weiter. Es war eine ungewöhnliche Situation, denn wenn Brenda bei mir arbeitete, war ihr Verhalten um vieles besser als im vorigen Jahr, aber wenn sie mit den Helferinnen arbeitete, verfiel sie wieder in ihre alten Verhaltensmuster. Ich wollte herausfinden, welche Wirkung es haben würde, wenn die Funktion ihres Verhaltens sowohl von mir wie auch von den Helferinnen positiv konnotiert wurde.

Beim Versuch, Brendas Verhalten positiv zu konnotieren, betrachtete ich sowohl ihre Motive wie auch die Funktionen ihres Verhaltens im Klassenzimmer. Ich glaube, ihr Motiv für ihr Verhalten sei ihr Wunsch, komisch und in ihrer Peer-Gruppe beliebt zu sein. Obwohl ich vorher nur die negative Funktion ihrer Albernheiten gesehen hatte, nämlich das Störende, sah ich, als ich nach einer positiven Funktion dieses Verhaltens Ausschau hielt, daß es dieser Lerngruppe Spaß und Abwechslung bot. (Die Schülerin hatte immer mit ihrem Verhalten auf das Lachen hingezielt. Anfangs sahen die Lehrerin und die Helferinnen darin nur die negative Funktion. Als sie nach einer positiven Funktion suchte, erkannte die Lehrerin in eben diesem angestrebten Ziel, dem Lachen, auch eine positive Funktion in der Klasse. Sie war daraufhin in der Lage, diese positive Funktion zu benutzen, den Helferinnen einen neuen Weg zu weisen, wie sie auf die Albernheiten der Schülerin reagieren konnten.)

Ich sprach mit Brenda und sagte: "Mir ist aufgefallen, daß du häufig, wenn du mit den Helferinnen zusammen bist, Spaß machst und alberne Antworten gibst. Ich vermute, das ist deine Art, die anderen Kinder und die Helferinnen zu amüsieren, stimmt's ?" Brenda grinste breit und sagte: "Ja." Ich antwortete: "Also, das habe ich den beiden Helferinnen auch gesagt, als wir uns unterhielten. Sie machten sich Sorgen, weil du so oft nicht die richtigen Antworten weißt, und sie dachten, du könntest vielleicht die Arbeit nicht machen. Ich sagte ihnen, ich sei sicher, du wüßtest die Antwort, denn du hättest sie während des Unterrichts gewußt, und du wolltest gern alle mit deinen komischen Antworten überraschen." Ich sagte: "Weißt du, das ist schon toll, daß du lieber Spaß machst, als eine richtige Antwort zu geben ! Ich habe also den Helferinnen gesagt, sie sollen sich wegen deiner Antworten keine Sorgen machen, weil du nur versuchst, für alle Spaß zu machen." Viel mehr habe ich nicht gesagt und Brenda sagte gar nichts.

Am nächsten Tag kam eine der Helferinnen zu Brenda und ihrer Gruppe und bemerkte, bevor sie mit der Arbeit anfingen: "Brenda, du bist wirklich sehr komisch." (Eine einfache Anerkennung, geradeheraus gesagt, daß die Schülerin komisch ist, im Gegensatz zu dem Versuch, sie dazu zu bringen, mit den Albernheiten aufzuhören — dies ist wirklich ein Beispiel für funktionierende Kooperation.) Während der Arbeit machte Brenda ihre Aufgaben und gab richtige Antworten. Ein paar Mal sah ich, wie sie in meine Richtung blickte. Die andere Helferin machte eine ähnliche Bemerkung, als sie mit Brenda zu tun hatte. Sie sagte: "Du weißt wirklich, wie man mit den komischsten Antworten ankommt !" (Auch hier kooperiert die Helferin wieder mit der Schülerin, indem sie einfach zugesteht, daß Brenda komische Antworten gibt, statt zu versuchen, das Verhalten durch die Forderung, damit aufzuhören, zu verändern.) Wieder verhielt Brenda sich sehr angemessen, fast schüchtern, und ihre Antworten waren richtig.

Seit wir angefangen haben, die Funktion von Brendas Verhalten positiv zu konnotieren, hat jede Helferin etwa fünfmal mit ihr gearbeitet und jedesmal ist sie recht ernsthaft bei der Sache gewesen. Normalerweise machen die Helferinnen eine kurze Bemerkung ihr gegenüber, wie komisch sie ist, wie zum Beispiel: "Ich bin neugierig, ob dies ein komischer Tag wird." Sie sind äußerst überrascht über die Verbesserung in Brendas Verhalten und brauchen sich nicht länger zu fragen, ob sie ihren Stoff weiß. Eine der Helferinnen sagte, sie würde diese Methode im Speisesaal ausprobieren, um zu sehen, ob sie auch bei einigen anderen Kindern funktioniert !

Diskussion. In diesem Fallbeispiel wird das Ergebnis, das die Schülerin anstrebt (Lachen) anfangs nur als etwas angesehen, das eine negative ökosystemische Funktion hat (die Klasse zu stören). Statt sich nur auf die Funktion des Verhaltens der Schülerin zu konzentrieren, betrachtete die Lehrerin die Motive und die ökosystemische Funktion ihres Verhaltens und fand sowohl ein positives Motiv (den Wunsch, komisch und beliebt zu sein) wie auch eine positive Funktion (andere zu amüsieren) für das Verhalten. In den Aussagen, die die Lehrerin der Schülerin gegenüber machte, entschloß sie sich, die positive Funktion mit dem positiven Motiv zu kombinieren. Aus dieser neuen Perspektive gesehen, erhält das Ergebnis, das sie Schülerin mit ihrem Verhalten anstrebt (Lachen), eine positive Funktion für die Lerngruppe.

Dieses Fallbeispiel ist auch deswegen interessant, weil es illustriert, wie sehr individuelles Verhalten vom Kontext, in dem es auftritt, abhängt. Das Verhalten der Schülerin veränderte sich entsprechend dem Kontext. Sie verhielt sich auf die eine Art und Weise in der Vorschule bei ihrer Vorschullehrerin. Sie verhielt sich anders im folgenden Jahr in der ersten Klasse bei ihrer Lehrerin. Und sogar in derselben Klasse verhielt sie sich auf die eine Weise gegenüber ihrer Lehrerin und völlig anders, wenn sie mit den Helferinnen zu tun hatte. Dies ist ein wichtiger Punkt, denn normalerweise neigen wir dazu, wenn ein Problem auftaucht, in der Person selbst nach der Ursache für das Problem zu suchen, und sehen meistens nicht den Kontext, in dem das Problem auftritt, oder bestimmte Aspekte des Kontextes, die einen Einfluß auf das Problem haben. Wenn die Lehrerin sich entschieden hätte, das problematische Verhalten der Schülerin als durch ein inneres Defizit verursacht zu sehen (zum Beispiel "sie kann am Unterricht nicht teilnehmen, weil sie ein schwaches Selbstbewußtsein hat"), wäre sie blind für die Aspekte des Kontextes gewesen, die das Verhalten der Schülerin beeinflußten. Ist man auf der Suche nach einem Ansatzpunkt, von dem aus man beginnen kann, problematische Situationen zu verändern, sollte man sich unbedingt vor Augen halten, daß Verhalten im Kontext auftritt und dieser Kontext zum Teil durch die Interaktionen der anderen in diesem Kontext entsteht. Für die Lehrerin war es ein Glücksfall, daß die Situation deutlich zeigte, daß dieselbe Schülerin, die ihren inneren Zustand so offensichtlich mit sich herumtrug, sich der Lehrerin gegenüber auf die eine Weise verhielt und den Helferinnen gegenüber auf eine andere. Mit diesem Wissen war es der Lehrerin möglich, einen Aspekt des Kontextes, in dem das problematische Verhalten auftrat, zu verändern, nämlich die Art der Interaktion zwischen Helferinnen und Schülerin, und indem sie den Kontext änderte, beeinflußte sie das Verhalten der Schülerin.

Der Lehrer im nächsten Fallbeispiel versucht nicht einmal, das Motiv des Schülers für sein Verhalten herauszufinden. Er weiß nur, daß eine der Funktionen des problematischen Verhaltens für ihn sehr ärgerlich ist.

Fallbeispiel: Die Routine durchbrechen

Roberto ist Schüler der sechsten Klasse, in der ich Klassenlehrer bin. Durch einen Geburtsfehler ist er im Wachstum zurückgeblieben und viel kleiner als alle anderen in der Klasse. Was ihm an Größe fehlte, versuchte er verbal wettzumachen. Er redete unaufhörlich. Er unterbrach mich sehr häufig, bis ich, Tag für Tag, den Punkt erreichte, wo ich schier verzweifelte. Meine einzige Zuflucht bestand darin, mich auf die verschiedenen Formen des Tadelns zu verlegen: unverwandtes Anstarren, "Auszeiten" im Flur und ähnliche negative Reaktionen. Roberto ist sehr intelligent und seine Ausbrüche bestehen häufig aus den richtigen Antworten oder weitschweifigen Ausführungen. Weil er so viel Zeit mit Reden verbrachte, beendete er häufig im Unterricht nicht seine Arbeit.

Da Tadeln nicht half, beschloß ich, es mit positiver Konnotation zu versuchen und mich auf die Funktion von Robertos Verhalten in der Klasse zu konzentrieren. Ich faßte den Entschluß, die Funktion seines Verhaltens zu untersuchen, da ich eigentlich nicht wußte, warum er mich so häufig unterbrach. Ich wußte nicht, ob er beabsichtigte, mich zu ärgern - das jedenfalls war es, was er erreichte. Eine eindeutig negative Funktion seines Verhaltens war die, mich zur Verzweiflung zu bringen. Außerdem fielen mir eine große Anzahl anderer negativer Funktionen ein. (Es ist in problematischen Situationen nicht ungewöhnlich, daß einem eine ganze Reihe von negativen Funktionen des problematischen Verhaltens einfallen. Manchmal wird einem der Blick für mögliche positive Funktionen geschärft, wenn man seinen Blickwinkel erweitert und andere Personen des Ökosystems mit in Betracht zieht.)

Um positive Funktionen für Robertos ärgerliches Verhalten zu finden, mußte ich zunächst genau beobachten und mir dann Gedanken über die Umstände, unter denen er mich unterbrach, machen. Ich tat dies und wartete dann auf eine günstige Gelegenheit. Eines Tages beim Mathematikunterricht fing Roberto an, mich zu unterbrechen. Ich blieb einen Augenblick still und bedankte mich dann bei Roberto, weil er mir half, das Klassenzimmer zu einem interessanteren Ort zu machen, da er die Routine durchbrach. Ich sagte, er ermögliche mir dadurch auch, einen Augenblick mit dem Reden aufzuhören. (Obwohl der Lehrer anfangs hilflos ist, gelingt es ihm, zwei mögliche positive Funktionen für das Verhalten des Schülers zu entdecken. Er weist auf eine für ihn selbst ("die Möglichkeit, einen Augenblick mit dem Reden aufzuhören") und eine für die Klasse insgesamt ("die Routine durchbrechen") positive ökosystemische Funktion hin.

Als ich diese Intervention anwandte, war Roberto ziemlich überrascht und amüsiert. In derselben Stunde mußte ich die Funktion seines Verhaltens mehrere Male positiv konnotieren. Roberto schien befangener zu werden, besonders als ihm auffiel, wie die anderen sein Verhalten genauer unter die Lupe nahmen. Während der nächsten paar Tage bemerkte ich eine deutliche Verbesserung in Robertos Verhalten. Er gab angemessene Antworten und konzentrierte sich auf seine Arbeit. Obwohl er sein Betragen nicht völlig veränderte, hat es sich enorm verbessert. Auch unsere Beziehung hat eine interessante neue Dimension erhalten. (Es ist nicht ungewöhnlich, daß die Veränderung, die sich ergibt, wenn ein Lehrer erst einmal diese Techniken in einer Situation anwendet, andere Interaktionen mit dem Schüler beeinflußt.)

Ein paar Wochen nach dieser positiven Konnotation der Funktion seines Verhaltens blieb Roberto nach dem Unterricht noch in der Schule, um eine Arbeit fertig zu machen. Er schien aufgebracht, und ich fragte ihn, was ihm fehle. Er sagte mir, er habe es satt, mit seiner älteren Schwester verglichen zu werden, und er habe beschlossen, jetzt schlechte Zensuren zu bekommen, um seine Mutter zu blamieren. Als ich mir überlegte, was er gesagt hatte, war mein erster Gedanke: "Wie kann ich dies in Ordnung bringen? Wie kann ich ihm klar machen, daß er es wirklich genau so gut machen kann, wenn er sich etwas mehr Mühe gibt?" Ich beschloß, stattdessen die Methode der Symptomverschreibung anzuwenden. (Diese Technik wird in Kapitel Sieben beschrieben.) Ich sagte ihm, es sei verständlich, daß er sich frustriert fühlte. Ich stellte Überlegungen an, wie schwer es für ihn sein müsse, den Fußstapfen seiner Schwester zu folgen. Ich sagte ihm, ich hielte es für in Ordnung, wenn er mit der Arbeit, die er leisten könne, zufrieden sei und nicht mit dem, was die anderen von ihm erwarteten. Ich sagte ihm, als ich so alt gewesen sei wie er, hätte ich mich wohlgefühlt, einfach nur genug zu arbeiten, um den Durchschnitt zu erreichen und zu bestehen.

Auch diese Diskussion hat ein interessantes Ergebnis gehabt. Meiner Meinung nach scheint Roberto mehr Stolz in seine Arbeit zu legen. Eine andere Lehrerin, die mit ihm arbeitet, kam neulich zu mir, um mir zu sagen, wie sehr Roberto sich zu verbessern schien, und interessierte sich dafür, was vorgefallen war. Es ist schwer, das Verdienst für solch eine scheinbar einfache und klare Lösung für sich in Anspruch zu nehmen.

Diskussion. Dieses Fallbeispiel zeigt deutlich, wie schwer es anfangs sein kann, die positiven Funktionen eines ärgerlichen Verhaltens zu sehen. Nach einiger Beobachtung und Überlegung war der Lehrer jedoch in der Lage, positive Funktionen des Verhaltens festzustellen. Die Intervention des Lehrers zeigt auch, wie eine anfängliche Veränderung im Ökosystem (seine positive Konnotation des Unterbrechens des Schülers) spätere Interaktionen positiv beeinflussen (die Diskussion über die Arbeit des Schülers und der Stolz, der sich dann in ihm entwickelt) und wie dies dann auf andere Ökosysteme übertragen werden kann (die bessere Arbeitsweise des Schülers in anderen Stunden).

"Es ist schwer, das Verdienst für solch eine scheinbar einfache und klare Lösung für sich in Anspruch zu nehmen," sagt der Lehrer im Fallbeispiel. Die Lösung zu einem Problem erscheint oft einfach und klar, wenn wir sie erst einmal gefunden haben. Die Schwierigkeit liegt darin, wie und wo man die Suche nach der Lösung beginnt. Anfangs war es für den Lehrer sehr schwierig, irgendetwas anderes als die negativen Aspekte des Problems zu sehen. Diese Perspektive zu verlassen, war der schwierige Teil der Problemlösung. Als er erst einmal in der Lage war, die Möglichkeit zu akzeptieren, das Problem könne eine positive Seite haben, und bereit, danach zu suchen, hatte er einen Ausgangspunkt. Und als er dann einige spezielle positive Funktionen identifiziert hatte, hatte er auch eine Anleitung, wie er sich verhalten müsse, um zu einer Lösung zu kommen. Nachdem all dies geschafft war, schien die Lösung natürlich einfach und klar.

Manchmal haben Erzieherinnen nicht Probleme mit Schülern, sondern mit Kollegen.

Fallbeispiel: Eine wichtige Modellfunktion

Das Problem, das ich hatte, bestand zwischen mir und einer anderen Vorschullehrerin. Als Vorsitzende der Abteilung fühlte ich mich unter großem Druck, dafür zu sorgen, daß Stundenpläne eingehalten, Testergebnisse erstellt, die geforderten Arbeiten in jeder Klasse erledigt wurden, undsoweiter. Während ich diesem Streß ausgesetzt war, verbrachte eine meiner Kolleginnen einen Großteil ihrer Zeit mit angenehmen Aktivitäten, wie Singen und Klavierspielen. Ich glaubte, sie trüge nicht ihren Teil zum Gelingen der Arbeit unserer Abteilung bei. Ich wußte auch, ich würde meine Gefühle ändern müssen, wollte ich die Situation verbessern.

Da dies ein Problem der ganzen Abteilung war, beschloß ich zu untersuchen, welche möglichen positiven Funktionen dieses Verhalten für mich und die Kolleginnen haben könnte. Ich dachte an den ständig wachsenden Druck auf unsere Berufsgruppe, den Streß, den ich persönlich empfand, und an all das, was man über das völlige Ausgebranntsein von Vorschullehrerinnen hörte. Mit diesen Ideen im Kopf dachte ich über eine mögliche positive Funktion ihres Verhaltens nach. Sie zeigte uns einen Weg, weiterhin Freude an unserem Beruf zu haben, und sie zeigte mir eine Möglichkeit, dieses Ausgebranntsein zu vermeiden. Ich sagte etwa Folgendes zu ihr: "Ich schätze deine Fähigkeit, weiterhin mit Freude in deiner kreativen Art zu unterrichten und dich nicht durch den neuen Druck auf das Unterrichten in der Vorschule einengen zu lassen." Ich bemerkte, ich hielte es für wunderbar, wie sehr sie noch Freude am Klavierspielen habe und sich nicht gezwungen fühle, ihre Freude oder die der Kinder nur wegen der schlechten Testergebnisse oder der unerledigten Seiten in den Arbeitsbüchern zu opfern. Ich sagte ihr, bei all den Artikeln, die über das Ausgebranntsein und den Streß erschienen, habe sie eine wichtige Modellfunktion für mich und die anderen Kolleginnnen, weil sie uns zeigte, wie man weiterhin Freude an der Arbeit in der Vorschule haben könne. Tatsache war, daß sie diese Funktion auch hatte!

Sie war sehr empfänglich für meine Kommentare und sagte, sie freue sich, daß ich den Eindruck habe, sie sei kreativ. In der folgenden Woche sollte unsere Abteilung bei einem Einzeltest für alle Kinder mitmachen. Als Vorsitzende trug ich die gesamte Verantwortung für den Zeitplan, die Aushändigung der Testformulare und die notwendige Korrespondenz. Ich wußte nicht mehr, wo mir der Kopf stand, bat aber niemanden ausdrücklich um Hilfe. Ohne Aufforderung bestellte meine Kollegin die noch fehlenden Testformulare, um, wie sie es ausdrückte, "mir das Leben zu erleichtern".

Bald darauf stellte sie mich einer ihrer Freundinnen vor und lobte mich ausführlichst als "eine gute Freundin und fachlich qualifiziert", mit der sie immer gut zusammenarbeiten könne. Sie erwähnte, daß ich sie immer unterstützte und ihre Ideen teilte. Ich hatte unsere Beziehung immer für neutral gehalten, aber sie beschrieb sie in sehr positiven Worten. (Achten Sie darauf, wie die Veränderungen sich hier verstärken. Die Vorsitzende, die den Anstoß gab, indem sie ihre Denkweise änderte und das Verhalten ihrer Kollegin positiv konnotierte, war selbst von den Veränderungen beeindruckt, die ausgelöst wurden, als die Lehrerin es übernahm, die Tests zu bestellen, und die Vorsitzende lobend als qualifiziert und kooperativ bezeichnete.)

Während der vergangenen Wochen habe ich wiederholt lobend ihre Fähigkeit erwähnt, trotz all des neuen Drucks auf die Vorschulerziehung entspannt zu sein. Ich sagte, nicht jede wäre in der Lage, in wohlerprobter Art und Weise die Dinge anzupacken und weiterzumachen, während aus der Verwaltung so viele Anweisungen kommen, alte Methoden auszurangieren. Ich sagte ihr, sie sei für uns alle eine gute Erinnerung daran, (die zweite positive Funktion für mich und die Abteilung), daß Stabilität wichtig sei und die alten Methoden des Vorschulunterrichts sich bewährt hätten.

Zum ersten Mal in den drei Jahren, in denen ich mit ihr zusammenarbeitete, war sie bei Elternabenden anwesend, für die sie Malarbeiten der Kinder und andere Werke vorbereitet und ausgestellt hatte. (Achten Sie darauf, wie die anfängliche Veränderung weitere Veränderungen bei der Abteilungsleitung und der Kollegin ins Rollen gebracht hat.) Ich ergriff die Gelegenheit, eine Bemerkung über die vielen Elternabende zu machen, die sie abhalten müßte, und wie wunderbar es für sie gewesen sein müsse, so viele Eltern sprechen zu können. (Achten sie auf die zusätzlichen positiven Kommentare und die Veränderung auf seiten der Leiterin.) Außerdem waren die Arbeiten aus dem Kunstunterricht, die sie ausgestellt hatte, die ersten, die sie seit fast einem Jahr vorgestellt hatte. Sie sagt, Kunst sei nicht ihre Stärke, und daher machte dies eine große Veränderung ihrerseits sichtbar.

Mir scheint, die Veränderungen in meinem Denken und meinem Umgang mit dieser Kollegin haben sich auf unsere Arbeitsbeziehung ausgewirkt. Sie bemüht sich mehr um eine Zusammenarbeit mit mir und hält sich enger an den vorgeschriebenen Arbeitsplan. Der Druck auf mich wird geringer.

Diskussion. Wie dieses Fallbeispiel zeigt, kann die Anwendung dieser Techniken auf eine bestimmte problematische Situation mit einer Kollegin nicht nur dazu beitragen, eine Lösung für dieses spezielle Problem zu finden, sondern kann auch die Arbeitsbeziehung im allgemeinen verbessern.

In allen Fallstudien dieses Kapitels suchten die Erzieherinnen nach der positiven Auswirkung, die das problematische Verhalten auf die größere Gruppe hatte: ein Schüler, der seine Zeit mit der Sonderschullehrerin opfert; eine Kollegin, deren Verhalten Modellfunktion hat; eine Schülerin, die den Spaß als Ausgleich anbietet. Wenn Sie sich nach positiven ökosystemischen Funktionen eines problematischen Verhaltens umsehen, führt Sie das vielleicht dazu, den Kontext, in dem ein Problem auftritt, zu erkennen und dadurch haben Sie die Möglichkeit, Aspekte dieses Kontextes bei der Formulierung von Lösungen zu verwenden.

Überblick über die wesentlichen Merkmale der positiven Konnotation der Funktion

Im ganzen Kapitel haben wir auf mehrere Merkmale der Technik der positiven Konnotation der Funktion hingewiesen. Zum Beispiel hat das problematische Verhalten mehr als nur eine Funktion, und einige der Funktionen sind positiv. Die Funktion eines Verhaltens erkennt man an seinem Einfluß auf eine einzelne weitere Person oder auf das gesamte Ökosystem, in dem es auftritt. Und schließlich stimmen die Funktionen eines problematischen Verhaltens nicht unbedingt mit den angestrebten Zielen überein, das heißt, es kann positive Funktionen eines problematischen Verhaltens geben, die ursprünglich nicht erkannt oder beabsichtigt wurden.

Zusätzlich zu diesen allgemeinen Merkmalen gehören folgende wesentliche Elemente zur Technik der positiven Konnotation der Funktion:

1. Bewußtmachen der Funktionen, die Sie gegenwärtig dem problematischen Verhalten zuschreiben.
2. Identifizierung zusätzlicher ökosystemischer Funktionen des problematischen Verhaltens, die positiv sind.
3. Auswahl einer überzeugenden positiven Funktion.
4. Formulierung von ein oder zwei Sätzen, die diese neue positive Funktion zum Ausdruck bringen.
5. Handlungsweise, die diese positive Funktion zum Ausdruck bringt und mit ihr in Übereinklang steht.

Vorgehensweise bei positiver Konnotation der Funktion

Diese Übung soll Ihnen helfen, sich einen allgemeinen Plan für eine positive Konnotation der Funktion eines problematischen Verhaltens zu durchdenken.

1. Denken Sie an ein Problem, mit dem Sie augenblicklich zu tun haben. Stellen Sie sich vor, welche Handlungen im einzelnen ablaufen. Was macht die Person, wann macht sie es, wer ist noch mit einbezogen undsoweiter? (Beispiel: Greta, durchschnittlich begabt, sitzt an ihrem Tisch, läßt den Kopf hängen und macht praktisch keine Arbeit. Ganz selten schreibt sie vielleicht eine oder zwei Zeilen. Wenn sie aufgerufen wird, bleibt sie stumm. Sie hat sehr wenig mit den anderen Schülerinnen zu tun.)

2. Wie reagieren Sie normalerweise und welche Ergebnisse erzielen sie? (Beispiel: Ich habe positive und negative Verstärkung versucht. Ich habe sie für jede Menge an Arbeit, die sie geschafft hat, und jegliche Beteiligung, und sei sie noch so gering, gelobt. Ich habe sie in den Pausen in der Klasse behalten. Ich habe ihr gesagt, wie wichtig es für

sie ist, die Arbeit zu machen. Ich habe Briefe nach Hause geschickt. Sie macht weiterhin fast nichts in der Klasse.)

3. Nennen Sie einige der Funktionen, die sie im Moment erkennen. (Beispiel: Sie hält den Fortschritt in der Klasse auf. Sie verschwendet die Zeit der Lehrerin und der Kinder. Sie stört die Klasse. Sie hindert mich daran, in meiner üblichen Weise zu unterrichten.)

4. Nennen Sie einige positive ökosystemische Funktionen dieses Verhaltens. (Beispiel: Da Greta praktisch keine Arbeit macht, gibt es weniger Arbeit für mich zum Korrigieren, wodurch ich etwas Zeit spare. Diese zusätzliche Zeit kann ich für meine Planung und für die anderen Kinder verwenden.)

5. Was könnten Sie im Hinblick auf die eben genannten positiven ökosystemischen Funktionen sagen? (Beispiel: "Greta, ich hatte mich über dich aufgeregt, weil mir schien, daß du die wertvolle Zeit der Lehrerin und der Klasse verschwendest, aber als ich weiter darüber nachgedacht habe, wurde mir klar, daß du ja eigentlich, wenn du so wenig Arbeit leistest, mir Zeit ersparst, die ich dann der Planung und den anderen Kindern widmen kann. Es ist recht ungewöhnlich für eine Schülerin, für ihre Klassenkameradinnen Zeit und Aufmerksamkeit, die sie ja eigentlich von ihrer Lehrerin verdient, zu opfern.")

Jetzt sind Sie an der Reihe. Wenn Sie sich in der positiven Konnotation der Funktion versuchen wollen, schlagen Sie die Übungsanweisungen auf Seite 195 auf. Diese Übungen werden Ihnen bei den Vorbereitungen für die Anwendung der Technik der positiven Konnotation der Funktion auf eine Ihrer eigenen problematischen Situationen helfen.

7

Problemverhalten ermuntern
- aber anders

Obwohl man alle Techniken in diesem Buch als paradox beschreiben kann, stellt die Technik der Symptomverschreibung vielleicht die offensichtlichste Herausforderung des gesunden Menschenverstands dar. Im wesentlichen heißt Symptomverschreibung, aufzufordern, das problematische Verhalten beizubehalten, jedoch aus einem anderen Grund und/oder zu einem anderen Zeitpunkt, an einem anderen Ort, in einer irgendwie abgewandelten Form.

In unserem Beispiel mit dem Kind, das mit den Antworten herausplatzt, und der Lehrerin, die unbeirrt dieses Verhalten ignoriert, gibt es eine Anzahl von möglichen Symptomverschreibungen: (1) Die Lehrerin könnte die Schülerin bitten, weiter mit den Anworten herauszuplatzen, aber zu einem anderen Zeitpunkt. Sie könnte zum Beispiel die Schülerin anweisen, sich darauf zu konzentrieren, während der ersten Minute in jeder Stunde mit den Anworten herauszuplatzen, und dann während dieser Minute ihre Fragen an die Schülerin richten. (2) Die Lehrerin könnte die Schülerin anweisen, an einem anderen Ort mit den Antworten herauszuplatzen. Die Lehrerin könnte zum Beispiel einen "Tisch zum Herausplatzen" in der Klasse einrichten und der Schülerin sagen, sie müsse dort sitzen, wenn sie redet, ohne gefragt zu sein. (3) Die Lehrerin könnte die Schülerin anweisen, weiter mit den Antworten herauszuplatzen, aber auf eine andere Art. Die Lehrerin würde dann zum Beispiel "Formulare für das Herausplatzen" vervielfältigen, die die Schülerin auszufüllen hätte, bevor sie den Inhalt in die Klasse rufen dürfte.

Die Technik der Symptomverschreibung

Bei der Symptomverschreibung wird das Konzept der Kooperation sehr offensichtlich. Wenn Sie das Symptom verschreiben (die Person bitten, das zu tun, was sie bisher schon getan hat, aber auf andere Weise), erkennen Sie damit indirekt an, daß sie gute Gründe dafür hat, sich in dieser oder jener Form zu verhalten. Sie vermitteln auch stillschweigend die Überzeugung, man müsse für das Leben in der Schule für beide Seiten akzeptable Verhaltensweisen aushandeln. Damit Sie Symptomverschreibung einsetzen können, müssen Sie in anderer Weise über das problematische Verhalten nachdenken als bisher. Eine Lösung, die auf Symptomverschreibung basiert (und das gilt auch für alle anderen ökosystemischen Techniken), kann aus einer Veränderung Ihrer Interpretation des problematischen Verhaltens bestehen, aus einer annehmbaren Veränderung des problematischen Verhaltens selbst oder aus beidem.

Analyse der Fallbeispiele

Das folgende Fallbeispiel zeigt, wie eine Lehrerin Symptomverschreibung benutzt, um die Art und den Ort des problematischen Verhaltens eines Schülers zu ändern. Die Strategie, die von der Lehrerin zusammen mit der Mutter des Schülers entwickelt wurde, verband Umdeutung mit Symptomverschreibung.

Fallbeispiel: Ständiger Ratgeber im Klassenzimmer

Chris ist ein zehnjähriger Schüler der fünften Klasse, der ständig Aufmerksamkeit verlangte. Er kam regelmäßig zu mir an das Lehrerpult und machte Vorschläge, wie ich meine Arbeit machen sollte. Die meisten meiner Anweisungen und Aufgaben stellte er infrage, indem er versicherte, seine Alternativen seien besser. Er achtete nicht auf die Anweisungen und jedesmal mußten sie ihm wiederholt werden. Er zögerte alles hinaus. Er spitzte dauernd seine Bleistifte an, packte das Papier hin und her, lief ständig zur Garderobe zu seinem Mantel, zerknüllte Papier, öffnete ein Fenster undsoweiter. Wenn er schließlich mit der Arbeit anfing, beklagte er sich sofort anschließend oder stellte unnötige Fragen, die sich ständig wiederholten. Wenn ich Zeit hatte, ihm zu antworten, fielen ihm ständig neue Fragen ein, bis ich mich weigerte, sie zu beantworten. Wenn ich mich weigerte, sie zu beantworten und darauf bestand, daß er mit seiner Arbeit anfing, war er beleidigt, murmelte hörbar vor sich hin, warf seinen Bleistift weg und verkündete: "Ich kann das nicht, und das ist Ihre Schuld. Sie wollen mir nicht erklären, wie man das macht", und machte eine Szene. Er mischte sich in die Angelegenheiten anderer Schüler ein und in die zwischen anderen Schülern und mir. Er äußerte seine Meinung zu Problemen, die ihn nichts angingen, und versuchte, uns Lösungen aufzuzwingen. Sein Verhalten stand seinen eigenen Leistungen im Wege und beeinträchtigte seine Ergebnisse ebenso, wie es auch die Lernatmosphäre der Klasse störte.

Anfangs hatte meine Strategie darin bestanden, mich mit jedem Ausbruch, so wie er auftrat, zu beschäftigen. Ich hatte viele geduldige Beratungsgespräche mit Chris geführt und mich mit den Eltern besprochen. Ich hatte ihn auch häufig nachsitzen lassen. Alle diese Lösungsversuche erwiesen sich als wirkungslos. Chris' Mutter (die dieselben Probleme zu Hause hatte) und ich entwickelten folgende Strategie der Symptomverschreibung und Umdeutung.

Ich sagte Chris, wir hätten nur noch ein paar Schulwochen übrig und ich machte mir Sorgen, ob die Klasse wirklich noch genug Zeit hätte, alle die Arbeit, die wir zu tun hätten, fertigzustellen. Um das zu schaffen, müßte sich jeder konzentrieren und ganz bei der Sache sein. Ich sagte: "Du hast immer so viele Kommentare und Vorschläge, aber ich kann nicht mit dem Unterrichten aufhören und mich deinen Ideen widmen, so gern ich auch möchte. Für den Rest des Jahres darfst du daher jede Frage zu deiner Arbeit unmittelbar nach den Anweisungen stellen, wenn die anderen in der Klasse das auch machen. Zu einem anderen Zeitpunkt darfst du sie nicht aussprechen, aber bitte schreibe doch all deine Gedanken und Kommentare auf. Ich will mich dann mit dir am Ende jedes Tages beraten, wenn ich mich deinen Ideen dann so widmen kann, wie sie es verdienen. Ich denke, anfangs wirst du das recht häufig vergessen und losreden, weil du das schon seit langem so machst. Das macht nichts - damit muß man rechnen. Ich werde dir helfen und dich mit einem Blick daran erinnern, verstehst du, ich werde irgendwie eine Augenbraue hochziehen." (Die Lehrerin deutete zunächst Chris' Unterbrechungen, Klagen und Störungen um und nannte sie "Kommentare", "Vorschläge" und "Ideen". Dann bat sie um Kommentare und Gedanken des Schülers, aber in anderer Form [geschrieben] und zu einem anderen Zeitpunkt [am Ende des Tages].

Es ist erst eine Woche her, seit wir den Plan in die Tat umsetzen. Am ersten Tag machte Chris sich daran und schrieb seitenweise Klagen und Vorschläge auf, mit denen ich mich sehr ernsthaft am Ende des Tages auseinandersetzte. Er machte kaum etwas anderes - aber die anderen in der Klasse und ich schafften sehr viel ! Bald war es aber nichts Neues mehr, und er fing wieder mit seinen üblichen Ausbrüchen an. Ich lachte und sagte: "Aha, ich nehme an, dies ist einer der Rückfälle, die ich vorhergesagt habe." Hierauf wurde Chris stiller. Die anderen Rückfälle brachen in sich zusammen, sobald ich ihm nur durch meine erhobene Augenbraue das Zeichen gab. Er sagte: "Ich weiß, ich weiß" und machte sich wieder an die Arbeit. Er beklagte sich, weil das Schreiben so lange dauerte und er seine Aufgaben nicht erledigen könnte. Ich sagte ihm, er habe ja ein ausgezeichnetes Gedächtnis und könnte aufhören zu schreiben und sich einfach an die wichtigen Dinge erinnern. Ich stimmte ihm zu, daß seine Arbeit an erster Stelle stand.

(Wie wir in Kapitel Drei diskutiert haben, ist es wichtig, auf Veränderungen im problematischen Verhalten zu achten, wenn man eine Veränderung angeregt hat. Als die Lehrerin die Umdeutung und die Symptomverschreibung eingesetzt hatte, fiel ihr eine gewisse Veränderung im Verhalten des Schülers auf, nämlich eine Abnahme in der Zahl der Klagen und Unterbrechungen und eine Zunahme der Arbeit. Als sie diese Veränderungen bemerkte, modifizierte sie die Aufgabe, die Teil der Symptomverschreibung war. Sie verlangte zwar immer noch eine Veränderung des ursprünglichen problematischen Verhaltens, statt aber alles aufzuschreiben, konnte der Schüler sich nun einfach die Gedanken merken, die am Ende des Tages im Gespräch diskutiert werden sollten.)

Ein paar Tage später, als wir gerade draußen ein Spiel anfangen wollten, rief ich Chris beiseite und sagte, wir würden zwar jetzt Völkerball spielen, ich würde aber früher Schluß machen, damit wir noch unsere Beratung durchführen könnten. Er sagte: "Auf gar keinen Fall!", am ganzen Tag sei gar nichts sehr Wichtiges passiert, wir könnten daher unsere Konferenz ruhig ausfallen lassen. Ich hoffe, die Strategie wird noch für die restlichen sechs Wochen funktionieren. Bis dahin müßte ich eigentlich fit sein für die Augenbrauen-Olympiade.

Diskussion. Diese Lehrerin hätte einfach das Verhalten des Schülers nur umzudeuten brauchen und ihm dann für die Zeit, Mühe und Energie gedankt, die ihn die vielen "Kommentare", "Vorschläge" und "Ideen" kosteten, die er beigesteuert hatte. Stattdessen beschloß sie, das Umdeuten mit der Technik der Symptomverschreibung zu kombinieren und den Schüler zu bitten, seine Kommentare, Vorschläge und Ideen in anderer Form (geschrieben) und zu einem anderen Zeitpunkt (am Ende des Tages) mitzuteilen.

Dieser Wandel im Schüler/Lehrerin-Interaktionsmuster ergab eine ausreichende Veränderung in der Klasse, um der Lehrerin und der Klasse die Beendigung ihrer Arbeit zu ermöglichen. Als das Verhalten des Schülers sich weiter veränderte und er anfing, seine Arbeit zu erledigen, und sich beklagte, weil ihn das Aufschreiben seiner Vorschläge so viel Zeit kostete, modifizierte die Lehrerin die Symptomverschreibung und paßte sie dem veränderten Verhalten des Schülers an. Das angestrebte Ziel der Lehrerin ist ein Schüler, der sich weniger beklagt und mehr arbeitet. Als sie eine Bewegung in diese Richtung bemerkt, klammert sie sich nicht starr an die ursprüngliche Aufgabe der Symptomverschreibung, sondern modifiziert diese, um sie an die Verbesserung im Betragen des Schülers und an seine neue Sichtweise der Situation anzupassen. Es ist schließlich der Schüler, der beschließt, dieses Aufschreiben seiner Anliegen koste ihn zuviel von seiner Arbeitszeit. Die Lehrerin kooperiert einfach mit ihm, indem sie ihm beipflichtet, daß seine Arbeit an erster Stelle stünde. Dieses Ergebnis haben wir sehr häufig bei der Technik der Symptomverschreibung. Charakteristischerweise sprechen viele Erzieherinnen, die Symptomverschreibung einsetzen, von der Erfahrung, nicht mehr das Gefühl gehabt zu haben, sie kämpften mit dem Kind um die Veränderung. Vielmehr schildern sie, wie eine neue Situation geschaffen wurde, in der sie sich mit ihm darüber einigen konnten, was zu geschehen habe.

Im nächsten Fallbeispiel bildet diese Einigung mit der Schülerin über das problematische Verhalten und die Notwendigkeit, es beizubehalten, die Basis, von der aus der Schülerin geholfen werden konnte, ihr Betragen zu ändern.

Fallbeispiel: Gewissenhafte Rechnerin

Heather, die sehr gut in Mathematik ist, weigerte sich, irgendeine Rechnung im Kopf vorzunehmen. Sie weigerte sich, auch nur das kleinste Problem oder den einfachsten Rechenschritt, wie zum Beispiel "sechs mal zwei", im Kopf zu machen. Sie bestand darauf, jedes Problem in einzelne kleinere Schritte aufzuteilen, und diese aufzuschreiben. Natürlich verbrachte sie so unglaublich viel Zeit mit Mathematik, die ihr in anderen Fächern fehlte. Wenn ich sie ermunterte, im Kopf zu rechnen, wurde sie böse und sagte, das könne sie nicht, hätte es früher nie gekonnt und würde es auch in Zukunft nicht können. Ich versuchte, die Zeit zu begrenzen, die Heather mit Mathematik verbringen konnte. Dadurch schaffte sie aber ihre Arbeiten in Mathematik nicht mehr, und Heather wurde sehr ärgerlich. (Die Bemühungen, die Schülerin dazu zu bringen, im Kopf zu rechnen, und ihr zeitliche Grenzen zu setzen, sind beispielhaft für den Versuch, das problematische Verhalten auf der Basis dessen, wie die Lehrerin die Situation einschätzt, zu verändern (nämlich, daß es nicht notwendig ist, alle Rechenschritte aufzuschreiben), ohne dabei die Ansicht der Schülerin in Betracht zu ziehen (daß dies notwendig ist). Solche Lösungen verleiten die Lehrerin zu versuchen, eine Verhaltensänderung herbeizuführen, indem sie die Schülerin dazu bringt, die Dinge mit den Augen der Lehrerin zu sehen.)

Ich beschloß, diese Schwierigkeit von Heather, jedes kleine Problem aufschreiben zu müssen, umzudeuten als eine sichere Methode, alle Probleme richtig zu erfassen. Ich beschloß, dieses Umdeuten mit einer Symptomverschreibung zu kombinieren. Ich sagte Heather, ich verstünde, daß sie sich sehr bemühte, eine einwandfreie Arbeit fertigzustellen, und vielleicht müsse sie wirklich alles aufschreiben und sollte das auch weiterhin so machen.

(Statt zu versuchen, die Schülerin davon zu überzeugen, sie müsse nicht alles aufschreiben, stimmt die Lehrerin ihr zu, dies sei vielleicht doch notwendig. Unter dieser Voraussetzung, daß die Lehrerin sich jetzt auf die Sichtweise der Schülerin einläßt und das Verhalten als sichere Methode, die Probleme erfaßt zu haben, umdeutet, erscheint es sinnvoll, die Schülerin zu ermutigen, damit weiter zu machen.)

Ich sagte ihr, ich hätte meine Meinung geändert, da auch ich mir eine perfekte Arbeit von ihr wünschte. Und daher, so meinte ich, sei es das Beste für sie, weiterhin jedes Teilproblem aufzuschreiben. Ich sagte ihr, um ihr helfen zu können, wäre es schön für mich, wenn sie sich ein Notizbuch besorgt oder einen Teil aus ihrem Heft dazu benutzen, alle Problem von allen Aufgaben dort aufzuschreiben. Ich sagte Heather sogar, sie könne ihrer Mathematiklehrerin ihr Notizbuch zeigen, damit diese, wenn Heather mit ihrer Aufgabe nicht fertig wurde, wüßte, daß Heather bestimmt nicht aus Faulheit nicht fertig geworden war. Die Lehrerin würde dann auch wissen, wie besorgt Heather war und wie bemüht, alles richtig zu machen. Heather sagte: "Gut, dann wird sie erfahren, wie hart ich arbeite."

(Die Lehrerin schlägt ihr nicht nur vor, jedes kleine Teilproblem aufzuschreiben, sondern auch, dafür ein bestimmtes Heft zu benutzen, nicht nur irgendein Stück Papier, und alle Rechnungen aufzubewahren. Dies sind also zwei Änderungen in der Durchführung des problematischen Verhaltens: der Ort, wo die Rechnungen aufbewahrt werden und die Tatsache, daß sie überhaupt aufbewahrt werden. Die Lehrerin schlägt ihr außerdem vor, der Mathematiklehrerin die Rechnungen zu zeigen, was eine dritte Änderung darstellt. Der Grund, weswegen die Rechnungen gemacht und aufbewahrt werden, ist angeblich, um zu zeigen, wie hart die Schülerin arbeitet. Sieht man sich Heathers Reaktion auf diese Gedankengänge an, passen sie durchaus zu ihrer Meinung über die Situation.)

Während der nächsten drei Tage schrieb Heather jedes kleine Teilchen von jedem kleinsten Problem in ihr Notizbuch, "vergaß" aber immer wieder, ihrer Mathematiklehrerin ihre Arbeit zu zeigen. Am vierten Tag fiel mir auf, daß sie nicht jedes Problem aufschrieb. Als ich sie danach fragte, sagte sie: "Dauert zu lange." Ich sagte: "Das ist in Ordnung, wenn du sicher bist, daß du es im Kopf machen kannst. Aber vielleicht mußt du ab und zu einige Schritte aufschreiben. Es würde mich wirklich sehr überraschen, wenn das nicht von Zeit zu Zeit notwendig wird. Vergewissere dich also bitte, daß du es wirklich aufschreibst, wenn es nötig ist."

Als ich ihr Notizbuch durchsah, fand ich von den vergangenen zwei Wochen nur wenige Eintragungen. Sie rechnet das meiste jetzt im Kopf.

Diskussion. Die Lehrerin findet drei Möglichkeiten für die Schülerin, das problematische Verhalten in veränderter Form beizubehalten.

Wichtig bei diesem Prozeß ist die anfängliche Kooperation der Lehrerin mit der Schülerin, indem sie ihr zustimmt, das Verhalten sei notwendig.

Die Reaktion der Schülerin, "Gut, dann wird sie erfahren, wie hart ich arbeite", ist eine typische Reaktionsform von Menschen, denen man in einer chronisch problematischen Situation beipflichtet. Die Schülerin war ja die ganze Zeit überzeugt, sie müsse all diese Berechnungen aufstellen, damit ihre Mathematikaufgaben richtig würden. Sie machte es nicht aus Vergnügen; es machte sehr viel Arbeit. Und endlich versuchte man nicht mehr, sie zu überzeugen, dies sei nicht notwendig, sondern erkannte an, wie wichtig es war. Häufig reagiert bei der Symptomverschreibung die betreffende Person in einer Weise, die zeigt, daß sie sich zum ersten Mal verstanden fühlt. Interessanterweise ändern Menschen sich oft dann, wenn es nicht mehr notwendig ist, andere von der Berechtigung ihres Verhaltens in der problematischen Situation zu überzeugen.

Manchmal hängt die Entscheidung, welche Technik man für die Kooperation mit Schülern einsetzen sollte, von Erwägungen ab, die nichts mit der Klasse zu tun haben. Die Lehrerin im nächsten Fallbeispiel hatte bei einer ihrer Schülerinnen erfolgreich mit der Technik der positiven Konnotation der Funktion gearbeitet. Beim Schüler in diesem Fallbeispiel entschied sie sich jedoch für die Symptomverschreibung, da sie sich Sorgen machte, wie die Mutter des Schülers reagieren würde, wenn sie positive Konnotation einsetzen würde.

Fallbeispiel: Zeit zum Arbeiten

Shannon ist ein Schüler mit überdurchschnittlichen Fähigkeiten. Er beteiligte sich gut an Diskussionen in kleinen Arbeitsgruppen und hatte seine Fähigkeit bewiesen, die Anforderungen in allen Fachbereichen zu erfüllen. Wenn er jedoch allein arbeiten mußte, saß er herum und tat buchstäblich nichts. Er sprach nicht und störte auch die anderen nicht; er machte einfach nichts. Das übliche Arbeitspensum von Shannon für einen Vormittag waren sein Name und das Datum auf einem Blatt Papier und sonst nichts. Seit seinem ersten Tag in der Schule hatte er konsequent dieses Verhalten an den Tag gelegt.

Positive Verstärkungstechniken wie zum Beispiel positive Kommentare und "Sternchen" für getane Arbeit oder das Durchhalten bei der Arbeit hatten keine Wirkung gezeigt. Auch negative Konsequenzen wie: in der Pause in der Klasse bleiben müssen, um die Arbeit zu beenden, hatten wenig dazu beigetragen, Shannon dazu zu bringen, irgendeine Arbeit fertig zu stellen. Interessanterweise hatte Shannon aber doch etwas gelernt; er hatte in Mathematik-, Lese- und Rechtschreibtests Einsen geschrieben.

Die Eltern mit einzubeziehen, hatte zu negativen Ergebnissen geführt. Die Mutter war überzeugt, Shannon sei geistig zurückgeblieben, da er mit Gelbsucht geboren war. Ich hatte ihr erklärt, dies sei unwahrscheinlich, und versucht, sie vom Gegenteil zu überzeugen, indem ich ihr seine Arbeiten zeigte. Sie hielt jedoch an ihrer Überzeugung fest und bestand darauf, daß es unvernünftig von mir sei, Arbeit von ihm zu erwarten.

Die letzte negative Reaktion der Mutter auf das Problem hatte darin bestanden, mich zu bitten, Shannon in der Pause nicht mehr wegen seiner Arbeit in der Klasse zu behalten, da er zu Hause angefangen hatte, verrückt zu spielen. Ich hielt mich daran, drückte der Mutter gegenüber jedoch auch meine Bedenken aus. Das Ergebnis dieser neuen "Außenpolitik" war, daß Shannons Zensuren in den Rechtschreibarbeiten von Eins über Drei in der ersten Woche und auf Fünf in der zweiten Woche heruntergingen. Außerdem bestand er einen Mathematiktest nicht und machte die Hälfte oder mehr bei seinen Leseübungen falsch.

Ich mußte offensichtlich vorsichtig sein, was ich bei Shannon ausprobierte, da seine Mutter vermutlich davon hören und negativ reagieren würde. Obwohl eine positive Konnotation der Funktion seiner wenigen Arbeit (daß ich also mehr Zeit für die Arbeit der anderen Schüler hätte) vielleicht so gut wie bei Greta funktionieren würde (siehe Kapitel Sechs: "Lebloses Objekt oder enthusiastisches Mädchen ?"), würde dies vermutlich einige Probleme mit Shannons Mutter verursachen.

Ich beschloß bei Shannons ruhiger und möglicherweise nachdenklicher Haltung während der Arbeitszeit anzusetzen. Ich sagte ihm, ich könne sehen, wie wichtig es für ihn sei, über seine Arbeit nachzudenken und sie zu planen, und hielte das für eine sehr erwachsene Handlungsweise. Ich erzählte ihm, meiner Meinung nach sei es für ihn wichtig, sich sicher zu sein, daß er die Dinge gut überlegt hätte, bevor er mit der Arbeit begann, und deswegen sollte er sich mindestens fünf oder zehn Minuten Zeit zum Nachdenken nehmen, bevor er in den Arbeitsstunden überhaupt den Bleistift in die Hand nahm oder das Buch öffnete. Jedes Mal zu Beginn einer Stillphase ermutigte ich ihn, sich die notwendige Zeit zu nehmen, um dieses wichtige Denken und Planen zu Ende zu führen, und ich ermunterte ihn, sich nicht zu schnell in die Arbeit zu stürzen.

(Das problematische Verhalten, das die Lehrerin durch Symptomverschreibung zu beeinflussen versucht, ist das Herumsitzen und Nichtstun des Schülers, wenn er eigentlich allein arbeiten soll. Zunächst deutet sie das "Nichtstun" um als "Denken und Planen" und sagt ihm dann, er solle dieses Verhalten mindestens fünf bis zehn Minuten lang beibehalten. Die Lehrerin ändert ihre Erklärung für das Verhalten und schreibt ihm dann eine bestimmte Dauer vor. Die Lehrerin unterstreicht die Symptomverschreibung noch, indem sie ihn ermahnt, nicht "zu schnell" mit der Arbeit zu beginnen.)

Am ersten Tag nahm Shannon sich Zeit und saß wie üblich einfach herum. Seine Arbeit veränderte sich weder qualitativ noch quantitativ nennenswert.

Am zweiten Tag fing er ungefähr zwei Minuten, nachdem er sich hingesetzt hatte, an zu arbeiten. Ich erinnerte ihn daran, sich die notwendige Zeit zum Nachdenken zu nehmen. Er machte das etwa drei Minuten lang und begann dann mit der Arbeit. An diesem Morgen arbeitete er mit Unterbrechungen etwas mehr als üblich.

Am dritten Tag brachte Shannon mir ein kleines Geschenk, ein Päckchen mit Keksen. Dies hatte er bisher noch nie gemacht. Er setzte sich hin und nahm seine Arbeit hervor. Ich erinnerte ihn daran, sich die Zeit zu nehmen, die er für das Denken und Planen brauchte. Er antwortete mit meiner Ausdrucksweise, indem er sagte: "Ich glaube, heute brauche ich Zeit zum Arbeiten!" Und das tat er!

Diskussion. Der Schüler übernahm nicht nur die Sprache der Lehrerin, sondern offensichtlich auch ihre Sichtweise seiner Arbeit. Bei der Symptomverschreibung kommt es nicht selten zu dieser Art Austausch der Perspektiven zwischen der Person, die die Technik anwendet, und der anderen beteiligten Person. Wenn derjenige, der eine Symptomverschreibung benutzt, sich auf die Sichtweise und/oder das Verhalten der problematischen Person einläßt, statt dagegen zu kämpfen, wird das von letzterer erwidert. In unserem Beispiel hatte die Lehrerin sich auf verschiedene Art und Weise mit dem Schüler auseinandergesetzt, in der Hoffnung die richtige Methode, ihn zum Arbeiten zu bringen, zu treffen. Als sie erst einmal aufhörte, ihn hiervon überzeugen zu wollen, und ihn stattdessen aufforderte zu warten und nicht zu schnell mit der Arbeit anzufangen, übernahm er ihre Haltung und entschied, er müsse nun arbeiten.

Außer den Problemen, denen sich Erzieher bei Schülern und Kollegen gegenüber sehen, ergeben sich auch Probleme mit Eltern. Die Vorschullehrerin im nächsten Fallbeispiel setzte erfolgreich Symptomverschreibung ein, um ein chronisches Problem mit einer Mutter zu lösen.

Fallbeispiel: Eine ausgezeichnete Assistentin

Die Mutter eines Kindes meiner Vormittagsgruppe der Vorschule stellte für mich ein ständiges Problem dar. Frau West kam häufig während der Stunden in mein Klassenzimmer und unterbrach mich und die Kinder, um mit mir über die Situation ihrer Tochter in der Schule zu sprechen. Sie störte die Aktivitäten in der Klasse ganz erheblich, zumal sie mit sehr lauter Stimme sprach. Außerdem hielt sie sich nicht an die Vorschriften der Schule, einen Termin zu verabreden und den Direktor von ihrer Anwesenheit in der Schule zu informieren, bevor sie zu mir kam.

Einmal unterichtete ich zum Beispiel gerade in einer Klasse über den Kalender. Frau West kam herein (mit ihrem kleinen Kind im Schlepptau), ging geradewegs auf mich zu und fing an, mit lauter Stimme zu erzählen, sie habe eine Frage in Bezug auf ihre Tochter und deren Fähigkeit, die Buchstaben des Alphabets zu unterscheiden. Bevor ich überhaupt Luft holen konnte, um zu antworten, sprach sie laut und ohne Punkt und Komma weiter, bis ich versuchte, sie zum Schweigen zu bringen und ihr sagte, die Klasse habe gerade Unterricht und wir müßten einen Termin für ein Gespräch vereinbaren. Sie ignorierte meine Bemerkung und redete weiter, bis ich sie zur Tür mitnahm und mich von ihr so geschickt wie möglich verabschiedete. Die Kinder verloren während dieser Unterbrechung ihr Interesse am Kalender und wurden unruhig. Ein solcher Vorfall passierte im Durchschnitt einmal in der Woche.

Normalerweise versuchte ich, dieses Problem zu lösen, indem ich Frau West darauf hinwies, daß ich im Moment beschäftigt sei, und sie dann buchstäblich zur Tür hinauskomplimentierte. Meine Aufmerksamkeit war dabei natürlich von den Kindern abgelenkt, wodurch diese ihre Konzentration verloren und nicht mehr bei der Sache waren. Das hielt Frau West aber nicht davon ab, mich weiter im Unterricht zu stören.

Ich wandte mich schließlich an den Direktor mit der Bitte, Frau West an die Vorschriften der Schule zu erinnern, daß der Unterricht nicht gestört werden dürfe. Er schlug ihr vor, eine Hospitation in der Schule zu planen und sich mit mir zu verabreden. Sie sagte zu, machte dann aber nichts.

Ich versuchte auch, Telephonate und Gespräche unter vier Augen mit ihr zu verabreden, um mit ihr über ihre Sorgen in Bezug auf ihre Tochter zu sprechen. Da die meisten ihrer Fragen schnell und einfach zu beantworten waren — ihr Kind hatte keine Problem in der Schule, die ihrem Lernen im Wege standen — und Frau West weiterhin die Klasse störte, kam ich allmählich zur Überzeugung, daß ihr Hauptziel eigentlich darin bestand, während des Unterrichts in der Klasse zu sein, und nichts würde sie davon abhalten.

(Die Lehrerin unternahm etliche Versuche, sich dieser Mutter gegenüber kooperativ zu zeigen. Sie hatte sehr bereitwillig die Fragen der Mutter beantwortet und auf unterschiedlichste Art und Weise versucht, das problematische Verhalten zu modifizieren. Da dies das Verhalten der Mutter nicht zufriedenstellend veränderte, hielt die Lehrerin nach weiteren Hinweisen Ausschau, wie sie wirkungsvoll mit der Mutter kooperieren könnte. Sie kam zu dem Schluß, daß sie eine Form der Kooperation mit der Mutter finden mußte, bei der die Mutter in der Klasse mit einbezogen wurde.)

Ich kam zu dem Schluß, ich würde mein Denken und mein Verhalten in Bezug auf dieses Problem ändern müssen. Ich entschied, Frau West zu sagen, daß mir ihr großes Interesse an ihrer Tochter aufgefallen sei und ihre Vorliebe, während des Unterrichts in die Klasse zu kommen. Ich sagte ihr, für mich sei es ein Kompliment, wenn sie so viel Wert auf meine Meinung legte und sich mit mir wegen ihrer Tochter beriet. Ich sagte, ich fände es sehr schön, wenn sie einmal in der Woche in die Klasse kommen wollte. Wenn sie einen Babysitter für ihr kleines Kind fände, wäre es in Ordnung, wenn sie einmal in der Woche zu einem verabredeten Zeitpunkt für eine Stunde kommen und ihre Hilfe in der Klasse zur Verfügung stellen würde. Während dieser Stunde könnte sie den Schülern an meiner Stelle bei der Arbeit mit dem Computer, bei Projekten und bei Lernschwierigkeiten helfen. Ich erklärte ihr, sie würde leise sprechen und allen Kindern dieselbe Zeit widmen müssen wie ihrer Tochter. Ich sagte ihr, da sie von früher Erfahrung als Lehrerin habe (die Information hatte ich durch genaues Aktenstudium erhalten), würde sie zweifellos eine große Hilfe für mich sein. Meine Bemerkungen waren aufrichtig gemeint. Frau West zeigte sich erfreut, von mir aufgefordert worden zu sein, ihre "Assistentin" zu werden, wie sie es ausdrückte.

Sie hat sich an alle meine Forderungen gehalten. Sie ist die vergangenen zwei Mittwoche von neun bis zehn Uhr gekommen und hat geholfen. Alles ist so gut gelaufen, daß ich ihr erzählen konnte, welche Erleichterung es für mich sei, nicht mehr mit ihren unangekündigten Besuchen rechnen zu müssen. Ich habe ihr auch erzählt, wie kompetent sie als Vorschul-"Assistentin" ist und wie sehr den Kindern durch ihre Zuwendung geholfen wird. Meine Gefühle Frau West gegenüber haben sich grundlegend geändert. Aus meiner Sicht gesehen, arbeiten wir jetzt zusammen, statt einander zu bekämpfen.

Diskussion. Dieses Fallbeispiel zeigt deutlich, welche Anpassung und wie viel detektivische Arbeit nötig sein können, ein chronisches Problem zu lösen. Die Lehrerin probierte eine Reihe von Kooperationsmöglichkeiten aus, bevor sie die für diese problematische Situation passende fand. Sie versuchte zum Beispiel, das problematische Verhalten zu ändern, indem sie die Mutter bat, die Fragen zu einem anderen Zeitpunkt zu stellen (nach dem Unterricht) oder in einer anderen Weise (telephonisch). Diese Kooperationsversuche änderten nicht das problematische Verhalten. Sie versorgten die Lehrerin jedoch mit Information, die ihr eine andere Art der Symptomverschreibung eingab: die Mutter zu bitten, sich in der Klase selbst zu engagieren - auf andere Weise (als Assistentin).

Es ist interessant festzustellen, daß die Mutter, als die Lehrerin erst einmal herausgefunden hatte, wie sie mit ihr kooperieren konnte, in der Klasse sehr bereit war, alles zu tun, was die Lehrerin verlangte. Fast jeder Aspekt des problematischen Verhaltens war verändert. Das ursprüngliche problematische Verhalten war verschwunden, und die Lehrerin verwandelte die problematische Situation in einen Vorteil für sich und die Klasse.

Im nächsten Fallbeispiel setzt die Lehrerin Symptomverschreibung erst als allerletztes Mittel bei der Arbeit mit einer Schülerin ein. Als das Verhalten der Schülerin sich erst einmal gebessert hat, bemüht sich die Lehrerin, die Veränderung zu erhalten, indem sie die Technik der Voraussage des Rückfalls verwendet (diese Technik wird in Kapitel Zehn beschrieben).

Fallbeispiel: Zu Fuß zur Arbeit gehen

Helen war oft während der Arbeitstunden nicht mit ihren Aufgaben beschäftigt. Sie war häufig nicht an ihrem Platz. Sie ging dann ziellos durch den Raum und fing Unterhaltungen mit anderen Schülern an. Dann verließ sie mehrere Male das Klassenzimmer, um zur Toilette zu gehen, und blieb eine lange Zeit fort. Daher beendete sie ihre Arbeit in der Schule nicht. Ich verlange, daß die Arbeit, die nicht in der Schule fertiggestellt wird, mit nach

Hause genommen und dort beendet wird. Helen machte ihre Arbeit in der Schule nicht fertig und kam mit unerledigter Arbeit auch wieder in die Schule.

Wir haben genau festgelegte Regeln für die Klasse und eine Reihe von Konsequenzen, wenn die Regeln gebrochen werden. Helen hielt oft die Regeln durch ihr eben geschildertes Verhalten nicht ein, und ich reagierte darauf, indem ich sie verwarnte, ausschloß, an die Eltern schrieb und mit ihnen Kontakt aufnahm. Es wurde nicht besser. Ich schalt mit ihr, versuchte, mit ihr vernünftig zu reden, schickte Briefe an die Eltern und beriet mich telephonisch und persönlich mit ihnen. Ich versuchte es auch, indem ich ihren Tisch neben meinen stellte, aber da ich selten dort sitze, konnte ich sie nicht wirkungsvoll beaufsichtigen. Niemand, der seine Arbeit nicht beendet hatte, konnte in der Pause zum Spielen nach draußen gehen. Helen blieb regelmäßig drinnen. Ich machte sie sogar zu meiner Gefangenen, indem ich von ihr verlangte, sie müsse die ganze Zeit neben mir bleiben und dürfe nichts ohne meine Erlaubnis tun. Auch dies brachte nur eine kurzfristige Veränderung.

Da Helen sowieso ziellos umherwanderte und häufig für lange Zeit aus dem Klassenzimmer verschwand, beschloß ich, ich hätte wenig zu verlieren, wenn ich versuchte, Symptomverschreibung einzusetzen. Alle meine Versuche, sie dazu zu bringen, mit dem Umherwandern aufzuhören, waren erfolglos geblieben, und so war ich gewillt, ihr zu sagen, sie solle nur weiter umherwandern, wenn das helfen würde.

(Manche Erzieherinnen machen sich Sorgen, die Situation könne sich verschlimmern, wenn sie zum ersten Mal Symptomverschreibung benutzen. Es kann schwer sein sich vorzustellen, wie es helfen soll, wenn man eine Schülerin bittet, das problematische Betragen beizubehalten (sei es auch in unterschiedlicher Weise). Aus diesem Grund wenden viele Erzieherinnen, wie die Lehrerin in diesem Beispiel, Symptomverschreibung erst dann an, wenn sie meinen, sie hätten nichts mehr zu verlieren. Dies überrascht nicht. Solange man nicht selbst erfahren hat, welche unserem gesunden Menschenverstand widersprechenden und manchmal dramatischen Ergebnisse die Kooperation mit jemandem in einer problematischen Situation haben kann, ist es sinnvoll, skeptisch zu bleiben.)

Ich sagte Helen, mir sei bewußt, daß sie manchmal aufstehen und umhergehen müsse. Ich teilte ihr mit, sie solle so lange umhergehen, bis sie bereit sei, sich hinzusetzen und zu arbeiten.

(Diese Symptomverschreibung ist einfach und geradeheraus. Das Kind wandert sowieso umher. Die Lehrerin ermuntert sie dazu, umherzugehen und sich erst hinzusetzen, wenn sie zum Arbeiten bereit ist. Sie kooperiert mit Helen, indem sie zum Ausdruck bringt, daß sie Helens Bedürfnis, manchmal umherzugehen, kennt. Die Veränderung der problematischen Situation wird in der Erklärung deutlich, weshalb die Schülerin umhergeht. Statt ziellos umherzuwandern, verfolgt Helen nun eine bestimmte Absicht damit; sie ist ein Mensch, der in Vorbereitung auf ihre Arbeit umhergeht. Die Lehrerin fügt auch noch sehr subtil ein Ziel hinzu; die Schülerin soll nämlich so lange umherwandern, bis sie bereit ist, sich hinzusetzen und zu arbeiten.)

Helen fiel der Unterkiefer herunter. Innerhalb von wenigen Minuten, nachdem ich gesagt hatte, sie könne umhergehen, bis sie zum Arbeiten bereit sei, setzte sie sich hin. Bis zum Ende der Woche gab es überhaupt keine Schwierigkeiten. Fairerweise muß ich sagen, daß wir an zwei Tagen dieser Woche auf Ausflügen waren und sie normalerweise bei solchen Unternehmungen nicht dieses problematische Verhalten zeigte.

Helen kam während der Sommerschule wieder zu mir. Von Anfang an hat sie gesessen und gearbeitet. Ich sagte ihr einen Rückfall voraus und erwähnte ihr gegenüber, es wäre normal, wenn sie wieder mit dem Umhergehen anfangen würde. Ich sagte ihr auch, wenn sie es für notwendig hielte, solle sie vor der Arbeit ein bißchen umhergehen. Sie kam in die Klasse und setzte sich hin. Als ich sie einmal nicht an ihrem Platz sah, erzählte ich ihr, ich könne verstehen, daß jetzt "Wanderzeit" sei. Sofort setzte sie sich hin. Einmal, als sie gerade saß, schlug ich ihr vor, sie solle aufstehen und umhergehen, wenn sie das Bedürfnis habe. Sie ging einmal um ihren Tisch und setzte sich wieder hin.

(Diese Lehrerin scheint ihre Furcht vor der Symptomverschreibung überwunden zu haben. Sie schlägt der Schülerin sogar vor, während diese an ihrem Platz ist, sie könne vielleicht das Bedürfnis haben, aufzustehen und umherzuwandern. Obwohl dies anfänglich nicht viel Sinn zu ergeben scheint, ist es doch aus der Perspektive der Kooperation gesehen sinnvoll. Wenn dieses anfängliche Umhergehen der Schülerin hilft, zur Ruhe zu kommen und zu arbeiten, ist es richtig, wenn die Lehrerin dieses Verhalten ermutigt.)

Sie hat sich nicht nur an ihren Platz gesetzt, sondern auch bis zur letzten Woche ihre Arbeit regelmäßig erledigt. In den letzten beiden Tage hat sie den größten Teil ihrer Arbeit nicht geschafft; sie hat jedoch weiterhin an ihrem Platz gesessen. Ich denke, ich werde es bei diesem Problem mit der nicht beendeten Arbeit mit Umdeutung versuchen. Die Symptomverschreibung hat gut funktioniert. Jetzt bin ich bereit, eine andere Technik auszuprobieren.

Diskussion. Obwohl einige Erzieherinnen die Ideen aus diesem Buch sehr früh auf ihre problematische Situation anwenden, ziehen es andere Lehrerinnen, wie diese, vor, erst andere Strategien auszuprobieren. Besonders bei der Symptomverschreibung besteht die anfängliche Sorge, die Dinge würden sich verschlimmern, wenn man jemanden bittet, mit dem problematischen Verhalten weiterzumachen. Manchmal kommt es bei den ökosystemischen Techniken zu einem anfänglichen Ansteigen der problematischen Verhaltensweisen, wie es die Lehrerin im Fallbeispiel "Trommeln in der Ferne" in Kapitel Drei erfahren mußte. Aber jede Veränderung - selbst ein zeitweise häufigeres Auftreten des problematischen Verhaltens - stellt eine Änderung des Musters der chronisch problematischen Situation dar, die uns Hinweise zu alternativen Lösungen liefern kann.

Der Schulpsychologe im nächsten Fallbeispiel entwickelte einen Plan zur Problemlösung, der sich auf der Sichtweise, die der Schüler von seiner Situation hatte und was er zu tun oder nicht zu tun wünschte, gründete. Der Psychologe arbeitete so gut mit dem Schüler zusammen, daß dieser den Psychologen schließlich davon überzeugen mußte, es wäre besser, wenn er (der Schüler) mit dem empfohlenen Verhalten aufhörte.

Fallbeispiel: Schulaufgaben als Privileg

Cavan ist ein Schüler der sechsten Klasse, der eine ganze Geschichte von Schwierigkeiten mit unerledigten Schulaufgaben hinter sich hat. Er hatte ganz allgemein seine Zeit in der Schule vergeudet und sich geweigert, die Schulaufgaben zu Hause zu erledigen. Vor kurzem bat seine Lehrerin um einen Beratungstermin mit mir (dem Schulpsychologen), da Cavan sich angewöhnt hatte, sowohl sie wie auch die Eltern in Bezug auf die Schulaufgaben ständig anzulügen. Wenn seine Eltern sagten, er solle seine Schulaufgaben machen, erzählte er ihnen, er hätte keine aufbekommen. Wenn seine Lehrerin ihn fragte, warum er seine Schulaufgaben nicht gemacht hätte, antwortete er, er hätte keine Zeit gehabt, da seine Eltern ihm zu Hause alle möglichen Arbeiten aufgegeben hätten oder er hätte zum Einkaufen gehen oder ähnliches tun müssen. Cavans Eltern und Lehrerin reagierten auf diese Lügen von Cavan, indem sie weiter nachforschen, tadelten und straften; Cavan schien darauf sehr beunruhigt zu reagieren, und seine Lügen eskalierten. Ganz offensichtlich hatte sich ein Teufelskreis von Interaktionen ausgebildet.

Früher war ein Schulaufgabenheft benutzt worden, was aber ohne Erfolg blieb, da Cavan es ständig "vergaß" oder die Unterschrift seiner Eltern darin fälschte. Cavans Lehrerin telephonierte jede Woche mit seinen Eltern, aber es brachte nicht viel, und die Eltern wie auch die Lehrer waren frustriert und emotional mitgenommen. Cavan schien der einzige zu sein, der völlig unberührt blieb. Seine einzige Beteiligung bestand darin, weiterhin nichts zu tun und so den Teufelskreis am Leben zu erhalten. Er erklärte immer wieder, er würde nicht gern zu Hause Schulaufgaben machen.

Ich beschloß, Symptomverschreibung zu benutzen und anschließend Umdeutung, um Cavan dabei zu helfen, seinen Begriff von Schulaufgaben neu zu fassen. Seine Lehrerin und die Eltern stimmten folgendem Plan zu: (1) Ich sagte Cavan, es sei verständlich, wenn er zu Hause nicht gern Schulaufgaben machte. Schließlich seien Schulaufgaben *Schul*aufgaben, und warum sollte man sie zu Hause machen ? (2) Das System mit dem Schulaufgabenheft wurde abgeschafft. (3) Die letzte Stunde des Schultages war Cavans Zeit für Stillarbeit. Wir kamen überein, Cavan würde in der Zeit seine Schulaufgaben machen und jeden Tag so lange in der Schule bleiben, bis er mit aller Arbeit fertig war. Es würde ihm nicht erlaubt werden, Arbeit mit nach Hause zu nehmen, schließlich waren es ja Schulaufgaben und nicht Hausaufgaben.

Der Plan funktionierte in den ersten sechs Tagen gut. Cavan machte alle Aufgaben in der Schule, mußte aber normalerweise bis zu eineinhalb Stunden länger in der Schule bleiben, um alles fertig zu machen. Am siebten Tag hatte Cavan es sehr eilig, nach Hause zu kommen, da das Wetter schön war und er mit seinen Freunden Fußball spielen wollte. Er bat um Erlaubnis, eine kurze Aufgabe mit nach Hause nehmen und dort beenden zu dürfen. Seine Lehrerin sagte nur, wie ich ihr aufgetragen hatte: "Schulaufgaben sind für die Schule, nicht für zu Hause" und bestand darauf, er müsse die Arbeit in der Schule beenden. Am nächsten Tag (Donnerstag) fehlte Cavan. Als er Freitag wieder zur Schule kam, fragte er, ob er die fehlenden Arbeiten zu Hause während des Wochenendes machen dürfe. Die Lehrerin wiederholte: "Schulaufgaben sind für die Schule, nicht für zu Hause." Cavan wurde wütend und verlangte, mich zu sprechen, da ich derjenige war, der diesen Plan verfaßt hatte. Als er bei mir war, beklagte er sich bitterlich, wie dumm dieser Plan sei — wieviel mehr Zeit er in der Schule verbringen müsse und warum er nicht wie alle anderen Arbeit mit nach Hause nehmen könne. Ich erwiderte, vielleicht verdiene er ja das Privileg, seine Arbeit zu Hause zu machen, und ich würde mich bei seiner Lehrerin und den Eltern erkundigen, ob sie einverstanden seien. Dann wurde es Cavan gestattet, seine Arbeit mit nach Hause zu nehmen. Seitdem sind sieben Schultage vergangen, und Cavan hat ganz konsequent seine Arbeiten erledigt, wobei er das meiste in der Schule und den Rest zu Hause macht.

Diskussion. Dieses Fallbeispiel erinnert an den Ausspruch "Sei vorsichtig, wonach du verlangst - man könnte es dir gewähren". Zum Glück für den Schüler kooperierte der Schulpsychologe weiterhin mit ihm, und als das

Verhalten des Schülers und seine Beurteilung der Situation sich änderten, modifizierte der Psychologe die Symptomverschreibung und paßte sie den Veränderungen an.

Dieses Fallbeispiel zeigt auch, wie drastisch sich die Sichtweise in einer problematischen Situation ändern und wie sich dann das Problem eindrucksvoll ändern kann. Das Verhalten des Schülers hatte sich so sehr verschlechtert, daß er chronisch log, und Eltern und Lehrerin waren so frustriert, daß sie nicht mehr sinnvoll zusammenarbeiten konnten. Die Fähigkeit des Schulpsychologen, mit dem Schüler zu kooperieren und eine völlig neue Interpretation des Problems vorzuschlagen, half nicht nur der Lehrerin und den Eltern, wieder mit der Zusammenarbeit zu beginnen, sondern brachte auch den Schüler dazu, darauf zu bestehen, das tun zu dürfen, was sie schon die ganze Zeit von ihm verlangt hatten. Wichtig ist, sich vor Augen zu halten, daß dieses Problem auch gelöst worden wäre, wenn Cavan nicht auf dem "Privileg" bestanden hätte, seine Schulaufgaben mit nach Hause zu nehmen.

In allen Fallbeispielen dieses Kapitels sucht die betreffende Erzieherin nach einer Möglichkeit, das problematische Verhalten positiv zu verwenden. Sie gibt den Versuch auf, die problematische Person davon zu überzeugen, das problematische Verhalten müsse aufhören. Stattdessen wird das Verhalten als "für diese Situation in irgendeiner Weise sinnvoll" akzeptiert und soll in abgewandelter Form beibehalten werden. Durch diese Kooperation kommt es zu einem Austausch der Perspektiven unter den beteiligten Personen: Der Mutter aus der Vorschule, die darauf bestand, in der Klasse anwesend zu sein, wurde nachgegeben und sie dankte für diese Bevorzugung, indem sie sich als ausgezeichnete Assistentin erwies. Ein Schüler, der nicht anfing zu arbeiten, wird von seiner Lehrerin ermuntert, nur nicht zu früh anzufangen, und antwortet darauf, er denke, es sei nun Zeit, endlich was zu tun. Eine Schülerin, die sehr sorgfältig all ihre Rechengänge aufschreibt, hört damit auf, als ihr ein besonderer Platz und besondere Aufmerksamkeit dafür zuteil werden. Sogar das Umhergehen in der Klasse und die Weigerung, Schulaufgaben zu machen, werden aufgegeben, als das Verhalten als verständlich akzeptiert wird.

Überblick über die wesentlichen Merkmale der Symptomverschreibung

Von allen Techniken, die in diesem Buch beschrieben werden, ist die Symptomverschreibung vielleicht die, bei der das Paradoxe am offensichtlichsten ist. Sie verlangt von uns die Einstellung, das problematische Verhalten selbst könne in der Situation von Nutzen sein und/oder die Person, die das Verhalten zeigt, habe unter den gegebenen Umständen gute Gründe dafür.

Im Hinblick auf diese Ideen gehören folgende wesentliche Merkmale zur Technik der Symptomverschreibung:

1. Bewußtmachung der gegenwärtigen Versuche, die Person dazu zu bringen, ihr Verhalten aufzugeben.

2. Feststellung von Möglichkeiten, wie das problematische Verhalten auf andere Weise durchgeführt werden kann.

3. Auswahl einer oder mehrerer unterschiedlicher Weisen, wie das problematische Verhalten durchgeführt und in irgendeiner Form als positiv betrachtet werden kann.

4. Die Forderung, das Verhalten auf eine dieser modifizierten Weisen beizubehalten.

Vorgehensweise bei Symptomverschreibung

Diese Übung soll Ihnen helfen, sich einen allgemeinen Plan zur Anwendung der Technik der Symptomverschreibung zu durchdenken.

1. Denken Sie an ein Problem, mit dem Sie augenblicklich zu tun haben. Stellen Sie sich vor, welche Handlungen im einzelnen ablaufen. Wer ist betroffen? Was geschieht? Wer sagt was zu wem und was macht er dabei? (Beispiel: Chris fordert viel Aufmerksamkeit. Er kommt zu meinem Tisch und macht Vorschläge, wie ich arbeiten solle. Wenn ich Anweisungen gebe, macht er alternative Vorschläge und beharrt darauf, sie seien besser. Dann wieder hört er nicht zu und verlangt, die Anweisungen müßten wiederholt werden. Er macht sich nicht an die Arbeit, wenn Aufgaben verteilt werden, sondern spitzt stattdessen seinen Bleistift an, schiebt Papier hin und her undsoweiter. Kurz nachdem er mit der Arbeit angefangen hat, sollen ihm Anweisungen unnötigerweise wiederholt werden. Er mischt sich außerdem in fast jede Interaktion zwischen anderen Schülern und zwischen Schülern und mir in der Klasse ein. Sein Verhalten stört und hindert ihn daran, seine Arbeit zu erledigen.)

2. Wie reagieren Sie normalerweise, um die Person dazu zu bringen, mit dem Verhalten aufzuhören? (Beispiel: Wenn ich seine Fragen beant-

worte, fragt er noch weiter. Wenn ich mich weigere zu antworten, wirft er seinen Bleistift weg und beklagt sich laut und bitter, er könne seine Arbeit nicht machen und das sei meine Schuld, weil ich ihm nicht sage, wie er es machen soll. Wenn er sich bei mir und den Schülern einmischt, sage ich ihm zunächst höflich und dann recht unwirsch, das ginge ihn nichts an. Das hat überhaupt keine Wirkung. Er ist weiterhin offensichtlich überzeugt, es ginge ihn etwas an.)

3. Auf welche möglichen Weisen könnte das Verhalten unterschiedlich durchgeführt werden ? (Beispiel: Er könnte die Vorschläge aufschreiben und sie mir dann am Ende des Tages in einem Gespräch mitteilen. Er könnte gebeten werden, kurz bevor ich meine Anweisungen gebe, eine Ankündigung in der Klasse zu machen, daß es jetzt wichtig ist, genau aufzupassen.)

4. Wie könnten Sie die Forderung stellen, die Person solle das Verhalten in einer abgewandelten, positiven Form durchführen ? Was könnten Sie konkret sagen ? (Beispiel: "Chris, du hast den ganzen Tag lang immer so viele Kommentare und Vorschläge zu machen, aber ich kann nicht mit dem Unterricht aufhören, um deinen Ideen die Aufmerksamkeit, die du dir wünschst, zu schenken. Ich möchte gern, daß du all deine Gedanken und Kommentare aufschreibst, und am Ende des Tages, wenn ich Zeit habe, deinen Ideen genügend Aufmerksamkeit zu geben, können wir uns zusammensetzen.")

Jetzt sind Sie an der Reihe. Wenn Sie sich in der Symptomverschreibung versuchen wollen, schlagen Sie die Übungsanweisungen auf Seite 196 auf. Die Übungen werden Ihnen bei den Vorbereitungen für die Anwendung einer Symptomverschreibung auf eine Ihrer eigenen problematischen Situationen helfen.

8
Indirekte Beeinflussung des Problems

Alle Techniken, die bisher in Teil Zwei erläutert wurden, konzentrierten sich darauf, irgendeinen Aspekt des problematischen Verhaltens direkt zu verändern. Bei den Techniken, die in Kapitel Acht und Neun diskutiert werden, geht es um indirekte Veränderung problematischer Situationen. Hierbei steht der Gedanke im Hintergrund, daß eine Veränderung in einem unproblematischen Bereich des Ökosystems auch das Potential hat, das problematische Verhalten zu beeinflussen, da alle Elemente eines Ökosystems miteinander in Beziehung stehen.

In diesem Kapitel wollen wir uns damit auseinandersetzen, wie ein problematisches Verhalten verändert werden kann, wenn wir uns auf einen nicht problematischen Aspekt der problematischen Situation oder auf einen nicht problematischen Teil des weiteren Ökosystems der Klasse konzentrieren. Wir können uns dies verdeutlichen, wenn wir uns noch einmal das Beispiel vor Augen führen mit dem Schüler, der mit den Antworten herausplatzt und der Lehrerin, die entschlossen ist, dieses vorlaute Verhalten zu ignorieren, um den Schüler davon abzuhalten. Obwohl ihr jeweiliges Verhalten zu keinem glücklichen Ergebnis führt, ist die Beziehung zwischen dem Verhalten der Lehrerin und dem Verhalten des Schülers symmetrisch; das heißt, die eine Verhaltensweise verstärkt die andere. Wenn man sich weiterhin in solchen Situationen auf das Problem konzentriert, gewinnt das Problem manchmal immer mehr an Bedeutung, ohne daß eine Lösung hervorgebracht wird. Das Problem wird wie ein Fleck auf einem geputzten Fenster. Obwohl außerhalb des Fensters die ganze weite Welt ausgebreitet liegt, siehst du, wenn du allzu genau hinsiehst, nur den Fleck auf der Fensterscheibe.

Wenn die Lehrerin in diesem Beispiel mit dem vorlauten Schüler versuchte, das problematische Verhalten indirekt zu beeinflussen, würde sie nach Möglichkeiten suchen, innerhalb der nicht problematischen Kontakte mit dem Schüler etwas anders zu machen. Wenn der Schüler zum Beispiel im Eßsaal etwas ißt, was die Lehrerin auch mag, könnte die Lehrerin das erwähnen; wenn der Schüler etwas Schönes anhat, könnte die Lehrerin darüber eine Bemerkung machen; oder wenn der Schüler ein Hobby hat, das die Lehrerin interessant findet, könnte sie dies zum Ausdruck bringen. Der Leitgedanke liegt darin, daß die Verhaltensweise der Lehrerin, ganz gleich was sie macht, neu und anders ist und in keiner Beziehung zum problematischen Verhalten steht. Dieses neue Verhalten kann in einer von dem Problem unabhängigen Situation auftreten oder innerhalb des problematischen Kontextes.

Eine neue Technik: Durch die Hintertür stürmen

"Durch die Hintertür stürmen" ist unsere Art, metaphorisch auszudrücken, daß in problematischen Situationen das Problem wie eine fest verriegelte Tür zwischen uns und einer konstruktiveren Beziehung steht. Manchmal findet man vielleicht einen Rammbock, der stark genug ist, die Tür aufzubrechen, aber im Endergebnis hat man immer gleichzeitig sehr viel anderes zerstört. Manchmal ist es aber möglich, einfach zu der meist unverschlossenen Hintertür zu gehen und einzutreten.

Alle anderen Techniken, die wir beschreiben, bestehen in der Übernahme einer Strategie, die in der Therapie benutzt wird, um eine Veränderung zu bewirken. Unsere KursteilnehmerInnen und wir kamen auf das "Stürmen durch die Hintertür", als wir uns gezwungenermaßen nach Möglichkeiten umsahen, wie man ökosystemische Ideen anwenden kann angesichts von Verhaltensweisen, die auf keine der problem-orientierten ökosystemischen Techniken, die wir ausprobiert hatten, reagierten.

Da beim "Stürmen durch die Hintertür" nur unproblematische Verhaltensweisen, Charakteristika und Aspekte einer Person oder ihrer Beziehungen gefragt sind, finden viele Menschen es leichter, anfangs diese Technik anzuwenden und nicht eine problem-orientierte Technik wie positive Konnotation des Motivs. Der Grund liegt auf der Hand. Es ist leichter, etwas positiv zu kommentieren, wenn es sich von Anfang an als etwas Positives oder zumindest Neutrales darstellt. Etwas wirklich Positives über ein Problem zu sagen oder zu denken, ist schwieriger. Obwohl wir diese Technik ursprünglich entwickelt haben, weil wir nichts anderes mehr fanden, was bei einigen der problematischen Verhaltensweisen zu helfen schien, ist sie oft die erste Wahl bei Menschen, die sie einmal kennengelernt haben.

Analyse der Fallbeispiele

In jedem Fallbeispiel machten die beteiligten Lehrerinnen positive Kommentare den Schülern gegenüber, mit denen sie ein Problem hatten. Bei diesen Kommentaren ging es nicht um das problematische Verhalten, und doch schienen sie einen Einfluß darauf zu haben. Manche Menschen erklären dies vielleicht mit der Vermutung, die Schülerinnen hätten infolge dieser positiven Kommentare unter Umständen angefangen, ihre Lehrerinnen sympathischer zu finden. Wir meinen, es beweist, wie Ökosysteme funktionieren.

Im ersten Fallbeispiel ist der Lehrer tapfer darum bemüht, eines jener kleinen Probleme zu lösen, die das Leben in der Schule manchmal so frustrierend machen können.

Fallbeispiel: Wem gehört das ?

Das Problem bestand darin, daß Josephine, eine sehr tüchtige Schülerin in einer fortgeschrittenen Lesegruppe, sich nicht an die Anweisungen hielt, oben auf ihr Arbeitspapier ihren vollen Namen und das Datum zu schreiben. Sie versäumte dies ganz regelmäßig, und ich fand das äußerst ärgerlich.

Das Problem tauchte in der ersten Stunde im Leseunterricht meiner sechsten Klasse auf. Josephine erledigte ihre Aufgabe ordentlich und genau, weigerte sich aber stets, oben auf das Papier Name und Datum zuschreiben. Ich rechne bei allen Schülern gelegentlich damit; bei Josephine geschah dies jedoch mit großer Regelmäßigkeit. Ich hatte zur Erinnerung diese Eintragung an die Tafel geschrieben. Josephine ignorierte das.

Anfangs hatte ich bei einem Blatt Papier ohne Namen einfach gefragt: "Wem gehört dieses Blatt ?" Antwort: "Oh, das gehört Josephine !" Wenn ich eine Arbeit von ihrem Platz einsammelte, sagte ich: "Josephine, ich brauche noch deinen Namen und das Datum auf dieser Arbeit", worauf ich eine schnippische und freche Antwort erhielt und einen hastig hingekritzelten Namen mit Datum. Im Verlauf der Wochen blieb dies ein ständiges Problem mit Josephine. Ich brauche nicht zu sagen, daß es mich immer mehr ärgerte.

Neben den oben erwähnten Versuchen, das Problem zu lösen, bemühte ich mich, Josephine zu Beginn einer schriftlichen Arbeit daran zu erinnern, Namen und Datum einzutragen; normalerweise bekam ich dann den Vornamen, aber kein Datum. Ich drohte damit, ich würde Arbeiten ohne Namen und Datum wegwerfen und die Arbeit müßte dann noch einmal geschrieben werden — eine leere Drohung, die ich im Zorn machte, denn ich hielt nichts von derartigen Methoden. Ich versuchte es damit, die ganze Klasse vor Beginn der Arbeit daran zu erinnern; dies hatte bei Josephine in vielleicht einem von zehn Fällen Erfolg. Ich hatte ernsthaft überlegt, das

Mädchen nach Schulschluß kommen zu lassen und sie zur Übung vielleicht fünfzig oder sechzig Blätter mit Namen und Datum schreiben zu lassen; ich entschied mich dagegen, da ich mich mit ihrer mit Sicherheit zu erwartenden "Haltung" nicht auseinandersetzen wollte.

Ich wurde immer ärgerlicher über Josephine und ihre immer "schnippischere" Haltung. (Natürlich ist das kein überaus gravierendes Problem. Trotzdem muß ein klug abwägender, nachdenklicher Lehrer recht viel Zeit aufwenden, sich zu überlegen, was er tun kann, wobei er mit jedem Fehlschlag ärgerlicher wird. Nachdem er alles getan hat, was ihm einfiel und was er bereit war zu tun, scheint sich der Lehrer machtlos zu fühlen.) Da ich nichts mehr zu verlieren hatte, beschloß ich, bei diesem Problem mit Josephine und ihren Arbeiten "durch die Hintertür zu stürmen". Ich entschied mich dafür, Josephines Stolz über ihr Aussehen auszunutzen. Dies ist im Moment für sie wichtiger als Arbeiten und Regeln der Schule.

Am Dienstag kam Josephine früh in die Klasse, und ich machte mich an die Ausführung meines Planes. "Wen haben wir denn hier mit dem neuen lila Kleid? Die Farbe steht dir gut, Jo." "Danke", antwortete sie, sonst nichts. Ich machte mit dem Unterricht weiter, gab eine kurze schriftliche Übung auf, sammelte die Arbeiten ein — und hielt den Atem an. Tatsächlich, sie gab eine perfekte Arbeit ab mit sauber geschriebenem Namen und Datum. Das kann nicht sein, dachte ich. Am nächsten Tag versuchte ich dies: "Hast du neue Schuhe, Jo ? Richtig schick, passen genau zu dir !" Wieder schrieb Josephine ohne Ermahnung Name und Datum auf ihr Blatt. Ich fing an, ihr Erscheinen in der Klasse jeden Tag weiter "willkommen" zu heißen. Manchmal sagte ich nur: "Hallo, Jo ! Wie geht's denn heute morgen ?"

Ungefähr acht Tage vergingen ohne Besonderheiten mit der üblichen morgendlichen Begrüßung. An einem Morgen dann war ich sehr mit anderen Schülern beschäftigt, bevor der Unterricht anfing, und versäumte es, von Jos Gegenwart Kenntnis zu nehmen. Als ich die Arbeiten einsammelte — Sie haben es schon erraten —, stand kein Name auf Jos Blatt. In Anbetracht der Tatsache, daß wir schon so weit gekommen waren, war ich nicht gewillt, in unser altes Muster zurückzufallen. Ich sagte daher: "Josephine, deinen Namen bitte. Weißt du, ich vergesse auch oft, meinen Namen auf so ein Papier zu schreiben, wenn ich noch so viele andere Dinge im Kopf habe." Sie antwortete sehr nett: "Wie dumm von mir; ich habe einfach nicht nachgedacht. Entschuldigung !" An den folgenden Tagen waren ihre Arbeiten vollständig beschriftet. Dann bekam ich wieder eine, auf der nur "Josephine" stand. Ich sagte: "Josephine, ich weiß, es ist schwer, daran zu denken; wir müssen oft an so viele Dinge denken." Sie antwortete: "Danke, Herr Coburn. Ich mache es jetzt gleich." (Hier überging der Lehrer eine ausgezeichnete Möglichkeit, in das alte Interaktionsmuster mit Josephine zurückzufallen ! Das Stürmen durch die Hintertür hatte die problematische Situation ausreichend verändert, und als das problematische Verhalten wieder auftrat, fand der Lehrer eine Möglichkeit, seine Reaktionsweise darauf zu ändern. Das Ergebnis scheint zu sein, daß das problematische Verhalten eine Ausnahme und nicht wieder die Regel wird.)

Seitdem habe ich in einfacher Form über die Reaktionen auf diese Technik Buch geführt und ich muß sagen, sie funktioniert und ich fühle mich wirklich gut dabei. Das Mädchen braucht jetzt nicht mehr ständig ihr Kompliment; manchmal reichen Zunicken oder Augenzwinkern. Unsere Beziehung hat sich um neunzig Prozent verbessert. Obwohl sie nicht in meiner Sozialkundeklasse ist, hat sie ein paar spanische Spezialitäten von ihrer Tante mitgebracht und mit mir vor dem Leseunterricht geteilt. (Ich war sehr erfreut und fragte sie, ob ich die Rezepte an dem Tag in meinen Klassen verwenden könnte; über ihr Gesicht huschte ein Lächeln.)

Ich habe, glaube ich, jetzt mein Ziel bei diesem Mädchen erreicht. Erst vor drei Tagen rief Josephine mich gegen Ende der Stunde an ihren Tisch. "Sehen Sie, Herr Coburn !" (und sie zeigte auf den Namen und das Datum auf ihrem Blatt). Ich lächelte nur. Meine Antwort lautete: "Du bist wirklich in guter Stimmung !"

Obwohl dies nichts mit meinem Problem zu hat, möchte ich einiges zu Josephines Verhalten außerhalb der Klasse und den anderen Lehrerinnen gegenüber sagen. Außerhalb meiner Klasse und wenn sie nicht in meiner Gegenwart ist, ist Josephines Betragen eindeutig schnippisch und frech. An einem Morgen wurde Josephine gerade im Flur wegen ihrer langsamen Art, sich in die Klasse zu bewegen, und ihrer schlechten Einstellung zur Schule ausgeschimpft. Daraufhin schrie Josephine zurück (ein Betragen, das ich noch nie selber gesehen, aber immer für möglich gehalten hatte). Seitdem fällt mir auf, wie sie von derselben Lehrerin ständig getadelt wird (eine reine Zeitverschwendung).

Diskussion. Es lohnt sich aus verschiedenen Gründen, die Bemerkungen des Lehrers am Ende dieses Fallbeispiels zu kommentieren. Zunächst einmal verdeutlichen sie, wie der Kontext das Verhalten beeinflußt. Wer war die eigentliche Josephine ? Die Josephine in Herrn Coburns Klasse oder die Josephine im Flur bei der anderen Lehrerin ? Die Antwort lautet natürlich: "Beide." Der Unterschied liegt darin, daß Herr Coburn sich in seiner Beziehung zu Josephine von einem ziemlich verärgerten Nörgler in einen offenen, freundlichen, lockeren Lehrer verwandelt und dazu beigetragen hat, eine kooperative und interessierte Josephine zu schaffen.

Noch aus einem anderen Grund lohnt es sich, sich Gedanken über Herrn Coburns Bemerkungen zu machen: Sie zeigen etwas über die ökosystemischen Grenzen und über die Möglichkeiten, durch eine Veränderung in einem Bereich des Ökosystems das gesamte Ökosystem zu beeinflussen. Theoretisch ist alles in Josephines Leben ökosystemisch miteinander verbunden, und eine Veränderung in einem Teil dieses Ökosystems betrifft auch alle anderen Teile. Wenn wir aber einen Stein in einen See werfen, werden die Wellen nach außen hin schwächer, je weiter sie sich vom Zentrum entfernen; und genauso beeinflussen Veränderungen in einem Bereich eines Ökosystems nicht alle Teile mit derselben Stärke. Auch die Art der Wirkung ist nicht überall im Ökosystem die gleiche. Die Veränderungen in Herrn Coburns Klasse beeinflußten Josephines Beziehung zu ihm und waren stark genug, die problematische Situation in seiner Klasse umzuwandeln. Sie reichten jedoch offensichtlich nicht aus, um Josephines Beziehung zur Lehrerin, die sie im Flur anschrie, zu beeinflussen. Obwohl wir eine Reihe von Fällen gesehen haben, in denen Veränderungen zu Hause beispielsweise die Ereignisse in der Schule beeinflußten und umgekehrt, stimmt doch häufig die funktionale Grenze des Ökosystems praktisch mit der Umgebung, in der das Problem auftritt, überein, also z.B. der Klasse, dem Flur, der Familie undsoweiter.

Schließlich lohnt es sich noch, darauf hinzuweisen, daß Herr Coburn das Schimpfen der Lehrerin im Flur als "reine Zeitverschwendung" bezeichnet. Dies deutet auf eine Veränderung in der Sichtweise von Herrn Coburn durch die Erfahrung mit dem "Stürmen durch die Hintertür" hin, und zwar einmal in Bezug auf Josephine und zum anderen in Bezug auf Problemlösung allgemein.

Im folgenden Fallbeispiel beschreibt eine Lehrerin die Schwierigkeiten, denen sie sich gegenübersah, als sie versuchte, einen Schüler dazu zu bewegen, seine Schulaufgaben abzugeben. Nachdem umfangreiche Versuche, das Problem zu lösen, fehlgeschlagen waren, und der Junge seine Arbeiten immer noch nicht abgab, nahm die Lehrerin ihn auf die Seite und spricht mit ihm — über etwas ganz anderes.

Fallbeispiel: Der immer Zuverlässige

Alex ist elf Jahre alt und ein durchschnittlich bis überdurchschnittlich begabter Schüler der sechsten Klasse. Er ist still und zeigt Lehrerinnen und

Erwachsenen gegenüber den angemessenen Respekt. Er stört nicht im Unterricht. Das Problem bestand darin, daß Alex die aufgetragenen Arbeiten nicht machte, weder in der Schule noch zu Hause. Er vermittelte den Eindruck, als arbeite er, hatte aber am Ende des Tages nichts oder nur wenig geschafft.

Alex' Mutter und sein Stiefvater waren zweimal in der Schule gewesen, um ihre Sorge über seine schlechte Arbeitshaltung zum Ausdruck zu bringen. Wir hatten angeregt, ihm einen Arbeitsbogen mitzugeben, in dem allabendlich eingetragen wurde, was Alex am Tag geschafft hatte. Dies hatte aber nur begrenzten Erfolg, da Alex dann "vergaß", seine Schulaufgaben zu machen (die Arbeiten, die er in der Schule nicht zu Ende gebracht hatte), oder seine Mutter "vergaß", diesen Bogen zu unterschreiben.

Am Donnerstag fragte ich Alex nach seinen Schulaufgaben und dem unterschriebenen Bogen. Er hatte seine Aufgaben nicht gemacht, und der Bogen war nicht unterschrieben. Statt ihn zu tadeln, wie ich es sonst machte, beschloß ich, es sei an der Zeit, "durch die Hintertür zu stürmen". Ich nahm Alex zur Seite und erzählte ihm zu seiner großen Überraschung, wie gut mir seine sauber durchgeführten Arbeiten gefielen, wenn er sie machte. Ich fragte ihn auch, ob ihm aufgefallen sei, daß ich ihn immer aufrief, wenn er sich meldete. Ich sagte ihm, ich täte dies, weil ich wußte, er würde eine gut durchdachte Antwort geben. Alex freute sich sehr. (Dies ist ein Beispiel für das Stürmen durch die Hintertür innerhalb des Problemkontextes. Die Lehrerin hat sich entschieden, mit Alex über ein nicht problematisches (positives) Thema in der problematischen Situation zu sprechen.)

Das Ergebnis war interessant. Den ganzen restlichen Donnerstag arbeitete Alex sehr fleißig. Er produzierte mehr als seine übliche Menge an Arbeit, mußte aber immer noch Arbeit mit nach Hause nehmen. Alex schien sich mehr zu melden und war ausgesprochen erfreut, wenn ich ihn aufrief. Er hatte immer die richtige Antwort. (Wir lächelten einander wissend an !)

Am Freitag fehlte Alex.

Am Montag gab Alex stolz *zwanzig* überfällige Aufgaben ab. Ich machte eine große Sache daraus und lobte ihn für die abgegebenen Arbeiten. An diesem Tag schaffte er alle morgendlichen Arbeiten, mußte aber immer noch Arbeiten vom Nachmittag mit nach Hause nehmen. Ich sagte ihm, ich wisse, er würde alle Aufgaben fertig bekommen und sie würden alle sauber und ordentlich sein.

Nach nur zwei Tagen ist es schwer, ein endgültiges Urteil zu fällen, aber ich denke, ich bin wohl mit Alex auf dem richtigen Weg. Das Stürmen durch die Hintertür, als ich mich über Alex' positive Fähigkeiten äußerte, hat mit Sicherheit bessere Ergebnisse erzielt, als wenn ich weiterhin auf dem Problem herumgeritten wäre.

Diskussion. Zum einen zeigt dieses Fallbeispiel, wie die Technik des "Stürmens durch die Hintertür" innerhalb des problematischen Kontextes eingesetzt werden kann, um Dinge zu verändern, und zum anderen zeigt es, wie Lehrerinnen ökosystemische Techniken mit ihrem eigenen Stil verbinden können. Wir empfehlen es im allgemeinen nicht, Schüler zu loben, wenn sie anfangen, ihr Verhalten den Vorstellungen der Lehrerinnen entsprechend zu verändern. In diesem Fall jedoch gelingt es der Lehrerin, ihre übliche Methode (Schüler für positives Verhalten zu loben) mit der neuen Technik (durch die Hintertür zu stürmen) zu verschmelzen. Sie finden selbst am besten heraus, wie solch ein Verschmelzen von persönlichem Stil und Methoden funktionieren kann, wenn Sie es in einer problematischen Situation ausprobieren und abwarten, was dann geschieht.

In unserem nächsten Fallbeispiel sieht sich ein Lehrer einer der Krisen gegenüber, die man vorhersagen kann, wenn man mit jungen Mädchen in der Vorpubertät arbeitet.

Fallbeispiel: Du siehst heute hübsch aus

Nach meinem Eindruck fangen ungefähr in der Mitte des sechsten Schuljahres die jungen Damen an, sich ihrer äußeren Erscheinung sehr bewußt zu werden, und haben dieses fast übermächtige Bedürfnis, ihr Aussehen zu verändern, indem sie mehrere Schichten von Augen-, Lippen- und Gesichtsmakeup auftragen. Der Druck der Peer-Gruppe spielt ebenfalls eine große Rolle, und unser gesellschaftlicher Trend scheint die Vorstellung, man müsse sein Image "verschönern", zu verstärken. Ich bezeichne dieses Dilemma normalerweise als AFS ("artificial face syndrome": Syndrom des künstlichen Gesichts). (Dieser Lehrer hat ganz eindeutig Sinn für Humor und ist sich bewußt, daß er es hier mit einem gesellschaftlichen Phänomen zu tun hat.)

Ich halte dies in meiner Klasse aus mehreren Gründen für ein Problem. Zunächst einmal stört natürlich das Auftragen von Makeup im Unterricht beim Lernen, Lesen und Erledigen von schriftlichen Arbeiten. Zweitens nehmen die Mädchen schlechte hygienische Angewohnheiten an. Es wird kein Gedanke darauf verschwendet, wer wessen Kamm, Makeup-Bürste, Wimperntusche oder Lippenstift benutzt. Drittens ist dies bei unserer Leitung ein sehr empfindliches Thema. Vor ein paar Jahren hat unsere Schule in Bezug auf genau dieses Problem eine sehr schlechte Presse gehabt.

Mein erster Versuch, dagegen einzuschreiten, wenn die Mädchen Makeup auftrugen oder sich die Haare kämmten, bestand darin, die Haltung an den Tag zu legen: "Ich bin hier der Boss !" und ich sagte etwa: "Das kannst du in meiner Klasse nicht machen !", "Die Leitung sieht das nicht gern !", "Das Zeug ist schlecht für deine Haut !" und "Du kannst nicht gleichzeitig zuhören und dieses Zeug auf dein Gesicht auftragen !" Diese Ausbrüche schufen aber nur neue Probleme. Die Mädchen fingen an, sich hinter ihren Büchern zu verstecken, wenn sie Makeup auftragen wollten, oder sie wollten mehrere Male während des Unterrichts zur Toilette, wo sie dann ihr Makeup benutzten.

Da die direkte Methode nicht funktionierte, beschloß ich, durch die Hintertür zu stürmen. Zu Beginn der Stunde nahm ich mir Zeit, den Schülerinnen Komplimente zu machen, wie nett sie aussähen. Wenn mir auffiel, daß die Mädchen gegen Ende des Unterrichts das AFS zeigten, machte ich ihnen noch einmal (aufrichtig, nicht sarkastisch) Komplimente von meinem Pult aus, wie attraktiv sie aussähen. Überraschenderweise störte das die anderen Schüler überhaupt nicht. Die Mädchen hörten bald damit auf, sich ausgerechnet in meinem Unterricht zu verschönern, und das AFS verschwand sehr schnell.

Meine langfristigen Pläne sehen so aus, daß ich weiterhin dieses Verhalten zeigen und der äußeren Erscheinung dieser jungen Damen besondere Beachtung schenken möchte, selbst wenn sie im Unterricht keine Kosmetika mehr verwenden.

Diskussion. Dieser Fall zeigt sehr gut, wie ökosystemische Techniken dazu beitragen können, jeden zum Gewinner werden zu lassen, statt Gewinner und Verlierer hervorzubringen. Der Lehrer war in der Lage, das Verhalten, das er aus vielen guten Gründen für negativ hielt, positiv zu beeinflussen. Den Mädchen wurden Komplimente über ihre äußere Erscheinung gemacht, was für Mädchen in diesem Alter von großer Wichtigkeit ist. Der Lehrer veränderte sich. Die Mädchen veränderten sich. Die Situation war umgewandelt.

In unserem nächsten Fallbeispiel haben wir wieder einen Schüler, dem es nicht gelingt, seine Arbeit zu beenden. Frustriert beschließt diese Lehrerin, was die Klasse braucht, ist ein zuverlässiger Unteroffizier. Raten Sie, wer dieser fähige Assistent wurde ?

Fallbeispiel: Auf meinen Adjutanten ist Verlaß

Raymond ist ein überdurchschnittlich begabter Schüler, der ständig redete und die anderen Kinder zum Lachen brachte. Er war der Klassenclown. Da er so viel Zeit in der Stunde verschwendete, schaffte er oft einen großen Teil seiner Arbeit nicht für den nächsten Tag — und bekam häufig Fünfen.

Normalerweise liefen die Geschehnisse folgendermaßen ab: Raymond fing an, mit den anderen Schülern zu reden. Ich sagte ihm dann, er solle aufhören, die anderen zu stören und sich wieder an seine eigene Arbeit machen. Schon bald war er wieder dabei zu reden, entweder während ich unterrichtete oder während die anderen Kinder Stillarbeit machten. Wieder tadelte ich ihn vor der gesamten Klasse. Trotzdem, es dauerte nicht lange, und Raymond fing wieder an, mit den Kindern in seiner Nähe zu reden. Das war der Gipfel für mich! Ich ließ ihn entweder beim Turnen oder in der Pause in der Klasse bleiben oder fünfzig Mal aufschreiben: "Ich werde die anderen nicht stören."

Es war klar, irgendetwas mußte sich ändern. Ich beschloß, das einfachste für mich wäre, das Stürmen durch die Hintertür zu versuchen. Ich fing damit an, daß ich Raymond kleine Arbeiten im Klassenzimmer zu erledigen gab. Ich machte ihm auch Komplimente, weil er so ordentlich arbeitete, oder bei anderen Dingen, die er gut in der Klasse erledigte. (Er ist tatsächlich ganz gewitzt.) Schon bald überließ ich Raymond die Aufsicht, wenn ich für kurze Zeit aus dem Klassenzimmer gehen mußte. Anfangs beklagten die anderen Kinder sich, weil er normalerweise derjenige war, der Unsinn machte. Ich antwortete der Klasse daraufhin, ich meinte, Raymond mache seine Sache gut, und ich hielte ihn für einen "verläßlichen Adjutanten". Bald hörten sie auf, sich zu beklagen.

Schritt für Schritt sah ich, wie Raymond sich veränderte. Er fing an, auf sich stolz zu sein, da er wußte, er erhielt immer noch die Aufmerkamkeit, die er sich wünschte, aber in einer positiven Form. Raymond schafft es allmählich, seine Arbeit rechtzeitig abzugeben. Es ist jetzt sowohl für Raymond wie für mich viel leichter geworden. Ich mache ihm immer noch Komplimente und übergebe ihm besondere Pflichten, aber nicht mehr so häufig wie am Anfang.

Diskussion. Diese Lehrerin schreibt: "Schritt für Schritt sah ich, wie Raymond sich veränderte." Stellen Sie sich vor, wie Raymond die Dinge gesehen haben muß. Diese Lehrerin hört auf, ihn zu tadeln, weil er der "Klassenclown" ist, fängt an, ihm Komplimente für das, was er gut kann, zu machen, und — was vielleicht am aufregendsten ist — sie übergibt ihm als ihrem "verläßlichen Adjutanten" Verantwortung. Nach der Beschreibung der Lehrerin zu urteilen ("er fing an, auf sich stolz zu sein, da er wußte, er erhielt immer noch die Aufmerksamkeit, die er sich wünschte"), war Raymonds problematisches Verhalten als Mittel, Aufmerksamkeit zu erheischen, gedeutet worden. Ganz gleich, ob diese Interpretation richtig war, trug sie nicht zu einer Veränderung der Situation bei. Aber ohne diese Interpretation aufzugeben, konnte die Lehrerin das "Stürmen durch die Hintertür" einsetzen und so herausfinden, was sie anders machen konnte.

Überblick über die wesentlichen Merkmale des "Stürmens durch die Hintertür"

Das Stürmen durch die Hintertür ist eine Möglichkeit, die problematische Situation zu beeinflussen, indem man sich auf einen Bereich des Ökosystems konzentriert, der nicht in direktem Bezug zum Problem steht. Die Erzieherin könnte zum Beispiel außerhalb der problematischen Situation eine positive Interaktion zwischen sich und der problematischen Person beginnen oder innerhalb der problematischen Situation eine positive Interaktion, die keinen direkten Bezug zum Problem hat, in Gang setzen. Das Stürmen durch die Hintertür verschafft der ökosystemischen Idee Ausdruck, daß eine Veränderung in irgendeinem Teil eines Ökosystems alle anderen Bereiche beeinflussen wird. Die Technik besteht aus mehreren wesentlichen Merkmalen:

1. Identifizierung der unproblematischen Bereiche des Ökosystems, bei denen auch die Person mit dem problematischen Verhalten eine Rolle spielt.
2. Identifizierung mehrerer möglicher positiver Eigenschaften oder Verhaltensweisen der problematischen Person.
3. Auswahl einer positiven Eigenschaft oder Verhaltensweise.
4. Formulierung einer Möglichkeit, einen positiven Kommentar über die positive Eigenschaft oder Verhaltensweise abzugeben.
5. Den positiven Kommentar abgeben.

Vorgehensweise beim "Stürmen durch die Hintertür"

Diese Übung soll Ihnen helfen, sich einen allgemeinen Plan zur Anwendung des "Stürmens durch die Hintertür" zu durchdenken.

1. Denken Sie an eine Person (oder Gruppe), deren Verhalten gegenwärtig ein Problem für Sie darstellt. Denken Sie an Verhaltensweisen oder Eigenschaften der Person (oder Gruppe) oder an Situationen mit dieser Person (oder Gruppe), die nicht problematisch sind. (Beispiel: Alisa fängt sofort mit der Arbeit an, wenn sie morgens in die Schule kommt. Gerald sieht sehr ordentlich aus. Tarina ist sehr hilfsbereit auf dem Spielplatz.)

2. Wählen Sie die Verhaltensweise, Eigenschaft oder Situation aus, über die Sie Ihrer Meinung nach am einfachsten und aufrichtigsten einen Kommentar abgeben können. (Beispiel: Jackson gibt schriftliche Arbeiten ab, die sehr sauber in kunstvoller Schrift geschrieben sind.)

3. Überlegen Sie sich Zeitpunkt und Ort, an dem Sie Ihrer Meinung nach am selbstverständlichsten Ihren Kommentar abgeben können. (Beispiel: ganz nebenbei nach dem Unterricht.)

Jetzt sind Sie an der Reihe. Wenn Sie sich im "Stürmen durch die Hintertür" versuchen wollen, schlagen Sie die Übungsanweisungen auf Seite 197 auf. Diese Übungen werden Ihnen bei den Vorbereitungen für die Anwendung der Technik "Stürmen durch die Hintertür" auf eine Ihrer eigenen problematischen Situationen helfen.

9
Sich auf das konzentrieren, was kein Problem ist

Eine der besten Möglichkeiten, Lösungen zu konstruieren, besteht darin festzustellen, was die Person erfolgreich bewerkstelligen kann. Dies hilft uns außerdem zu erkennen, daß unser Verhalten der problematischen Person gegenüber dann effektiv ist, wenn diese Person keine Probleme verursacht. Üblicherweise verdeckt ein Problem die effektiven und positiven Dinge, die der betreffende Mensch bereits macht. Als Meisterdetektivin sollten Sie sich bemühen, niemals die Möglichkeiten und Stärken, die einem Ökosystem innewohnen, zu übersehen. Sie stellen die Bausteine dar, mit deren Hilfe Sie eine Lösung konstruieren können. Allzu häufig sind Erzieherinnen Opfer einer bedarfs-orientierten Mentalität; das heißt, sie suchen nach Schwächen und Mängeln. Die Technik des Lokalisierens von Ausnahmen zielt auf das Feststellen von Stärken; das heißt, was mache ich (was machen wir) gut und was kann hiervon als Grundlage benutzt werden, um etwas noch besser zu machen?

Die Technik der Lokalisierung von Ausnahmen

In der Kunst ist der Unterschied zwischen Gestalt und Hintergrund eine grundlegende Unterscheidung. Wir können diese Unterscheidung metaphorisch verwenden, um die Beziehung zwischen problematischem und unproblematischem Verhalten zu beschreiben. Wenn Sie mit jemandem ein Problem haben, ist es normal, daß die problematische Verhaltensweise Ihre Aufmerksamkeit erregt und die unproblematische unbemerkt im Hintergrund steht. Die Technik der Lokalisierung von Ausnahmen versucht, das unproblematische Verhalten zur Gestalt im Vordergrund zu machen und unsere Aufmerksamkeit auf sie zu lenken und auf diese Weise unsere Perspektive des Problems zu verändern.

Wie wirksam es ist, sich in der Therapie auf Ausnahmen der Problem-"Regel" zu konzentrieren, ist von DE SHAZER und MOLNAR (1984b), DE SHAZER et al. (1986) und MOLNAR und DE SHAZER (1987) beschrieben worden. Da man sich hierbei auf das konzentriert, was nicht das eigentliche Problem darstellt, ist die Technik der Lokalisierung von Ausnahmen die logische Erweiterung des "Stürmens durch die Hintertür". Der Unterschied zwischen den beiden Techniken ist eine Frage des Grades. Das "Stürmen durch die Hintertür" ist eine indirekte, unspezifische Technik, die Ihnen helfen soll, etwas anders und positiv zu machen, was nichts mit dem problematischen Verhalten zu tun hat. Die Technik der Lokalisierung von Ausnahmen ist begrenzter. Sie verlangt von Ihnen, die Person, deren Verhalten problematisch ist, genau zu beobachten und Möglichkeiten zu finden, das unproblematische Verhalten zu bestärken, ohne sich auf das Problem zu beziehen.

Die Lokalisierung von Ausnahmen sollte nicht mit den Techniken der positiven Verstärkung verwechselt werden, die sich normalerweise nur auf das Verhalten der problematischen Person konzentrieren. Im Mittelpunkt der Technik der Lokalisierung von Ausnahmen steht das gesamte Ökosystem (zu der auch die problematische Situation gehört). Sie zielt darauf ab, das Ökosystem und damit auch das problematische Verhalten zu beeinflussen, indem die Betonung verschoben wird von den Verhaltensweisen, die nicht akzeptabel sind, auf alles, was im Ökosystem in Bezug auf die problematische Person geschieht, aber kein Problem darstellt. Wenn Sie sich fragen, welche der gegenwärtigen Verhaltensweisen Sie nicht ändern wollen, kann Ihnen das als Starthilfe bei der Lokalisierung der Ausnahmen zu einer Problem-"Regel" dienen, die Sie bisher frustriert hat (DE SHAZER, 1985).

Die Lokalisierung von Ausnahmen bietet Ihnen auch eine Möglichkeit, eingehend darüber nachzudenken, was von dem, was Sie bereits machen, funktioniert. Sie können sich zum Beispiel fragen, was mache ich, was bei diesem Schüler funktioniert ? Was mache ich mit dem Schüler in den Zeiten, in denen das Problem nicht auftaucht ? Was macht der Schüler ? Wie kann ich das, was ich bereits mache und was wirkungsvoll ist, benutzen, um daraus zu lernen, noch wirkungsvoller zu arbeiten ?

Wenn Sie über die Dinge nachdenken, die Sie nicht verändern wollen, und über die Dinge, die sie bereits sehr gut machen, werden Sie anfangen, die Unterschiede zwischen der problematischen Situation und den anderen Situationen zu erkennen. Häufig ist das Identifizieren dieser Unterschiede der erste Schritt in Richtung einer positive Veränderung.

Analyse der Fallbeispiele

In unserem ersten Fallbeispiel denkt eine Lehrerin, die über das schlechte Benehmen einer Schülerin zwischen zwei Arbeitsphasen im Unterricht verärgert ist, über die verschiedenen Situationen nach, in denen die Schülerin sich gut verhält. Ihr wird deutlich, daß die Schülerin nicht stört, wenn sie mit einer Aufgabe beschäftigt ist. Die Lehrerin kennt auch ihre eigenen Fähigkeiten, die Schülerin beschäftigt zu halten. Folgerichtig wurde ein Weg gefunden, die Schülerin auch zwischen zwei Arbeitsphasen "mit einer Aufgabe beschäftigt zu halten".

Fallbeispiel: Immer im Dienst

Joan bekam häufig Ärger, weil sie zwischen zwei Arbeitsphasen in der Klasse andere Kinder anstieß oder sie mit albernen Namen bedachte. In der "Übergangszeit" haben wir gerade eine Tätigkeit beendet und nehmen eine andere in Angriff — sammeln Arbeitsbücher ein, räumen Arbeitsmaterial weg, stellen uns in der Klasse auf undsoweiter. Ich wollte hier eine ökosystemische Methode einsetzen, um dieses Muster zu verändern. Ich beschloß, statt mich auf das Problem zu konzentrieren, würde ich versuchen festzustellen, was Joan gut machte. Nach einigem Überlegen fiel mir auf, daß Joan, wenn sie mit ihrer Arbeit in der Klasse beschäftigt war, nur sehr selten Probleme machte. Ich mußte also, das wurde mir klar, Joan beschäftigen, um sie aus den Schwierigkeiten herauszuhalten, und ich wußte, wie man das machte.

In der Vergangenheit hatte sich folgendes Muster zwischen Joan und mir eingespielt: (1) Eine Arbeitsphase ist zu Ende und eine neue soll beginnen; (2) Joan albert herum; (3) ich bestrafe sie. Obwohl ich normalerweise wieder Ordnung schaffe, ändert Joans Verhalten sich nie für sehr lange Zeit. Als mir erst einmal aufgefallen war, daß Joan, wenn sie beschäftigt war oder viel zu tun hatte, selten irgendwelche Störungen verursachte, wußte ich, ich hatte eine nützliche "Ausnahme lokalisiert". Ich wollte die Zeiten, in denen Joan zu tun hatte, verlängern, selbst wenn die übrige Klasse zu dem Zeitpunkt nicht mit einer Aufgabe beschäftigt war.

Ich beschloß, Joan zu sagen, mir sei aufgefallen, wie gut sie ihre Arbeit in der Schule mache, und sie zu bitten, mir zuzunicken, wenn sie bereit war, eine neue Aufgabe anzufangen. Ich beschloß, ich würde versuchen, in irgendeiner Weise auf ihre Bereitschaft einzugehen. (Der Lehrerin ist aufgefallen, wie gut Joan arbeitet und andere nicht oft stört, wenn sie mit einer bestimmten Aufgabe zu tun hat. Sie setzt dieses Wissen und ihre Fähigkeiten als Lehrerin ein, um eine Methode zu entwickeln, Joan zwischen zwei Arbeitsphasen, in denen nicht gearbeitet wird, beschäftigt zu halten.)

Bei der "Lokalisierung von Ausnahmen" für Joan ergaben sich in dieser Woche unter anderem folgende Interaktionen:

1. Als ich die Lesearbeitsbücher einsammelte, war Joans Gruppe in der Klasse fertig, und die Kinder gingen zum Lernzentrum hinüber, um sich eine Beschäftigung auszusuchen. Joan nickte mir zu, sie sei fertig, und ich bat sie, für mich die Arbeitsbücher ordentlich auf dem Bord zu stapeln und dann mit einer neuen Tätigkeit weiter zu machen. Sie machte das, und es gab keine Disziplinschwierigkeiten während dieser Zeit.

2. Beim Aufstellen für den Kunstunterricht in dieser Woche (einer Zeit, in der geschäftiges Treiben herrscht, Bücher werden weggestellt, Arbeitsmaterial wird ausgegeben), nickte Joan mir zu, sie sei fertig, und ich ließ sie sich als erste aufstellen. Andere räumten noch an ihren Tischen herum, und Joan schien sich zu freuen, daß sie die erste in der Reihe war. Auch diese Zeit verlief gut für sie.

Joan scheint glücklich zu sein, wenn ich zur Kenntnis nehme, daß sie für eine neue Tätigkeit bereit ist, und ich bin glücklich, weil ich ihre Kooperation fördern kann und sie nicht bestrafen muß. Die "Übergangsphasen" sind für uns jetzt, wo Joan "im Dienst bleibt", viel reibungsloser.

Diskussion. Die Lehrerin erkennt Joans und ihre eigenen Stärken und baut darauf auf. So gelang es ihr, die Häufigkeit des nicht problematischen Verhaltens von Joan zu steigern.

Im nächsten Fallbeispiel benutzt eine Sozialarbeiterin die Lokalisierung von Ausnahmen, um einen neuen Denkanstoß für ein langjähriges Problem zu bekommen. Es ist interessant zu sehen, wie gut ein ganz übliches Mittel zur Motivierung (etwas finden, woran der Schüler interessiert ist und darauf aufbauen) mit der Lokalisierung von Ausnahmen zusammengeht.

Fallbeispiel: Das Positive hervorheben

Jim, ein neunjähriger Junge, der die zweite Klase wiederholt, zeigt einen schulischen Rückstand, der in meinen Augen (nach einer M-Team-Besprechung wegen möglicher Lernbehinderung) höchstwahrscheinlich das Ergebnis von Motivationsschwierigkeiten war. Jim hatte eine gute Beziehung zu seiner Lehrerin, zeigte aber wenig Interesse am Lernstoff und beendete, wenn man ihn nicht drängte, seine Arbeit selten. Da Jim auf positive Vestärkung wenig oder gar keine Reaktion gezeigt hatte, beschloß das Team, Jims Mutter zu bitten, Jim eine "Gebühr" aufzuerlegen, wenn er seine täglichen Aufgaben nicht zu Ende machte. Dies zeigte genauso wenig Erfolg wie alles andere, was wir versucht hatten.

Schließlich fragte ich Jims Lehrerin, ob es irgendein Thema gäbe, das Jims Interesse weckte. Nach einigem Nachdenken meinte sie, er scheine Freude an den Naturwissenschaften zu haben, denn daran nahm er eifrig teil und erledigte auch die wenigen schriftlichen Arbeiten, die es beim Naturkundeunterricht gab, ohne weitere Aufforderung. Ich schlug vor, da Jim Interesse an den Naturwissenschaften zeige, könne die Lehrerin vielleicht naturwissenschaftliche Texte als Lesematerial aussuchen und die Naturwissenschaften auch in die anderen Schulfächer so weit wie möglich mit einbeziehen. Eine Woche später beriet ich mich mit der Lehrerin, und sie erzählte mir, sie habe mehrere naturkundliche Bücher als Ergänzungsmaterial für Jim erhalten. Er "sah sie sich an", wie sie berichtete.

Als nächstes begann ich, Jims "motivationsloses" (von seiner Lehrerin und der Mutter als passiv und faul bezeichnetes) Verhalten umzudeuten in "selektiv interessiert". Mein Ziel in meiner Rolle als Betreuerin des Falls sah ich darin, Jims Lehrerin dabei zu helfen, das zu erkennen, was Jim gut machte, und darauf aufzubauen, damit sie lernte, ihn wirkungsvoller zu motivieren. Ich ermunterte die sehr engagierte Lehrerin, Jim weiterhin in der Klasse zu beobachten, um zu sehen, was er machte und was er hiervon ihrer Meinung nach gern weiter machen sollte. Obwohl die Ergebnisse bisher noch nicht sehr bewegend sind, denke ich, daß wir alle anfangen, Jim in einem positiveren Licht zu sehen. Dies ermutigt uns, weiterhin nach Dingen Ausschau zu halten, die er und seine Lehrerin gut machen, damit wir eine wirksame Methode finden, seine schulischen Leistungen zu verbessern.

Diskussion. Wird Jim sich bei seiner Arbeit in der Schule stärker engagieren, wenn seine Lehrerin sich weiterhin auf sein Interesse an den Naturwissenschaften konzentriert ? Wird man eine wirksame Methode finden, Jim zu motivieren, wenn man feststellt, was er und seine Lehrerin gut machen ? Wir wissen es nicht. Was wir aber wissen, ist, daß die Menschen, die mit Jim zu tun und die sich überlegt haben, welches seine Interessen sind und was er und seine Lehrerin gut machen, angespornt werden, weiter nach Lösungen zu suchen. Dieses Angespornsein ist schon für sich allein genommen ein wichtiger Aspekt, wenn man die Technik der Lokalisierung der Ausnahmen einsetzt.

In unserem nächsten Fallbeispiel entdeckt eine Vorschullehrerin als eine der Stärken ihrer problematischen Schülerin die Fähigkeit, bei genau strukturierten Übungen gut zu arbeiten. Nachdem sie diese Ausnahme lokalisiert hatte, ging die Lehrerin dazu über, die Dinge zu verändern. Dieser Fall ist ein besonders gutes Beispiel dafür, wie eine Lehrerin sehr einfach eine ökosystemische Technik mit anderen bekannteren Techniken verschmilzt.

Fallbeispiel: Erfolg strukturieren

Celeste, ein Kind meiner morgendlichen Vorschulklasse, stellte ein ständiges Problem dar. Man könnte Celeste gut als Nonkonformistin beschreiben. Sie zog es vor, alles genau so zu machen, wie es ihr gefiel, und benahm sich in Worten und Taten meist in sehr widerspenstiger Form. Dabei zerstörte sie die kooperative und harmonische Atmosphäre, die sonst im allgemeinen in der Klasse herrschte. Sie hielt die anderen Kinder auf Distanz und fiel sofort auf.

Trotz meiner Bemühungen, Celeste Grenzen zu setzen, sie bei ihren sporadischen Besserungsversuchen zu ermuntern und ihr konstruktivere soziale Fertigkeiten beizubringen, war sie immer trotziger geworden. Sie hatte angefangen, in der Klasse ordinär zu sprechen, andere Kinder zu schlagen, auch wenn sie nicht provoziert wurde, und sich zu weigern, das zu tun, was ich ihr sagte.

Ich war sehr entmutigt von Celestes Verhalten und begann, ihr Erscheinen in der Klasse zu fürchten. Ich telephonierte häufig mit ihrer Mutter, aber auch das brachte keine Ergebnisse. Sie sagte, Celeste benehme sich gut zu Hause - vielleicht "weil sie und Celeste allein wohnten und Celeste ihre ungeteilte Aufmerksamkeit hatte."

Da mir nichts anderes einfiel, was ich tun könnte, fing ich an, Celestes Verhalten im Hinblick auf die Technik der Lokalisierung von Ausnahmen zu untersuchen, um festzustellen, wann ihr Verhalten kein Problem darstellte. Bald fiel mir auf, daß Celeste in manchen Stunden, wenn ihre Aufgaben sehr stark strukturiert waren, äußerst kooperativ und wie besessen arbeitete, sich recht gut an die Anweisungen hielt und positiv auf meine Erinnerungen und Ermunterungen reagierte. Mir ging ein Licht auf ! Vielleicht war der recht informelle Rahmen der meisten Vorschulaktivitäten nicht Celestes Stärke, und ich müßte die Tätigkeiten für Celeste stärker strukturieren — in nicht übertriebener Weise.

Nachdem ich also die stark strukturierten Arbeitszeiten als die Situationen identifiziert hatte, in der die Ausnahmen zu Celestes problematischem Verhalten normalerweise auftraten, gelang es mir, eine überraschend wirkungsvolle Strategie für die Verstärkung des unproblematischen Verhaltens zu entwickeln. Ich begann mit Celeste darüber zu sprechen, was für eine ausgezeichnete Leistung sie während der Arbeitszeit vollbrachte. Ich schrieb Bemerkungen auf ihre Arbeitsblätter, die sie mit nach Hause nahm, in denen ich ihre gute Arbeitshaltung an diesem Tag lobte. Ich entwickelte auch ein System, bei dem ich nicht nur Celestes immer kooperativeres Verhalten während der Arbeitsstunden betonte und lobte, sondern zusätzlich auch ihre Mutter mit den guten Nachrichten anrief. Ich bat sie, Celeste von dem Anruf und dem schönen Inhalt unseres Gesprächs zu erzählen.

(Diese Lehrerin wendet das an, was sie über positive Verstärkung erwünschter Verhaltensweisen in der problematischen Situation gelernt hat ("Ich entwickelte auch ein System, bei dem ich nicht nur Celestes immer kooperativeres Verhalten während der Arbeitsstunden betonte"). Zusätzlich macht sie etwas, was zweifellos in der Vergangenheit gut bei ihr funktioniert hat: Sie ruft die Mutter an mit guten Neuigkeiten. Die Technik der Lokalisierung von Ausnahmen half dieser Lehrerin, anders über das Problem nachzudenken und alle ihre Kräfte zusammenzunehmen, um eine Lösung zu finden. Dies bedeutete nicht, daß die Lehrerin ihren Stil oder ihre Denkweise völlig ändern mußte.)

Diese Strategie funktionierte ausgezeichnet und daher begann ich, Celeste gegenüber ein besseres Gefühl zu bekommen, und erzählte ihr dies auch. Ich lobte ihre Besserung und schlug vor, wir sollten versuchen, sie auch auf andere Aktivitäten zusätzlich zu den Arbeitsstunden zu übertragen. Ich sagte ihr, sie würde in Zukunft sehr genau zuhören müssen und sich an meine besonderen Regeln für sie für die Zeit der freien Aktivitäten (Spielzeit) halten müssen.

Dann stellte ich für ihre Spielzeit einen bis auf das Kleinste durchstrukturierten Plan für sie auf. Ich benannte die Materialien, Interaktionen, den Platz im Klassenzimmer und gab ihr Anweisungen für den Gebrauch des Materials — genauso wie ich es für die Arbeitszeit gemacht hatte. Anfangs ging es auf und ab mit ihr. Ich reagierte darauf, indem ich die Aufmerksamkeit auf ihre Erfolge lenkte und einige Variable in der Situation entfernte, um ihr einen noch stärker stukturierten Rahmen zu geben.

Zusammenfassend kann ich sagen, daß ich, abgesehen von einigen gelegentlichen Rückschlägen, die äußerst durchstrukturierte Umgebung für Celeste auf die meisten anderen Vorschulaktivitäten ausweiten konnte. Ihre Mutter ist auch sehr kooperativ und ruft mich regelmäßig an, um die guten Nachrichten zu hören und an Celeste weiterzugeben, wie auch um Hinweise zu erhalten, wie sie die Technik der Lokalisierung von Ausnahmen zu Hause anwenden kann.

Celeste lernt in den meisten Bereichen der Vorschulfertigkeiten überdurchschnittlich schnell. Jeden Tag, wenn wir uns verabschieden, frage ich sie leise, wer an diesem Tag in der Schule ihre beste Freundin war. Vor etwa zehn Tagen weigerte sie sich noch, diese Frage zu beantworten. In der letzten Zeit hat sie jeden Tag jemanden genannt. Celeste fängt an, von sich selbst ein gutes Gefühl zu bekommen, und sie lächelt nun manchmal in der Schule. Ich empfinde ihr gegenüber jetzt viel mehr Wärme. Ein Erfolgsgefühl scheint ansteckend zu sein. Selbst ihre Mutter brachte mir gegenüber ihre Freude zum Ausdruck, weil sie "endlich in der Lage war, an Celeste heranzukommen!"

Diskussion. In diesem und im ersten Fallbeispiel dieses Kapitels war die lokalisierte Ausnahme das zufriedenstellende Verhalten des Kindes in genau umrissenen und strukturierten Situationen. Es wäre verführerisch, zu dem Schluß zu kommen, wenn Schüler während unstrukturierter Zeiten stören, brauchen sie eine Strukturierung. Es kann in unseren Augen nicht schaden, wenn man versucht, die Zeit von Schülern, die in verhältnismäßig unstrukturierten Stunden stören, zu strukturieren. Dies stellt jedoch in keiner Weise eine ökosystemische Regel dar. Was ökosystemisch gesehen in diesen beiden Fällen wichtig war, ist die Veränderung, die von der Lehrerin in beiden Fällen vorgenommen wurde und die mit anderen positiven Veränderungen in der Klasse einherging. Wir möchten Sie davor warnen, die besondere Form, in der eine erfolgreiche ökosystemische Technik in einem Beispiel zum Ausdruck gekommen ist (zum Beispiel die Zeit eines Kindes stärker strukturieren), in eine allgemeine Regel zu verwandeln, die unter ähnlichen Umständen angewendet werden muß (zum Beispiel sagen, wann immer ein Kind in der Übergangsphase stört, ist die empfehlenswerte Lösung die, die Zeit des Kindes stärker zu strukturieren).

Ökosystemische Techniken zielen darauf ab, eine Veränderung herbeizuführen. Jedes Problem wird im Hinblick auf seine eigenen Merkmale untersucht. Dies trägt unter anderem zur Unterscheidung zwischen dem ökosystemischen und dem diagnostischen Ansatz bei. Der diagnostische Ansatz versucht, problematische Verhaltensweisen in Kategorien aufzuteilen und Regeln zu finden, mit denen man auf diese Verhaltenskategorien reagieren kann. Aus ökosystemischer Perspektive ist es gut denkbar, daß die Lehrerinnen in unserem ersten und dritten Fallbeispiel andere Ausnahmen des problematischen Verhaltens hätten lokalisieren können, dann aufgrund dieser Ausnahmen gehandelt und mit ähnlich positiven Veränderungen aufgewartet hätten.

Unser abschließendes Fallbeispiel ist ungewöhnlich, weil es das einzige in diesem Buch ist, in dem eine Therapeutin mit hinzugezogen wird. Dieses Fallbeispiel, über das zuerst bei LINDQUIST, MOLNAR und BRAUCKMANN (1987) berichtet wurde, zeigt, welche Rolle die Beziehung zwischen einem Elternteil und der Schule dabei spielen kann, eine problematische Situation in der Klasse zu erhalten oder zu verändern. In diesem Fall half die Therapeutin einer Mutter, ihrem Sohn und einem Lehrer Verhaltensweisen in der Schule zu entdecken, die positiv waren und auf denen sie aufbauen konnten, da sie diese nicht zu ändern wünschten.

Fallbeispiel: Rufen Sie nicht mich an; ich rufe Sie an

Die Mutter eines Realschülers forderte Therapie für ihren Sohn, da er in der Schule zahlreiche Probleme verursachte und der Lehrer sie drei- oder viermal in der Woche wegen des Jungen anrief. Der Schüler machte seine Hausaufgaben entweder gar nicht oder er machte sie, gab sie aber nicht ab. Er geriet mit anderen Schülern in Streit und tätliche Auseinandersetzungen, und, so wurde behauptet, er habe ein explosives Temperament. Der Schüler war schon in der Vergangenheit wegen schulischer Probleme zur Therapie überwiesen worden. (Hier haben wir das häufige Muster, daß Menschen, die in ein Problem verwickelt sind, wirklich darin verwickelt sind. Ein Lehrer, der bereit ist, Zeit und Energie aufzuwenden, um drei- oder viermal in der Woche die Eltern anzurufen, ist seinem Beruf wirklich mit Leib und Seele verbunden. Die Mutter ihrerseits ist seit langer Zeit einem stetigen Strom von Klagen ausgesetzt und empfindet vielleicht genauso viel Verwirrung und Frustration wie der Lehrer. Trotz der ganzen Energie, die in dieses Problem investiert wird, trägt die augenblickliche Zielrichtung nicht zu einer Veränderung bei.)

Die Therapeutin beschloß, eine Reihe ökosystemischer Interventionen einzusetzen, die auf die schulischen Probleme des Jungen zielten und die das Interaktionsmuster, das sich zwischen Schule und Elternhaus etabliert hatte, ändern sollten. Bis dahin hatte die Schule mit der Mutter Kontakt aufgenommen, und in den Diskussionen war es um die Probleme mit dem Kind gegangen. Als Teil der Therapie wurde dieses Muster geändert: erstens sollte die Mutter mit der Schule Kontakt aufnehmen, statt darauf zu warten, daß die Schule sie ansprach, wenn ihr Sohn Probleme machte; zweitens sollten sich die Diskussionen zwischen Mutter und Lehrer ändern; es sollte nicht mehr um die Probleme gehen, die der Sohn verursachte, sondern darum, was geschah, wenn er keinen Ärger machte, und die Möglichkeiten, die Zahl dieser Ausnahmen zu steigern. (Die Therapeutin hat zwei bedeutsame Veränderungen angeregt. Erstens hat sie, als sie die Mutter veranlaßte, von sich aus mit der Schule Kontakt aufzunehmen und nach ihrem Sohn zu fragen, ein Verhalten vorgeschlagen, das vom Lehrer vermutlich positiv bewertet wird. Zweitens hat die Therapeutin, da sie die Mutter mit dem Lehrer über Ausnahmen des problematischen Verhaltens reden läßt, der Mutter und dem Lehrer etwas Positives zu besprechen gegeben — vermutlich zum ersten Mal seit langer Zeit.)

Am Ende der ersten Therapiesitzung, in der die Information über das Problem eingeholt wurde, wurde die Mutter angewiesen, vor der nächsten Sitzung den Lehrer ihres Sohnes anzurufen und mit ihm darüber zu reden, was geschah, wenn ihr Sohn gerade keinen Ärger in der Schule machte. Die Mutter sollte diese Information sammeln, damit sie der Therapeutin in der nächsten Sitzung davon erzählen konnte.

Während der nächsten Sitzung berichtete die Mutter von all den Dingen, die der Lehrer, wie er sagte, beobachtete, wenn der Sohn keinen Ärger machte. Auch der Schüler wurde gefragt, was ihm an diesen Zeiten aufgefallen war. Die Therapeutin diskutierte dann ausführlich mit dem Schüler und der Mutter über die Umstände, unter denen er keinen Ärger bekam. Im Anschluß daran wurde die Mutter angewiesen, den Lehrer noch einmal anzusprechen und ihm für die Information, die er ihr geben konnte, zu danken und ihm mitzuteilen, wie hilfreich sie gewesen sei. Sie wurde auch gebeten, mit dem Lehrer zu diskutieren, wie er sich diese guten Tage erklärte, und herauszufinden, ob er irgendwelche weiteren Beobachtungen über die Zeiten, wenn alles gut lief, gemacht hätte. (Achten Sie darauf, wie die Rolle des Lehrers sich verschoben hat: vom Überbringer schlechter Nachrichten zum Berater, wie man die Häufigkeit der positiven Verhaltensweisen steigern könnte. Dies ist für den Lehrer vermutlich persönlich wie auch beruflich eine viel befriedigendere Rolle.)

Als das Verhalten des Schülers sich so weit gebessert hatte, daß es akzeptabel war, sprach die Therapeutin mit Mutter und Sohn darüber, woran sie einen schlechten Tag als einen nur vorübergehenden Rückschlag erkennen könnten. Nachdem sie über verschiedene Möglichkeiten gesprochen hatten, wurde die Mutter gebeten, mit dem Lehrer über die Wahrscheinlichkeit zu reden, daß es in der Zukunft schlechte Tage geben könnte und daß er sie als nur leichte Rückschläge einstufen sollte. (Hier kombiniert die Therapeutin das Vorhersagen eines Rückfalls (Kapitel Zehn) mit der Lokalisierung von Ausnahmen, um die Veränderungen, die sich ergeben, zu unterstützen.)

Während des ganzen Therapieverlaufs wurde die eben beschriebene Form benutzt. Die Mutter wurde angewiesen, sich mit der Schule in Verbindung zu setzen und nicht auf ein Ansprechen von seiten der Schule zu warten. Sie wurde von der Therapeutin gebeten, Information vom Lehrer über Ausnahmen zum Problem einzuholen, also über Situationen, wenn ihr Sohn nicht gerade Ärger hatte; darüber, wie der Lehrer sich diese Ausnahmen erklärte; wie man die Zahl der Situationen erhöhen könnte, in denen alles gut lief. Wenn das Verhalten des Schülers sich verbesserte, wurde der Lehrer gefragt, wie er sich diese Veränderung erklärte.

Die Technik der Lokalisierung von Ausnahmen trug dazu bei, eine kooperative Beziehung zwischen Familie und Schule herzustellen, wobei das Wissen und die Information, die von der Schule und der Familie bereitgestellt werden konnten, respektiert und ausgeschöpft wurden.

Diskussion. Dieses Fallbeispiel zeigt, wie wichtig es ist, in problematischen Situationen einen kooperativen Rahmen zu schaffen. Obwohl wir bei der Mutter und beim Lehrer die besten Absichten voraussetzen konnten, mußten sie sich bei dieser Beziehung zwischen ihnen, die nur über das Problem existierte, geschlagen geben. Wir können verstehen, warum eine Mutter vielleicht nicht die Schule anruft, wenn sie sich dabei nur eine ganze Liste von Aufzählungen dessen, was ihr Sohn verbrochen hat, anhören muß. Wir können auch verstehen, warum ein Lehrer, der mit einem Kind Probleme hat, es als Desinteresse von seiten der Mutter interpretiert, wenn sie sich nicht mit der Schule in Verbindung setzt. Da die Therapeutin für die Gespräche zwischen Mutter und Lehrer ein konkretes und positives Thema anbot, war es ihr möglich, die Mutter zu ermutigen, mit dem Lehrer Kontakt aufzunehmen. Mit einem positiven, statt eines problematischen Gesprächsthemas konnten Mutter und Lehrer eine kooperative Beziehung aufbauen und zusammen an einer konstruktiven Veränderung des Verhaltens des Jungen arbeiten.

Überblick über die wesentlichen Merkmale des Lokalisierens von Ausnahmen

Die Lokalisierung von Ausnahmen ist ein Versuch, das positive und funktionale Verhalten eines Menschen zu erkennen. Sie betont in immer stärkerem Maße positives Verhalten, statt sich darauf zu konzentrieren, wie problematisches Verhalten abgebaut werden kann. Als Ergebnis der Lokalisierung von Ausnahmen stellen wir oft eine allgemein positivere Haltung der Person gegenüber fest, deren Verhalten problematisch ist.

Die wichtigsten Merkmale der Lokalisierung von Ausnahmen sind:

1. Identifizierung von Situationen, in denen das problematische Verhalten nicht auftritt.

2. Bewußtmachen der Dinge, die eine Situation, in der das problematische Verhalten nicht auftaucht, von der Situation, in der es auftaucht, unterscheiden.

3. Auswahl eines unproblematischen Verhaltens oder einer unproblematischen Situation, deren Häufigkeit am leichtesten gesteigert werden könnte.

4. Formulierung eines Ansatzes, mit dessen Hilfe das Verweilen in einer unproblematischen Situation verlängert oder das Vorkommen unproblematischen Verhaltens gesteigert werden können.

Vorgehensweise beim Lokalisieren von Ausnahmen

Diese Übung soll Ihnen helfen, sich einen allgemeinen Plan zum Lokalisieren von Ausnahmen zu durchdenken.

1. Denken Sie an eine Person, deren Verhalten augenblicklich für Sie problematisch ist. Identifizieren Sie die Situation(en), in der die Person das problematische Verhalten nicht zeigt. Identifizieren Sie die Unterschiede zwischen den problematischen und den unproblematischen Situationen. (Beispiel: Rory macht keine Probleme, wenn er für mich das Essensgeld einsammelt. In dieser Situation trägt er Verantwortung, und er und ich kooperieren. Wenn Rory während der Stillarbeitsphase mit den Kindern in seiner Nähe redet und ich ihm sage, er solle aufhören, wird er trotzig, und am Ende brüllen wir uns meistens an.)

2. Welche Verhaltensweisen, Qualitäten, Merkmale undsoweiter dieser Person, deren Verhalten problematisch ist, würden Sie gern häufiger sehen? (Beispiel: Ich würde Rory gern häufiger persönliche Verantwortung im Klassenzimmer übertragen und ich würde lieber mit ihm kooperieren, statt mich mit ihm auseinanderzusetzen.)

3. Beschreiben Sie, in welcher Weise Sie in unproblematischen Situationen anders sind. Was machen Sie bereits, um unproblematische Verhaltensweisen zu verstärken? (Beispiel: Ich sage häufig zu Rory, wenn ich ihn bitte, das Essensgeld einzusammeln, wie schön es ist, solch einen verantwortungsbewußten und vertrauenswürdigen Schüler als Helfer zu haben.)

4. Formulieren Sie einen Plan, wie Sie das unproblematische Verhalten verstärken können. Benutzen Sie dabei das, was Sie wissen über (1) die Eigenschaften unproblematischer Situationen, (2) die Verhaltensweisen und Qualitäten, die Sie fördern möchten und (3) ihre eigenen Verhaltensweisen, die positiv wirken. (Beispiel: Ich werde aufhören, etwas zu Rory zu sagen, wenn er während der Stillarbeitsphase flüstert. Stattdessen werde ich im Verlaufe des Tages allgemeine Bemerkungen Rory gegenüber machen über seine Vertrauenswürdigkeit und sein Verantwortungsbewußtsein. Ich werde ihm so deutlich wie möglich klar machen, daß ich ihm vertraue, weil ich weiß, er hat gute Gründe für sein Verhalten.)

Jetzt sind Sie an der Reihe. Wenn Sie sich in der Lokalisierung von Ausnahmen versuchen wollen, schlagen Sie die Übungsanweisungen auf Seite 198 auf. Die Übungen werden Ihnen bei den Vorbereitungen für die Anwendung des Lokalisierens von Ausnahmen auf eine Ihrer eigenen problematischen Situationen helfen.

10
Wie man Rückfälle vorhersagt und mit ihnen umgeht

In Kapitel Eins haben wir untersucht, wie schwierig es ist, sich in chronisch problematischen Situationen zu verändern. Definitionsgemäß sind die Interaktionen in solchen Situationen über eine gewisse Zeit wiederholt aufgetreten. Daher überrascht es nicht, wenn das Problem häufig nach einer anfänglichen Veränderung wieder in Erscheinung tritt. Wie wir in einigen Fallbeispielen gesehen haben, begann der Rückfall in die alten, vertrauten Interaktionsmuster interessanterweise oft damit, daß die Lehrerin das Kind wegen der Besserung seines Verhaltens lobte (obwohl Lob in der Vergangenheit nicht geholfen hatte) und das Kind reagierte, indem es in das ursprüngliche problematische Verhalten zurückfiel. In anderen Fallbeispielen tauchte das ursprüngliche problematische Verhalten wieder auf, obwohl die Erzieherin bei der neuen Interaktionsweise geblieben war. Die Vorhersage des Rückfalls ist eine Möglichkeit, das Wiederauftauchen des problematischen Verhaltens im voraus zu planen oder darauf zu reagieren.

Die Technik, einen Rückfall vorherzusagen

Bei eingeschliffenen Verhaltensmustern muß man damit rechnen, daß es zu einer Wiederkehr des alten Verhalten(smuster)s kommt. Familientherapeutinnen benutzen häufig die Technik der Rückfall-Vorhersage, um ihren Klienten zu helfen, das Wiederauftreten des problematischen Verhaltens als Bestandteil des normalen Lösungsprozesses und nicht als Versagen zu betrachten. Wenn das Wiederauftreten des problematischen Verhaltens als ein normaler, zu erwartender Rückfall angesehen wird, kann jeder in der problematischen Situation weiterhin kooperieren und die Veränderungen erhalten, da der Rückfall als Ausnahme und die Veränderungen als Regel betrachtet werden. Auf diese Weise wird der Rückfall zum Zeichen eines normalen, positiven Veränderungsablaufs und stellt keinen Grund zur Beunruhigung dar.

Wenn Sie sich die Fallbeispiele in diesem Kapitel durchlesen, werden Sie bemerken, daß die Rückfall-Vorhersage immer in Kombination mit einer oder mehreren anderen ökosystemischen Techniken eingesetzt wird. Dies geschieht, weil die Vorhersage des Rückfalls benutzt wird, Veränderungen zu unterstützen, die auftreten, wenn der Veränderungsvorgang bereits begonnen hat.

Um den Einsatz der Rückfall-Vorhersage in Kombination mit Umdeuten, positiver Konnotation des Motivs, positiver Konnotation der Funktion und Symptom-Verschreibung zu verdeutlichen, kommen wir noch einmal auf das Beispiel mit dem Kind zurück, das mit den Antworten herausplatzt, während die Lehrerin versucht, dieses Verhalten zu ignorieren. Wenn die Lehrerin das vorlaute Antworten des Kindes als Zeichen seines großen Enthusiasmus umgedeutet hat, kann die Vorhersage des Rückfalls vielleicht folgendermaßen klingen: "Ich weiß, dein Enthusiasmus wird weiterhin von Zeit zu Zeit ganz plötzlich zum Vorschein kommen und daher auch dein vorlautes Reden. Damit muß man bei solch einem energiegeladenen Menschen wie dir rechnen. Und außerdem, wenn du von Zeit zu Zeit mit deinen Antworten herausplatzt, wird mir das helfen, mich daran zu erinnern, wie glücklich ich mich schätzen kann, einen solchen enthusiastischen Schüler zu haben."

Wenn die Lehrerin positive Konnotation des Motivs benutzt und dem Herausplatzen das Motiv unterlegt, er habe den Wunsch, Interesse an den Stunden zu zeigen, könnte die Rückfall-Vorhersage etwa so lauten: "Ich freue mich aufrichtig, einen so interessierten Schüler wie dich in meinem Unterricht zu haben. Es würde mich nicht überraschen, wenn du manchmal außer der Reihe eine Antwort in die Klasse rufst. Bei deinem starken Interesse wäre das normal."

Wenn die Lehrerin positive Konnotation der Funktion benutzt hat, um zu erklären, daß solch ein Herausplatzen eine Methode ist, sie dazu zu bewegen, ihre Fragestellungen im Unterricht neu zu überdenken, könnte die Rückfall-Vorhersage etwa so lauten: "Ich habe mich jetzt eine ganze Zeit lang an meine übliche Routine für Fragen im Unterricht gehalten. Es ist schwer, alte Gewohnheiten abzulegen. Wenn du wieder anfängst, vorlaut zu antworten, ist das für mich ein Zeichen, daß ich einen Rückfall hatte und mich wieder daran erinnern muß, verschiedene Arten der Fragestellung auszuprobieren."

Wenn die Lehrerin Symptomverschreibung benutzt und das Kind angewiesen hat, eine "Herausplatz-Tabelle" aufzustellen, bevor es irgendetwas sagt, dann lautet die Rückfall-Vorhersage vielleicht so: "Es ist anfangs vielleicht schwer, sich daran zu gewöhnen, diese Tabellen zu führen; es würde mich daher nicht überraschen, wenn du von Zeit zu Zeit wieder mit einer Antwort herausplatzt, bevor du deine Tabelle erstellt hast."

Da Rückfälle ein normaler Bestandteil von Veränderungen sind, ist es möglich, vorherzusagen, daß sie eintreten werden. Wie die Fallstudien dieses Kapitels zeigen, ist es möglich, diese Technik zu benutzen, bevor es zu einem Rückfall kommt, indem man einfach der Person vorhersagt, es wäre normal, wenn dies geschehe; oder, wenn ein Rückfall tatsächlich passiert, der Person dann zu sagen, dies sei ein normaler Bestandteil einer Veränderung, und "man hätte es voraussagen können". Möglicherweise stellen Sie bei Ihren eigenen Methoden fest, daß eine problematische Situation angefangen hat sich zu ändern ohne den Einsatz irgendeiner speziellen Methode Ihrerseits. In solch einem Fall kann es hilfreich sein, einen Rückfall vorauszusagen und hierdurch eine Fortführung der positiven Entwicklung zu fördern.

Analyse der Fallbeispiele

Im folgenden Fallbeispiel setzt eine Lehrerin mehrere ökosystemische Ideen ein (einschließlich Kooperation, Umdeutung, Benutzung der Sprache der Schülerinnen und Voraussage des Rückfalls), um ein Problem zu lösen, das sie mit zwei intelligenten Mädchen in ihrer Klasse hatte, die ihre Arbeit beendeten und dann die anderen Kinder störten.

Fallbeispiel: Die Frage ist nur, wann der Rückfall eintreten wird

In einem Spanisch-1-Kurs habe ich zwei Mädchen, zwei sehr gute Schülerinnen. Sie hatten in der Mittelstufe zusammen Spanisch gehabt und waren sehr eng befreundet. Sie wurden mit ihrem neuen Arbeitsmaterial immer sehr schnell fertig und verursachten dann Ärger, weil sie redeten, kicherten und sich Briefchen schrieben. Dies machten sie nicht nur untereinander. Sie zogen auch andere mit hinein, die es sich nicht leisten konnten, unaufmerksam zu sein. Ich hatte versucht, ihre Energie in andere Bahnen zu lenken und ihnen neues Arbeitsmaterial gegeben, aber dann verloren sie das Interesse daran und fingen bald wieder an, die Klasse mit ihren Aktivitäten zu stören. Ich wollte sie nicht bestrafen, da sie gute Schülerinnen waren und ich ihnen das Spanische nicht verleiden wollte. Ich wollte ihre Energie in eine andere Richtung lenken und ihr Können im Spanischen in einer Weise einsetzen, die ihnen und dem Rest der Klasse zugute kommen würde.

Ich beschloß, beide Mädchen zu bitten, nach der Schule zu mir zu kommen. Als sie hereinkamen, konnte ich ihnen ansehen, daß sie mit einer Bestrafung oder einer Standpauke wegen ihres Benehmens rechneten. Stattdessen machte ich Komplimente über ihre guten Zensuren, ihre saubere Arbeit und ihren Eifer in der Klasse. Sie schienen etwas überrascht. Sie entspannten sich noch mehr, als ich ein paar Slangwörter benutzte, die ich sie vorher schon hatte benutzen hören.

Ich fuhr fort und erklärte den Mädchen, mir sei klar, daß sie nicht so viel Zeit für das neue Material brauchten wie viele andere Schüler, und ich fragte sie, ob es ihnen etwas ausmachen würde, mir zu helfen und mit einzelnen Kindern in der Klasse zu arbeiten. Sie waren begeistert von dem Gedanken.

Ich wußte aber, dies würde für sie nicht ausreichen. Ich fragte, ob sie Interesse hätten, Arbeitsbögen und Lernhilfen zu entwickeln, die wir in der Klasse benutzen könnten, wenn sie als Tutorinnen nicht benötigt wurden und meinten, die Arbeit in der Klasse verstanden zu haben. Sie überschlugen sich fast vor Aufregung bei der Entscheidung, welche Ideen sie zuerst ausführen sollten. Ich sagte ihnen, wir würden uns in den Pausen treffen und planen, welches Material sie in der Unterrichtszeit benutzen würden, um die Lernaktivitäten vorzubereiten. Die Mädchen gingen, ganz aufgeregt, die unproduktive Zeit im Unterricht zu nutzen.

Am folgenden Tag war es großartig, die Mädchen nicht wegen ihres Schwatzens tadeln zu müssen. Ich bat sie, einigen Schülern mit den Arbeitsbögen zu helfen, als ich ebenfalls damit beschäftigt war. Sie haben seitdem fünf Arbeitsbögen und eine Anzahl von Spielen entwickelt, die den anderen Schülern helfen, den neuen Stoff besser und schneller zu verstehen.

Bis zu zweieinhalb Wochen nach unserem ersten Gespräch stellte das Verhalten der Mädchen in der Klasse kein Problem dar; ja, sie waren sehr angeregt, eifrig und wirklich hilfreich. Aber alles Neue verliert seinen Glanz. Ich verspüre eine gewisse Ernüchterung oder Mangel an Motivation, und es ist schon in unerheblichem Maße zu erneutem Auftreten ihres problematischen Verhaltens gekommen.

Im Hinblick auf die Zähigkeit problematischer Verhaltensmuster hatte ich einen Rückfall erwartet. Daher beschloß ich, über diesen Rückfall mit ihnen zu sprechen und anzumerken, daß solche Rückfälle normal seien. Wieder entschied ich mich, im Gespräch mit ihnen ihre Sprache zu benutzen.

Als erstes traf ich mich mit ihnen und lobte sie wieder für ihre Erfolge. Ich sagte ihnen, ich hielte ihr Verhalten im Spanischunterricht für "unheimlich toll" und "super". Ich sagte ihnen auch, ich hätte einen Rückfall vorausgesehen und mich nur gefragt, wann es dazu kommen würde. Ich erklärte ihnen, es hätte ja einen kleinen Rückfall gegeben, und ich wollte mich vergewissern, ob sie wüßten, daß so ein Zurückfallen in alte Muster von Zeit zu Zeit völlig normal sei. Ich sagte ihnen auch, ich hätte volles Vertrauen in sie und wüßte, sie würden bald wieder auf dem richtigen Weg sein. Ich versuchte, ihnen das Gefühl zu vermitteln, solch ein Rückfall sei in Ordnung und normal und sie hätten nicht versagt. Dabei half mir ihre bildhafte Sprache sehr. Da ich dies intuitiv schon in der Vergangenheit gemacht habe, paßt es zu meinem Stil.

Nach unserem Gespräch hatten die Mädchen ein besseres Gefühl wegen ihres Rückfalls. Ich hielt es zeitlich für angemessen, ihnen ein anderes Projekt zu geben. Ich sagte zu ihnen: "Ich weiß, ihr beiden habt großen Spaß am Spanischen, da eure Zensuren so phantastisch sind. Ich wette, ihr seid unheimlich stolz auf eure tollen Arbeitsbögen und die Projekte, die ihr für die ganze Klasse fertiggestellt habt. Es ist auch nicht schlecht, den Freunden zu helfen, Spanisch zu verstehen, das ihr wie von allein lernt, nicht ? Ihr wartet vermutlich schon auf ein neues Projekt, also morgen geht`s los mit der Musik der Jugendlichen in Südamerika." Die Mädchen gingen aus dem Raum mit einem Hochgefühl wegen ihrer Fortschritte und nicht mit einem schlechten Gefühl wegen des Rückfalls und sie waren aufgeregt über ihr neues Projekt. Ich fühlte mich großartig, wenn ich auch ein bißchen skeptisch war, was wohl die Zukunft bringen würde.

Acht Schultage sind seit meinem Gespräch mit den Mädchen vergangen. Sie scheinen neues Interesse gewonnen zu haben, zusätzliche Klassenprojekte zu machen. Bis jetzt hat es noch keinen zweiten Rückfall gegeben. Sie wissen, es ist möglich oder sogar wahrscheinlich. Wenn es passiert, bin ich darauf vorbereitet ! Was mir besonders an der Rückfall-Vorhersage-Technik gefällt, ist die Tatsache, daß die Zahl der Konfrontationen mit den Schülern pro Tag und pro Klasse abnimmt.

Diskussion. Dieses Fallbeispiel zeigt nicht nur, wie man die Technik der Rückfall-Vorhersage verwendet, wenn es bereits zu einem Rückfall gekommen ist, sondern hebt auch die Wirkung hervor, die diese Technik auf die Person oder Personen, bei denen sie eingesetzt wird, haben kann. ("Die Mädchen gingen aus dem Raum mit einem Hochgefühl wegen ihres Fortschritts und nicht mit einem schlechten Gefühl wegen des Rückfalls"). Eigentlich würde man erwarten, daß die bis dahin in der problematischen Situation geschaffene Kooperation durch den Hinweis auf den Rückfall gestört würde. Paradoxerweise wird die Kooperation aber gefördert, wenn auf den Rückfall zwar hingewiesen, er aber für normal gehalten wird, genau wie die Veränderungen, die sich bis dahin in der problematischen Situation vollzogen haben.

Fallbeispiel: Gewissenhafte Rechnerin

Eine andere Möglichkeit, die Technik der Rückfallvorhersage einzusetzen, besteht darin, ihn vorauszusagen, bevor er tatsächlich geschieht, wie es die Lehrerin in "Gewissenhafte Rechnerin" tat (Kapitel Sieben), als sie mit der Schülerin arbeitete, die bei jedem mathematischen Problem alle Rechenschritte aufschrieb.

Sie benutzte die Technik der Symptomverschreibung und ermunterte die Schülerin, nicht nur alle Schritte bei jedem mathematischen Problem aufzuschreiben, sondern sie auch noch in einem besonderen Notizbuch aufzubewahren und der Mathematiklehrerin zu zeigen. Nach ein paar Tagen hörte die Schülerin damit auf, weil es, wie sie sagte, "zu lange dauerte".

Bevor die Schülerin einen Rückfall hatte, sagte die Lehrerin ihn ihr vorher, indem sie bemerkte: "Aber vielleicht mußt du ab und zu einige Schritte aufschreiben. Es würde mich wirklich sehr überraschen, wenn das nicht von Zeit zu Zeit notwendig wird. Vergewissere dich also, daß du es aufschreibst, wenn es nötig ist."

Die Lehrerin berichtete, daß die Schülerin weiterhin das meiste im Kopf rechnete und sich nur wenige Notizen im Heft machte.

Diskussion. Diese Lehrerin benutzte die Symptomverschreibung, um die Schülerin zu veranlassen, das problematische Verhalten in anderer Form zu zeigen. Als sie den Rückfall voraussagte, konnte sie ihre kooperative Position beibehalten und das Wiederauftauchen dieses gewissenhaften Aufschreibens vorhersagen, indem sie sagte, es würde sie überraschen, wenn die Schülerin nicht gelegentlich einige Probleme würde aufschreiben müssen. Die Lehrerin konnte in Übereinstimmung mit der ursprünglichen Symptomverschreibung handeln und die Schülerin ermuntern, von Zeit zu Zeit, wenn es notwendig schien, Probleme aufzuschreiben.

Wie dieses Beispiel zeigt, kann die Vorhersage eines Rückfalls diesem oft vorbeugen. Wenn ein Rückfall auftritt, nachdem er vorhergesagt worden war, wird er als normal und vorübergehend betrachtet. Auf diese Weise kann der Fortschritt vorangetrieben, statt behindert werden, denn der Rückfall wird als Zeichen eines Fortschritts gesehen.

Das nächste Fallbeispiel zeigt, wie die Rückfall-Vorhersage bei zwei Schülern eingesetzt wird, um ihnen das Wiederauftreten des problematischen Verhaltens als etwas Normales darzustellen.

Fallbeispiel: Mitfühlende Klassenkameraden

Im Fallbeispiel aus Kapitel Fünf kamen zwei Schüler, die das Lernzentrum für schulische Förderung besuchten, immer ins Zentrum und erzählten lange Geschichten, was der andere am Tag in der normalen Schule alles falsch gemacht hatte. Der Lehrer beschrieb dieses gegenseitige Schlechtmachen und Petzen anfangs als widersinniges Spiel, dem anderen immer eine Nasenlänge voraussein zu wollen.

Der Lehrer beschloß, positive Konnotation des Motivs der Schüler für dieses gegenseitige Schlechtmachen einzusetzen und fing an, Bemerkungen über ihre liebevolle Fürsorge füreinander zu machen. Er beschrieb das Verhalten der Jungen als von ihrem Wunsch motiviert, einander zu helfen zu lernen und weiterzukommen. Dies bewirkte eineinhalb Wochen lang (neun Besuche im Zentrum) ein verändertes Verhalten der Jungen. Dann fiel einem anderen Lehrer auf, daß die alten Verhaltensweisen wieder angefangen hatten, sich bemerkbar zu machen.

Der Lehrer beschreibt seinen Einsatz der Voraussage des Rückfalls und erzählt, er sei lächelnd auf die beiden Jungen zugegegangen und habe gesagt: "Es überrascht mich nicht, daß ihr immer noch eure eigenen Interessen füreinander opfert. Ich habe das eurem Lehrer sogar vorausgesagt. Alt eingefahrene Methoden wie eure, sich umeinander zu kümmern, lassen sich nicht leicht abstellen."

Diskussion. Der Lehrer hat das Verhalten der Jungen positiv konnotiert und sie als motiviert von ihrer gegenseitigen Fürsorge dargestellt. Als das alte Verhalten wieder auftaucht, sagt er den Jungen, dies sei zu erwarten gewesen, da man alte Angewohnheiten (Fürsorge zu zeigen) nicht so ohne weiteres ablegt. Auf diese Weise stellt er die alten wie auch die neuen Angewohnheiten als fürsorgliches Verhalten dar. Das alte Verhalten ist zwar zeitweilig wieder aufgetaucht, aber eigentlich, so schildert es der Lehrer, ist die Fürsorge der Jungen füreinander nie ins Wanken geraten. Auf diese Weise ist er also in der Lage, seine positive Sichtweise beizubehalten und die konstruktiven Veränderungen, die im Verhalten der Jungen aufgetreten sind, zu unterstützen.

Fallbeispiel: Zu Fuß zur Arbeit gehen

Im Fallbeispiel aus Kapitel Sieben beschreibt die Lehrerin eine Schülerin, die ständig in der Klasse umhergeht, mit anderen Schülern redet und ihre

Arbeit nicht zu Ende bringt. Sie benutzt die Technik der Symptomverschreibung, ändert die problematische Situation zufriedenstellend und das Verhalten der Schülerin bessert sich. Zwischen dem Ende der regulären Schule und dem Beginn der Sommerschule lag eine Pause. Als die Schülerin mit der Sommerschule anfing, tauchte das Problem, wie die Lehrerin feststellen konnte, nicht wieder auf. Die Schülerin saß weiterhin ruhig an ihrem Platz und machte ihre Arbeit, statt umherzuwandern. Trotzdem beschloß die Lehrerin, einen Rückfall vorauszusagen, um diese positive Veränderung zu unterstützen.

Ihre ursprüngliche Symptomverschreibung, daß die Schülerin das Umhergehen manchmal brauchte, verband die Lehrerin mit der Rückfall-Vorhersage, indem sie der Schülerin sagte, es wäre normal, wenn sie es für notwendig hielte, vor Beginn der Arbeit ein wenig umherzugehen. In diesem Fall ging die Schülerin tatsächlich ein wenig umher, aber, so schilderte es die Lehrerin, nur für sehr kurze Zeit.

Diskussion. In diesem Fallbeispiel kommt ein wesentlicher Gesichtspunkt in Bezug auf die Wirkung zum Ausdruck, die die Rückfall-Vorhersage auf die Person hat, die sie benutzt. Wenn die Erzieherin vorausgesagt hat, es könne unter Umständen einen Rückfall in das alte problematische Verhalten geben, ist dies vielleicht für sie eine Hilfe, an die tatsächlich vollzogenen Veränderungen zu denken, wenn es wirklich zu einem Rückfall kommt. Wenn Sie erwarten, das problematische Verhalten würde niemals wieder auftauchen, kann es sehr entmutigend sein, wenn es doch wieder auftritt. Wenn Sie mit einem Rückfall rechnen und ihn sogar voraussagen, hilft Ihnen das, Ihre neue Reaktionsweise beizubehalten, da Sie ja ermutigt werden, sich auf die Veränderungen, die aufgetreten sind, zu konzentrieren und den Rückfall als einen normalen Bestandteil des Veränderungsprozesses zu behandeln.

Im nächsten Fallbeispiel sah sich eine sehr engagierte Lehrerin außerstande, einen Weg zu finden, ihren Schüler daran zu hindern, ständig zu "organisieren" und ihn dazu zu bringen, sich an die Arbeit zu machen. Der Veränderung der problematischen Situation durch Umdeuten seines Verhaltens und Symptomverschreibung schließt die Lehrerin eine Rückfall-Vorhersage an.

Fallbeispiel: Der Pedant

Andre ist ein fähiger Schüler der sechsten Klasse, der weniger erreicht als erwartet. Er war selten für die Stunde vorbereitet und hatte seiner Arbeit gegenüber eine laxe Einstellung.

Als Klassenlehrerin von Andre beaufsichtigte ich ihn auch während der Stillarbeitszeiten. Es war äußerst ärgerlich mit anzusehen, wie er die meiste Zeit mit seinen Heften und Sachen herumspielte und keine Arbeit schaffte, obwohl er viel zu tun hatte. Es war nicht ungewöhnlich für ihn, mehr als eine halbe Stunde dieser Arbeitszeit damit zu verbringen, seinen Arbeitstisch oder Schrank zu "ordnen"

Ich hatte ihm Auflagen gemacht, zum Beispiel: "Bis ein Uhr muß deine Arbeit erledigt sein" oder "Du darfst nur einmal zu deinem Schrank gehen" oder "Bring mir in zehn Minuten, was du geschafft hast". Man hatte ihn angewiesen, in den Klassenzimmern der anderen Lehrer zu arbeiten, damit er in ihren Fächern arbeiten konnte. Ich hatte bei ihm zu Hause angerufen und in diesem Jahr vier Gespräche mit den Eltern arrangiert. Ich hatte sogar seinen Tisch neben meinen gestellt.

Beim Versuch, die Situation umzudeuten, wies ich auf Andres offensichtliche Sorge um die Ordnung hin und sagte ihm, ich sei froh, daß er sich so viel Mühe mit der Ordnung seiner Angelegenheiten mache. Ich sagte, einige Schüler machten sich sehr wenig Gedanken, wie ihr Material geordnet wäre. Ich sagte ihm, er solle sich so viel Zeit, wie er für notwendig hielt, nehmen, um seine Sachen gut zu ordnen, bevor er mit der Arbeit anfing.

Andre sah aus, als sei ihm ein Geist erschienen. Er blieb, nachdem ich gegangen war, noch eine Weile wie unter Schock sitzen. Dann fing er an zu arbeiten. Dies hat mehrere Stunden angehalten, obwohl er nicht jeden Tag im Stillarbeitsraum ist.

Nachdem er drei Tage lang dieses Verhalten gezeigt hatte, bemerkte ich ihm gegenüber, mir sei aufgefallen, wieviel Arbeit er im Stillarbeitsraum zustande brachte. Ich sagte ihm, es wäre normal, wenn er feststellte, daß er gelegentlich seine Zeit dort mit Ordnen verbrachte. Ich sagte sogar, es würde mich nicht überraschen, wenn er seine Ordnungsphase während einer der beiden nächsten Stillarbeitszeiten hätte. In den beiden Stillarbeitsstunden verbrachte er jedoch nicht übermäßig viel Zeit mit dem Ordnen. Es ist so, als ob man einen neuen Schüler hat.

Diskussion. Dieses Fallbeispiel zeigt noch einmal, wie ökosystemische Techniken dazu beitragen können, eine kooperative Beziehung zwischen Erziehern und Schülern zu schaffen. Wenn Andre wirklich noch ein oder zwei Arbeitstunden mit Ordnen verbringen sollte, würde dies von der Lehrerin nicht als Niederlage und von Andre nicht als Sieg bezeichnet werden. Es wäre einfach ein normaler Bestandteil des kooperativen Veränderungsprozesses. Der letzte Satz der Lehrerin, "es ist so, als ob man einen neuen

Schüler hat", ist aufschlußreich. Wir können uns vorstellen, daß Andre dieselbe Empfindung in Bezug auf seine Lehrerin teilt.

In unserem abschließenden Fallbeispiel findet der Lehrer eine Möglichkeit, die Rückfall-Vorhersage bei einer ganzen Klasse einzusetzen.

Fallbeispiel: Das Rückfall-Abkommen

Alle Kinder betreten das Gebäude um acht Uhr fünfunddreißig und gehen direkt in ihre Klassen.

Meine Schüler packen ihre Taschen im Flur vor dem Klassenzimmer aus. Sie legen Jacken, leere Taschen und anderes Material, das sie nicht brauchen, in ihre Schränke. Das Material, das sie an diesem Tag bennötigen, nehmen sie mit in die Klasse und damit fängt ihre Vorbereitungszeit an. Sie haben ungefähr zehn Minuten Zeit, sich die Aufgaben für den Tag noch einmal anzusehen und die Aufgaben für den folgenden Tag aufzuschreiben, bevor ich mit dem Durchzählen für das Mittagessen und die Milch anfange.

Während dieser zehnminütigen Vorbereitungszeit fingen die meisten Kinder an, im Raum umherzugehen und sich zu unterhalten. Ich ging dann normalerweise von einem zum anderen und ermahnte sie immer wieder, die Vorbereitungszeit gut zu nutzen. Viele schafften es nicht, die neuen Aufgaben abzuschreiben, und manchmal ging das Reden noch in die Durchzählzeit für das Essen und die Milch weiter. Dann wurde es für mich notwendig, lauter zu sprechen und die Kinder zu bitten, leise zu sein, während ich zählte, damit ich sie verstehen könnte.

Ich verlor nicht völlig die Kontrolle, aber ich hatte den Eindruck, ich verbrachte die ersten zehn Minuten des Tages damit, Polizist zu spielen. Mir gefiel diese negative Art, den Tag zu beginnen, gar nicht und ich bin sicher, die Schüler mochten es auch nicht.

Ich beschloß, das Verhalten der Kinder vom nächsten Montag an umzudeuten. Am Montagmorgen wartete ich die Vorbereitungszeit, die Durchzählzeit und die Musikstunde ab. Dann erklärte ich den Kindern, ich hätte angefangen, ärgerlich mit ihnen zu sein, bis mir klar geworden sei, daß sie eine gewisse Zeit brauchten, miteinander zu schwatzen. Ich sagte weiter, ich wüßte, es gebe viele Dinge, die nach der Schule und am Morgen vor der Schule passierten, die sie sich gern mitteilten, und ich würde ihnen erlauben, sich morgens bis zum Durchzählen für das Essen und die Milch zu unterhalten, wenn sie dann danach sehr leise sein würden, damit ich sie verstehen könnte. Ich sagte, ich würde ihnen eine andere Zeit am Tag dafür zur Verfügung stellen, die neuen Aufgaben abzuschreiben.

Während ich diese Umdeutung vornahm, war die offensichtlichste Reaktion das Lächeln. Ich bin sicher, einige lächelten, weil sie sich über die Aussicht freuten, jetzt miteinander schwatzen zu dürfen, ohne sich dabei mein Nörgeln anhören zu müssen. Aber ganz ohne Zweifel lächelten viele, weil sie das, was sie zu hören bekamen, nur schwer glauben konnten.

Am Dienstag plazierte ich mich außerhalb der Klasse, damit ich den Flur überblicken, die Kinder begrüßen und vor allem die neue Situation in der Klasse beobachten konnte.

Die Kinder schienen aktiver und lauter als sonst zu sein. Als ich jedoch nach dem Läuten in die Klasse ging und für das Essen und die Milch durchzählte, herrschte völlige Stille.

Die Schüler schienen im Verlauf der Woche zur Ruhe zu kommen und wurden immer leiser. Ich beobachtete viele Kinder, die ihre Redezeit verkürzten und die neuen Aufgaben noch vor dem Durchzählen aufschrieben.

Am Donnerstag der zweiten Woche wurde während des Zählens viel geredet. Ich beschloß, es sei an der Zeit, die Technik der Rückfall-Vorhersage einzusetzen. Ich machte eine Pause und bat um ihre Aufmerksamkeit. Ich verbrachte ungefähr drei bis vier Minuten damit, noch einmal das durchzusprechen, worüber wir am Montag der vorherigen Woche gesprochen hatten. Dann fügte ich hinzu, es sei ganz normal, wenn das alte Verhalten von Zeit zu Zeit noch einmal zum Vorschein käme. Ich bot ihnen an, sie dann an unser Abkommen zu erinnern. Als ich mit dem Zählen weitermachte, herrschte völliges Schweigen.

Wenn es jetzt während des Durchzählens einmal etwas lauter wird, brauche ich nur zu sagen: "Erinnert euch an unser Abkommen", und es wird still. Und die Schüler haben noch an keinem Tag ein Problem damit gehabt, ihre neuen Aufgaben aufzuschreiben.

Diskussion. Bei diesem Fallbeispiel gelingt es dem Lehrer, ein ärgerliches, chronisches Problem zu lösen, indem er zugesteht, daß seine Schüler gute Gründe für ihr Betragen haben, und indem er sie wie vertrauenswürdige Verhandlungspartner behandelt, als sie einen Rückfall haben. Die Voraussage des Rückfalls gab dem Lehrer die Möglichkeit, freundlich und kooperativ mit den Kindern zu reden. Hierdurch unterstützte und förderte er die positive Veränderung in der Klasse.

Überblick über die wesentlichen Merkmale der Rückfall-Vorhersage

Das Vorhersagen des Rückfalls ist eine Technik; es verkörpert aber auch eine innere Einstellung gegenüber einem Wiederauftauchen des problematischen Verhaltens. Eigentlich nimmt man eine Umdeutung vor, wenn man das Wiederauftauchen eines problematischen Verhaltens als vorübergehenden Rückfall beschreibt. Statt daß die Verhaltensweise einen weiteren Fehlschlag verkündet, wird sie als ein Zeichen angesehen, daß etwas Normales im Veränderungsprozeß geschehen ist.

Es ist nicht notwendig, einen Rückfall im voraus anzukündigen. Einige Lehrerinnen fanden es jedoch hilfreich, dem neuen unproblematischen Verhalten eines Schülers gegenüber eine gewisse Skepsis zu bewahren. In diesen Fällen kann die Lehrerin dem Schüler sagen, sie fände es nicht überraschend, wenn er in das alte Verhalten zurückfiele. Schließlich ist es schwer, alte Gewohnheiten abzulegen. Jede Lehrerin muß selbst entscheiden, ob es ratsam ist, im voraus einen Rückfall anzukündigen, bevor ein Problem wieder auftritt.

Wenn Sie einen Rückfall in ein problematischen Verhalten nicht vorhergesagt haben, dieses sich jedoch trotzdem wieder zeigt, wird Ihr Tonfall sehr entscheidend sein. Die Rückfall-Vorhersage sollte nicht in einem Ton geschehen oder sonst von nonverbalen Hinweisen begleitet sein, die nahelegen, Sie hätten gewußt, daß die Person nicht wirklich zu einer Verbesserung fähig sei. Denken Sie daran, die Voraussage soll sich auf die positiven Veränderungen, die bereits aufgetreten sind, konzentrieren, sie fördern und nicht infragestellen. Daher sollten Sie in sanftem und verständnisvollem Ton sprechen und deutlich zu verstehen geben, daß es sich in Ihren Augen um einen verständlichen und nur vorübergehenden Rückfall handelt. Der Schüler sollte aus dem Gespräch mit Ihnen entnehmen, wie normal solche Rückfälle sind, die zwar immer wieder geschehen, den eigentlichen Fortschritt der positiven Veränderung aber nicht aufhalten können.

11
Wenn es beim ersten Mal nicht klappt: Richtlinien für den zweiten Versuch

Manchmal klingen Fallbeispiele in Büchern wie Märchen und scheinen zu schön, um wahr zu sein. Obwohl wir einige Fallbeispiele mit hinzugezogen haben, bei denen die beteiligte Person sich eine deutlichere Veränderung gewünscht hätte, und andere mit Rückschlägen oder anderen Schwierigkeiten, haben wir zum größten Teil Fälle benutzt, in denen die Person erfolgreich war, und der Bericht konzentriert sich auf das positive Ergebnis und nicht auf einzelne Ausrutscher, die auf dem Weg dorthin passierten. Wir akzeptieren solche Ausrutscher als unvermeidbar - so ist das Leben eben. Um Ihnen nun zu helfen, diese Ideen in Situationen des wirklichen Lebens anzuwenden, haben wir versucht, einige der Fragen, die Sie vermutlich haben, vorwegzunehmen. Es folgen Richtlinien, die Sie benutzen können, wenn Sie eine Technik ausprobiert haben und diese nicht funktionierte.

1. Warten Sie ab.
Da die Ideen in diesem Buch eine völlig andere Reaktion auf eine chronisch problematische Situation vorschlagen als das, was Sie bisher gemacht haben, ist es wichtig, dieser veränderten Reaktion Zeit zu geben, auf das chronisch problematische Muster wirken zu können. Denken Sie zum Beispiel an den Fall "Gewissenhafte Rechnerin" in Kapitel Sieben: die Lehrerin wartete drei Tage, bevor sich eine Veränderung im Verhalten der Schülerin zeigte, die von der Lehrerin als Fortschritt angesehen wurde.

2. Beobachten Sie.
In chronisch problematischen Situationen sind uns häufig das Problem und seine Details bewußter als die anfänglichen kleinen Zeichen, die auf eine Veränderung hindeuten. Es ist daher wichtig, nach solchen kleinen Zeichen einer Veränderung Ausschau zu halten, damit wir sie nicht verpassen und glauben, die Intervention sei fehlgeschlagen. Denken Sie zum Beispiel an den Fall "Trommeln in der Ferne" in Kapitel Drei: der Lehrer meinte, die Intervention sei nicht nur ein Fehlschlag gewesen, sondern habe die Situation sogar noch verschlimmert. Dennoch hat er weiter gesucht und auch positive Veränderungen beobachtet.

3. Wiederholen Sie die Intervention.
Überprüfen Sie zur Sicherheit, ob Sie die Technik, die Sie sich ausgesucht haben, auch richtig anwenden. Gehen Sie noch einmal den Abschnitt "Wesentliche Merkmale ..." am Ende des Kapitels durch, in dem diese Technik behandelt wird, und wiederholen Sie noch einmal die Übungsanweisungen für diese Technik im Abschnitt "Hilfen". Wenn Sie sicher sind, daß Sie die Technik richtig anwenden, wiederholen Sie die Intervention. Chronische Probleme haben sehr stabile Muster. Genauso wie es notwendig sein kann, der Intervention etwas Zeit zu geben, bevor sie das Muster stören kann, kann es auch notwendig sein, die Intervention zu wiederholen, um das Muster zu durchbrechen. Wie einige Fallbeispiele zeigen, fühlen sich manche Leute anfangs durch die Intervention vor den Kopf gestoßen, da die neue Reaktionsweise so anders ist. Die betreffende Person muß vielleicht die Intervention mehr als einmal hören oder Ihre neue Reaktion noch einmal erleben, um sie zu erfassen. Denken Sie zum Beispiel an den Fall "Faule Störenfriede oder dicke Freunde ?" in Kapitel Vier.

4. Versuchen Sie eine andere Technik.
Die Techniken, die in diesem Buch beschrieben werden, sind nicht problemgebunden. Man kann also nicht sagen, wenn Sie zum Beispiel an einer problematischen Situation arbeiten, in der ein Schüler immer vorlaut antwortet, müßten Sie Umdeuten versuchen. Vielmehr hängt der Erfolg dieser Techniken von der Interaktion der Person ab, die sie benutzt, von der Person, bei der sie eingesetzt wird, und vom gesamten Kontext des Problems. Wenn Sie Umdeuten versucht haben und es nicht gewirkt hat, fühlen Sie sich vielleicht wohler, wenn Sie bei diesem bestimmten Menschen in dieser bestimmten Situation Symptomverschreibung oder positive Konnotation des Motivs ausprobieren. Denken Sie zum Beispiel an den Fall "Die Schwätzerin", bei dem es der Lehrer mit drei verschiedenen Strategien versucht.

5. Haben Sie die Sprache der anderen Person benutzt ?
Wie schnell und in welchem Ausmaß die andere Person die Intervention erfaßt, kann davon abhängen, wie gut Sie in der Lage sind, mit Hilfe der bildhaften Sprache dieser Person die Intervention zu vermitteln. Wenn Sie zum Beispiel positive Konnotation der Funktion des Verhaltens dieser Person versucht haben und sie mißverstanden wurde, kann der entscheidende Schritt von der fast vollständigen oder totalen Wirkungslosigkeit zur ersten Veränderung dadurch gemacht werden, daß Sie die Konnotation noch einmal in der Sprache dieser Person formulieren. Denken Sie zum Beispiel an den Fall "Der Spielmacher" in Kapitel Drei: Die Lehrerin benutzt Metaphern aus dem Fußball, um mit den drei Jungen zu reden, die zur Fußballmannschaft ihres Stadtteils gehören.

6. Haben Sie versucht, die Situation aus der Perspektive der anderen Person zu betrachten ?

Hierbei hilft es Ihnen vielleicht sich vorzustellen, wie diese Person Ihr Verhalten beschreiben würde. Sie könnten auch versuchen sich vorzustellen, wie diese Person Ihr Verhalten umdeuten oder welches positive Motiv sie für Ihr Verhalten finden würde. Ein gutes Beispiel, wie man sich in die Lage der anderen Person versetzt, ist das Fallbeispiel "Streitsüchtiger Kerl oder unbeholfener Jugendlicher ?" in Kapitel Vier: Der Lehrer stellt sich vor, wie unwohl er sich fühlen würde, wenn er die Tanzschritte üben müßte, die seine Schüler gerade lernen, und ihm fällt auf, daß der Schüler, der ihm die Schwierigkeiten macht, so groß ist wie er selbst und sich vermutlich auch unwohl fühlt.

7. Haben Sie sich bei der Technik, die Sie ausgesucht haben, der Person gegenüber ehrlich und aufrichtig verhalten können ?

Wenn Sie sich in einer problematischen Situation für Umdeuten entscheiden und diese Umdeutung für einen Trick halten, wird es vermutlich nicht funktionieren. Wählen Sie eine andere Technik, die Ihnen gestattet, ehrlich und aufrichtig zu handeln. Denken Sie zum Beispiel an den Fall "Unerwünschte Aufmerksamkeit" in Kapitel Zwei: Der Lehrer entscheidet sich bei einer Kollegin gegen Umdeuten, da er befürchtet, er könne es nicht einsetzen, ohne sarkastisch zu klingen. Stattdessen benutzt er eine andere Technik.

8. Sind Sie nach anfänglicher Veränderung zu Ihrem alten Reaktionsmuster zurückgekehrt ?

Wie in einigen Fallbeispielen deutlich wurde, kehrte die Erzieherin nach anfänglichem Erfolg zu ihrem alten Reaktionsmuster zurück und die Person, mit der sie arbeitete, ebenfalls. Wenn das passiert, wiederholen Sie die Intervention, die anfangs zur Veränderung geführt hat. Denken Sie zum Beispiel an den Fall "Lebloses Objekt oder enthusiastisches Mädchen ?" in Kapitel Sechs: Die Lehrerin hatte mit Erfolg die problematische Situation verändert. Dann fing sie an, in einer früheren Weise auf die Schülerin zu reagieren - sie lobte sie, worauf diese sofort zu ihrem alten problematischen Verhalten zurückkehrte, nämlich nichts zu tun. Als die Lehrerin dann nochmals die Funktion des Verhaltens der Schülerin positiv konnotierte, begann diese wieder, sich zu beteiligen.

9. Gibt es noch einen anderen Bereich des Ökosystems, den man mit einbeziehen kann ?

Häufig reicht es, nur mit einem Teil des Ökosystems zu arbeiten. Manchmal kann es jedoch helfen, andere Bereiche des Ökosystems mit einzubeziehen, zum Beispiel Helferinnen, eine Gruppe von Schülern oder die ganze Klasse. Manchmal ist es auch hilfreich, das umfassendere Ökosystem zu betrachten, also zum Beispiel die Schule einschließlich der Verwaltung, oder ein Ökosystem zu nehmen, zu dem Elternhaus und Schule gehören und ein Elternteil mit einzubeziehen. Denken Sie beispielsweise an den Fall "Eine ernsthafte Schülerin im Clowns-Kostüm" in Kapitel Sechs, in dem die Lehrerin zwei Helferinnen mit hinzuzieht; an den Fall: "Das Opferlamm", in dem der Berater mit der Sonderschullehrerin zusammenarbeitet; und an den Fall "Sarah ist traurig - aus gutem Grund" in Kapitel Vier, in dem die Lehrerin die Mutter des Kindes und die frühere Lehrerin heranholt, die ihr bei dem Problem helfen sollen.

Alle Fallbeispiele dieses Buches basieren auf der Arbeit unserer StudentInnen. Sie berichten, daß es für sie immer leichter wurde, je häufiger sie diese Techniken einsetzten, und ihnen ist aufgefallen, wie unterschiedlich sie jetzt über problematische Situationen und mögliche Lösungen zu denken angefangen haben. Im letzten Kapitel finden Sie eine Beschreibung der Erfahrungen unserer StudentInnen im Verlaufe eines Semesters, in dem sie zunächst die ökosystemischen Techniken lernten und sie dann in ihren Schulen und Klassen einsetzten. Wenn sie dabei blieben und konstant ihre Detektivarbeit leisteten, dann, so stellten sie fest, konnten sie normalerweise mit einer kreativen Lösung aufwarten. Dies wird vielleicht auch Ihre Erfahrung sein.

12
Wie Sie Ihre Fähigkeiten, Probleme zu lösen und Verhaltensweisen zu ändern, verfeinern können

Wenn Sie anfangen, einen ökosystemischen Ansatz durchzuführen, wird es Ihnen helfen, sich daran zu erinnern, daß der Fokus auf Veränderung liegt. In gewisser Weise kann die gesamte Botschaft von *"Verhaltensprobleme in der Schule - Lösungsstrategien für die Praxis"* in einem Satz zusammengefaßt werden: Wenn Sie möchten, daß sich etwas ändert, müssen Sie etwas ändern. Jede Technik, die wir beschrieben haben, stellt eine andere Methode dar, Ihnen zu helfen, eine problematische Situation zu ändern, indem Sie Ihre Perspektive, Ihr Verhalten oder beides ändern.

Wir geben uns keinen Illusionen hin, eine solche Veränderung wäre notwendigerweise einfach. Viele Untersuchungen und Daten legen den Schluß nahe, man brauche viel mehr Daten, um eine feste Überzeugung umzuwerfen, als man braucht, um sie zu erhalten (TAYLOR und BROWN, 1988). Wie wir in Kapitel Eins erklärt haben, gibt es viele Gründe, warum es verständlich ist, wenn sich eine Person in einer problematischen Situation nicht ändert. Man kommt nicht als unbeschriebenes Blatt in die Schule. Man kommt als Mensch mit bestimmten Merkmalen an, die zum Teil durch einzigartige Erfahrungen im Leben geformt wurden und zum Teil durch Erfahrungen, die man mit anderen Menschen derselben Rasse, sozialen Schicht und desselben Geschlechts teilt. Die Interaktion zwischen den Merkmalen, die Sie in Ihre Arbeit als Erzieherin mit einbringen, und dem sozialen Kontext Ihrer Schule muß Ihren Standpunkt bei der Ausübung Ihrer Arbeit beeinflussen. Wenn Sie einmal über Ihre eigene Entwicklungsgeschichte und den sozialen Kontext, in dem Sie arbeiten, nachdenken, kann Ihnen das helfen zu verstehen, warum es für Sie schwer ist, sich in einer bestimmten problematischen Situation zu verändern. Es kann Ihnen auch helfen, sich zu verändern, indem es Ihnen hilft, Ihre Perspektive ins rechte Licht zu rücken.

Rücken Sie Ihre Perspektive ins rechte Licht

Eine konkrete Möglichkeit, uns unserer eigenen Perspektive bewußter zu werden (und gleichzeitig anzufangen, uns zu ändern) erhalten wir, wenn wir uns folgende Fragen stellen: (1) Wie könnte mein Verhalten aus der Perspektive der Person, mit der ich ein Problem habe, interpretiert werden? (2) Welches ist der Unterschied zwischen meiner Interpretation meines Verhaltens und der Interpretation der Person, mit der ich das Problem habe? (3) Welche anderen Verhaltensweisen meinerseits (die für mich akzeptabel sind) könnten von der problematischen Person als positive Veränderung interpretiert werden?

Denken Sie an unser Beispiel des Schülers, der mit den Antworten herausplatzt, und der Lehrerin, die versucht, dieses Verhalten zu ignorieren. Wenn die Lehrerin sich unsere drei Fragen stellte, könnten die Antworten etwa so lauten: (1) Aus der Perspektive des Schülers könnte mein Verhalten als Desinteresse an dem, was er zu sagen hat, gedeutet werden oder als eine größere Sorge meinerseits um Ordnung und Regeln in der Klasse als um die Förderung eines Schülers, der am Thema interessiert ist. (2) Ich verstehe mein Verhalten so, daß ich bemüht bin, effektiven Unterricht zu machen, in dem jedes Kind lernt, was ihm beigebracht wird. Aus der Perspektive des Schülers bin ich vielleicht jemand, der nicht so sehr an dem interessiert ist, was ein Kind zu sagen hat, sondern der sich mehr Gedanken über Regeln, statt über Inhalte macht. (3) Vielleicht ändert sich die Sichtweise, die der Schüler von mir hat, und die Situation wird anfangen, sich zu ändern, wenn ich dem Schüler gegenüber erwähne, daß ich seinen Enthusiasmus für das Thema schätze, und wenn ich mich bei den Schülern darüber beklage, wie oft ich mich durch die Regeln eingeschränkt fühle, und sie bitte, mir zu helfen, einen Ausweg zu finden, oder den Schüler einfach bitte, Leute aufzurufen, nachdem ich eine Frage gestellt habe.

Wenn Sie in der Lage sind, auf die Fragen, die wir aufgeworfen haben, zu antworten, könnte es für Sie leichter sein, eine ganze Reihe von Perspektiven der problematischen Situation zu sehen. Dies bringt vielleicht nicht sofort eine akzeptable Lösung mit sich; es wird jedoch die Wahrscheinlichkeit erhöhen, daß Sie mehr *machbare* Dinge als früher sehen, die Sie ausprobieren können. Es ist immer wieder typisch für Leute in einer problematischen Situation, daß Sie keinen Ausweg sehen können. Sie meinen, sie hätten alles in ihrer Macht Stehende getan und fühlen sich wie in einer Falle. Hier macht dann schon alles, was Ihnen nur hilft, an neue Möglichkeiten zu denken, einen großen Unterschied.

Wie uns aufgefallen ist, taucht häufig, wenn irgendetwas erst einmal verändert wurde, eine neue Situation auf, die weder das Problem ist noch — genau genommen — die vorhergesehene Lösung. Oft ist diese veränderte Situation für alle Betroffenen akzeptabel. Manchmal wird sie nicht für optimal gehalten, wohl aber als Verbesserung, die auf eine positive Entwicklung hoffen läßt. Wir nennen dies eine Kompromißlösung. Ohne dies explizit zu sagen, haben die Leute, die von der problematischen Situation betroffen sind, eine zufriedenstellende *Übereinkunft* ausgehandelt, die sie unterstützen können.

Wir hoffen, daß Ihre Neugier in Bezug auf Ihre eigene Perspektive der problematischen Situation es Ihnen erleichtern wird, neugierig darauf zu sein, wie die andere(n) betroffene(n) Person(en) das Geschehen interpretiert(en), und Sie aus dieser Neugier lernen, anders zu denken und zu handeln. In gewisser Weise ist ein problematisches Verhalten nichts anderes als eine Botschaft an Sie, daß sich irgendetwas ändern muß. Das Geheimnis liegt darin, welche Perspektive(n) Ihnen am besten helfen wird (werden), mögliche Veränderungen aufzuzeigen. Problematische Situationen bieten Ihnen die Möglichkeit, Meisterdetektiv zu spielen und neue Gedanken zu denken. Sie sind ausgezeichnet geeignet, Ihre eigene Kreativität zu fördern.

Analysieren Sie Ihre Fähigkeiten

Es ist eine unserer grundlegenden Annahmen, daß jeder das Wissen hat, das er benötigt, um seine Probleme zu lösen. Wenn man in einer chronisch problematischen Situation feststeckt, hat man vielleicht zeitweilig vergessen, was man weiß, oder vielleicht noch nicht alle zusammengehörigen Teile dieser bestimmten problematischen Situation einander sinnvoll zugeordnet.

Bevor Sie eine Technik, die wir in diesem Buch beschrieben haben, benutzen, hilft es Ihnen vielleicht, sich einigen Erinnerungen hinzugeben. Denken Sie an problematische Situationen, denen Sie sich in der Vergangenheit gegenüber gesehen haben. Versuchen Sie, sich an eine Situation zu erinnern, in der Sie alles in Ihrer Macht Stehende taten und es half einfach nichts, und dann machten Sie etwas, was ganz ungewöhnlich war, und die Situation wurde besser. Fragen Sie sich, was bei dieser neuen Art, sich mit der Situation auseinander zu setzen, ungewöhnlich war.

Immer wenn wir ökosystemische Ideen und die Notwendigkeit, in problematischen Situationen etwas Neues auszuprobieren, im Kursus "Wie kann die Schule funktionieren" beschreiben, fangen die TeilnehmerInnen unserer Erfahrung nach an, sich an problematische Situationen zu erinnern, in denen sie etwas anders machten und die problematische Situation dann anfing, sich zum Besseren zu wenden. Noch bevor wir die ökosystemischen Techniken im Detail beschreiben, machen die KursteilnehmerInnen sich daran, sich die ungewöhnlichen Methoden, mit denen sie manche Probleme gelöst haben, in Erinnerung zu rufen. Wenn wir die Techniken beschreiben oder den Gedanken der Kooperation diskutieren, fällt vielen StudentInnen ein, wie sie einmal in einer Lage gewesen sind, in der sie in ihrer Beziehung zu Kommilitonen, Eltern oder Kollegen weder ein noch aus wußten und die Dinge dann, nachdem sie etwas völlig Neues gemacht hatten, schlagartig besser wurden. Obwohl sie häufig berichten, sie wüßten nicht, warum dies geschah, erkennen sie doch, daß sie etwas Ungewöhnliches gemacht hatten.

TherapeutInnen ist ein ähnliches Phänomen bei ihrer Arbeit mit Familien aufgefallen. Oft haben Eltern, die ein Kind zur Therapie bringen, vergessen, was sie früher bei Problemen gemacht oder auf welche Mittel sie zurückgegriffen haben, um erfolgreich ihre Probleme zu lösen. Daher ist es ein guter Arbeitsansatz für TherapeutInnen, zunächst einmal den Eltern zu helfen, festzustellen, was sie in der Vergangenheit gemacht haben, was zum Erfolg geführt hat.

Denken Sie an das Beispiel mit dem Kind, das die Eltern zur Therapie bringen, weil sie alles in ihrer Macht Stehende getan haben, das Kind dazu zu bringen, seine Schulaufgaben zu machen, und es macht sie immer noch nicht regelmäßig. Eine Möglichkeit der Therapeutin, das Gespräch zu beginnen, wäre, herauszufinden, was die Eltern mit den älteren Geschwistern in der Familie mit Erfolg ausprobiert haben, und sie dann überlegen zu lassen, ob diese Methoden in der gegenwärtigen Situation anwendbar wären. Welche könnten vielleicht bei diesem Kind funktionieren ? Wie könnte man diese Methoden abwandeln, damit sie für dieses Kind in dieser speziellen Situation passen ? Ein anderer Bereich, den man auf seine früheren Erfolge hin untersuchen müßte, wären die Erziehungsmethoden mit diesem Kind in der Vergangenheit, die positiv gewirkt haben. Was haben sie vorher mit dem Kind gemacht, um das Problem mit den Hausaufgaben oder andere Schwierigkeiten zu bewältigen ? Unterscheiden sich die früher erfolgreichen Reaktionen der Eltern von ihren heutigen ? Wenn das der Fall ist, wäre eine dieser Lösungsmöglichkeiten auf diese Situation anwendbar ? Man könnte die Eltern auch fragen, was ihre Eltern mit ihnen bei ähnlichen Problemen gemacht haben. Würde eine dieser Strategien in der Situation mit ihrem Kind vielleicht funktionieren ?

Zurückliegende Erfolge zu diskutieren, hat mehrere positive Wirkungen. Manchmal wenden Leute nach einem solchen Gespräch über frühere Erfolge eine Lösung von neuem an, die früher einmal gewirkt hat, und sie führt wieder zum Erfolg. Eine weitere wichtige Folge solcher Diskussionen über Erfolge kann darin bestehen, daß die Leute in der gegenwärtigen problematischen Situation nicht so hoffnungslos sind. Das hilft ihnen, dem Problem gegenüber wieder eine experimentierfreudige, kreative Haltung einzunehmen. Und schließlich kann diese Erinnerung an ihre frühere Fähigkeit, schwierige Probleme zu lösen, sie darin beflügeln, völlig neue Lösungsmöglichkeiten zu entwickeln.

Sich auf das zu konzentrieren, was die Leute bereits zu tun vermögen, ist in der Familientherapie als Lösungsorientierung beschrieben worden (DE SHAZER, 1985). Bei der Entwicklung einer ähnlichen Idee im Bereich der Gemeindeorganisation hat RODALE (1987) die Methode der Kapazitätsanalyse, wie er sie nennt, der Methode der Bedarfsfeststellung gegenübergestellt. RODALE weist darauf hin, daß die Gemeindeorganisation meistens mit einer Bedarfsfeststellung beginnt, die sich darauf konzentriert festzustellen, was in der Gemeinde fehlt. Er behauptet, die Bedarfsfeststellung ergebe ein klares Bild von den Schwächen einer Gemeinde, führe aber zu keinem Verständnis von den Ressourcen, die der Gemeinde zur Verfügung stehen und die benutzt werden können, Lösungen für die Probleme zu konstruieren. Auf der anderen Seite sucht die Kapazitätsanalyse nach den vorhanden Fähigkeiten, Stärken und Ressourcen der Gemeinde und wendet sie kreativ an, um die Gemeinde zu "regenerieren", indem sie das nutzt, was sie hat, statt sich auf das zu konzentrieren, was ihr fehlt.

RODALE weist darauf hin, wieviel Spaß es macht, eine Kapazitätsanalyse zu erstellen, die ja die unmittelbare Belohnung mit sich bringt, Hoffnung zu erwecken und den Geist der Kreativität und Entdeckungsfreude neu zu wecken. Er schreibt:

"Die bedarfs-orientierte Methode, etwas über eine Gemeinde zu erfahren, läßt tatsächlich einen großen Teil der wahren Natur einer beliebigen Gruppe von Menschen im Dunkeln. Bei der Bedarfsanalyse bleiben viele Fähigkeiten, die für die Regeneration der Gemeinde so nützlich sind, verborgen. Warum ? Vor allem, weil die ausschließliche Beschäftigung mit der Suche nach Bedürfnissen die Aufmerksamkeit von all den vorhandenen Kräften, die gefördert werden könnten, ablenkt." (S.20)

RODALEs Begriff der Kapazitätsanalyse beschreibt sehr schön unsere Annahmen über Sie. Zu diesem Zeitpunkt Ihres persönlichen und beruflichen Lebens haben Sie viele Probleme gelöst und zahlreiche Fähigkeiten entwickelt. Sie haben einen persönlichen und beruflichen Stil, der für Sie eine nützliche Grundlage zum Auffinden von Lösungen in chronisch problematischen Situationen darstellt. Es wird für Sie von großem Nutzen sein, wenn Sie sich die Zeit nehmen und überprüfen, was Sie ganz allgemein gesehen und in Bezug auf die Person(en), mit der (denen) Sie ein Problem haben, gut können. Die Ideen, die wir in diesem Buch vorstellen, sollen im Zusammenhang mit dem, was Sie bereits gut können, eingesetzt werden. Mit anderen Worten, Sie sollen die Fähigkeiten, die Sie bereits haben, weiter ausbauen.

Wir möchten Sie ermutigen, eine Kapazitätsanalyse von sich, von Ihrer Klasse, Ihrer Schule und der Gemeinde, in der Ihre Schule sich befindet, zu erstellen und dann die Ideen in diesem Buch dazu zu benutzen, das Wissen und die Fähigkeiten, die Ihnen bereits zur Verfügung stehen, zu erweitern.

Die folgenden Fragen helfen Ihnen vielleicht, eine persönliche Kapazitätsanalyse zu beginnen:

1. Welche Eigenschaften habe ich, die ich positiv beurteile ? (Beispiele: Ich habe Humor. Ich bin loyal, pünktlich, einfühlsam, ehrlich.)

2. Welche Fähigkeiten habe ich ? (Beispiele: Ich variiere meine Unterrichtsmethoden. Ich habe ein gutes Gefühl für Zeit und Tempo, wenn ich unterrichte. Ich habe immer alles gut im Griff.)

3. Mit welcher Art Schüler arbeite ich gut ? (Beispiele: Ich komme gut mit Schülern aus, die direkt um Hilfe bitten. Ich arbeite gut mit intelligenten Schülern, die viele Fragen stellen. Ich arbeite gut mit ruhigen Schülern, die aus der Reserve gelockt werden müssen.)

4. In welchen Situationen arbeite ich gut ? (Beispiele: Ich arbeite gut in einer Klasse, in der Schüler und Lehrer sich gegenseitig viel geben. Ich arbeite gut in einer strukturierten Situation mit einer bestimmten Handlungsvorgabe.)

Zu einer persönlichen Kapazitätsanalyse kann auch die Beurteilung dessen gehören, was Sie bereits über das Lösen von Problemen wissen. Wenn Sie sich einer problematischen Situation gegenüber sehen, fragen Sie sich, was Sie in der Vergangenheit erfolgreich bei einem ähnlichen Problem getan haben. Würde dieser Weg hier auch funktionieren ? Würde eine etwas abgewandelte Form dieser Lösung hier passen ? Was haben andere ausprobiert, was hier vielleicht auch funktionieren würde ? Was ist an dieser problematischen Situation anders, wodurch es ratsam wäre, eine leicht modifizierte Form des bisherigen erfolgreichen Lösungsweges einzuschlagen? Wie wird die Lage sein, wenn Sie das Problem gelöst haben?

Sie können die allgemeine Information, die Sie aus der Kapazitätsanalyse über sich selbst erhalten haben, mit dem kombinieren, was Sie über Ihre Fähigkeiten beim Lösen von Problemen erfahren haben. Überdenken Sie die folgenden Fragen:

1. Wie kann ich meine persönlichen Eigenschaften und Fähigkeiten als Hilfe bei der Problemlösung einsetzen? Könnten mein Sinn für Humor oder meine Fähigkeit, die Dinge gut in den Griff zu bekommen, mir helfen, dieses Problem zu lösen?

2. Wie könnte mein Wissen darüber, mit welcher Art Schüler ich gut zusammenarbeiten kann, mir helfen, dieses Problem zu lösen?

3. Wie könnte ich mein Wissen, in welchen Situationen ich gut arbeite, mit Erfolgen der Vergangenheit kombinieren und als Hilfe für die Problemlösung benutzen?

Diese Liste mit Fragen ist nicht erschöpfend. Sie soll Ihnen helfen anzufangen, über die Erfahrungen und Fähigkeiten, die Sie bereits besitzen, nachzudenken. Sie werden sich vielleicht eine Reihe ähnlicher Fragen über Ihre Schüler, die Schule und die Gemeinde, in der Ihre Schule sich befindet, stellen wollen, um deren jeweilige Stärken feststellen zu können.

Anstoßen und am Ball bleiben

Nachdem wir TeilnehmerInnen in unserem Kursus "Wie kann die Schule funktionieren" ökosystemische Techniken beigebracht haben, lassen wir sie Techniken nach eigener Wahl auf Probleme ihrer eigenen Wahl anwenden. In Hinblick auf unsere Erfahrungen bei diesem Kursus empfehlen wir Ihnen, klein anzufangen und langsam vorzugehen.

Fangen Sie klein an. Da nach unserer Definition jede Veränderung, selbst eine kleine, das gesamte Ökosystem betreffen wird, empfehlen wir Ihnen, für den Anfang ein kleines Problem auszusuchen und in Bezug auf das Problem die kleinstmögliche Veränderung vorzunehmen. Sie haben zum Beispiel viele Probleme in Ihrer Klasse, die Sie gern in Angriff nehmen würden. Wählen Sie das aus, mit dem Sie sich am leichtesten auseinandersetzen können, oder, wenn Sie mehrere Schüler haben, die Ihnen Probleme bereiten, wählen Sie nur einen aus, mit dem Sie anfangen.

Gehen Sie langsam voran. Wenn Sie ein Problem gewählt haben, mit dem Sie am leichtesten anfangen können, suchen Sie sich eine Technik aus, die Sie interessiert und setzen Sie sie ein. Dann warten Sie ab. Halten Sie Ausschau nach Veränderungen. Suchen Sie nach Veränderungen in der problematischen Situation mit der problematischen Person; suchen Sie nach Veränderungen bei anderen in der Klasse; achten Sie auf jegliche Veränderung Ihrer eigenen Haltung. Geben Sie der Veränderung, die Sie in Bewegung gesetzt haben, Zeit sich auszubreiten. Unserer Erfahrung nach stoßen Sie viel leichter auf Schwierigkeiten, wenn Sie versuchen, zu schnell voranzugehen, als wenn Sie zu langsam sind.

Entwickeln Sie einen Plan. Der Beruf des Erziehers wird oft als einsam beschrieben. Isolation und Mangel an Unterstützung fordern ihren Tribut selbst von den Engagiertesten unter uns. Unserer Erfahrung nach haben die Personen ökosystemische Techniken am konsequentesten eingesetzt, die Mittel und Wege gefunden haben, ökosystemische Ideen wieder und wieder in ihre tägliche Routine mit aufzunehmen.

Wie Sie sich vorstellen können, sind die Methoden, die verschiedene Personen benutzt haben, um sich selbst daran zu erinnern, ökosystemische Ideen zu gebrauchen, recht unterschiedlich. Lehrer haben ganze Bibliotheken mit Artikeln und Anekdoten zusammengestellt; haben bewußt versucht, das Komische an einer schwierigen Situation zu entdecken; ihren Schülern ökosystemische Ideen beigebracht; ein Tage- oder Logbuch geführt; Tonbänder erstellt, auf denen besonders erinnerungswürdige Vorfälle mit ökosystemischen Ideen beschrieben wurden, die man sich gegebenenfalls wieder vorspielen konnte; einen Behälter auf ihren Tisch gestellt mit der Aufschrift "ökosystemische Methoden" und jedesmal eine Murmel hineingeworfen, wenn sie eine ökosystemische Technik angewandt hatten; Karteikarten geführt, auf denen verschiedene ökosystemische Techniken skizziert waren, die sie immer zur Hand hatten; Schilder gemacht wie zum Beispiel "Deute nicht sie um - deute dich selbst um" und sie überall im Raum aufgehängt; Poster gemalt, auf denen ein Daumen (das Problem) zu sehen war, der die Sonne (alles andere) verdeckte; Wörter wie *umdeuten, positive Konnotation* undsoweiter auf den Wandkalender in der Klasse geschrieben, so daß jeden Monat ein neues Wort zur Erinnerung auftauchte; voraussagbare Probleme auf ein Poster geschrieben mit der dazugehörigen Umdeutung; und sich negative Beschreibungen der problematischen Person durch andere angehört, positive Konnotation angewendet und dabei diese negative Beschreibung als Ausgangspunkt benutzt.

Einige Lehrer haben sogar Glückskekse gebacken, die ökosystemische Botschaften enthielten.

Ziehen Sie andere als Berater hinzu, um Ihre Kreativität zu steigern. Alle diese verschiedenen Möglichkeiten, mit der sich Leute selber daran erinnern, wie sie ökosystemische Ideen anwenden können, stellen Möglichkeiten dar, sich zu einem Zeitpunkt, wo man festsitzt, zu verändern.

Eine der besten Methoden, den Kontakt zu ökosystemischen Ideen aufrechtzuerhalten, ist die Bildung einer Beratungsgruppe. Das Ziel der Beratungsgruppen besteht darin, es einer Gruppe von Leuten, die an ökosystemischen Ideen interessiert sind, zu ermöglichen, Erfahrungen auszutauschen und einander zu helfen, sich in einer problematischen Situation auf kreative Weise anders zu verhalten. Wenn eine Gruppe von Erzieherinnen Ideen austauscht und sich kreative Möglichkeiten ausdenkt, sich in problematischen Situationen anders zu verhalten, können die Erfolge einer Einzelnen jedes andere Gruppenmitglied positiv beeinflussen. In der Praxis haben diese Gruppen das Potential, die kleinen Veränderungen, die in einem Klassenzimmer vor sich gehen, zu verstärken und das gesamte Ökosystem der Schule zu beeinflussen.

Auch TherapeutInnen halten es manchmal für nötig, sich durch neue Methoden wieder zu ermuntern, kreativ zu denken und bei der Arbeit mit Klienten nicht in einen Trott zu verfallen. DE SHAZER und MOLNAR (1984b) haben die Notwendigkeit erörtert, zufällige Elemente, wie sie es nennen, in ein soziales System einzuführen, um Kreativität herauszufordern und Veränderung herbeizuführen. Natürlich kann auch ein einzelner Mensch Wege zur Förderung seiner Kreativität finden und sich selbst helfen, in einer problematischen Situation etwas Neues zu machen. Der Vorgang wird jedoch leichter, wenn man die Unterstützung von mindestens einer anderen Person genießt. Genauso wie es für uns notwendig ist, zwei funktionierende Augen zu haben, um tiefenperspektivisch zu sehen, erhalten wir ein vollständigeres und vielleicht nützlicheres Bild einer problematischen Situation, wenn uns zumindest noch eine andere (aber mitfühlende) Sichtweise zur Verfügung steht. Außerdem sind andere Menschen eine ausgezeichnete Quelle für zufällige Bemerkungen, Verhaltensweisen und Perspektiven, die häufig zu kreativen Lösungen führen. Es sind schon etliche gute Lösungen aufgetaucht, wenn jemand versuchte, die Bedeutung oder Tragweite einer Sache zu ermessen, die anscheinend in keiner Beziehung zum gegebenen Problem stand.

In ihrem Artikel "Teams ändern/Familien ändern" beschreiben DE SHAZER und MOLNAR (1984a), wie einem Team von drei TherapeutInnen (eine Therapeutin arbeitete im Raum mit den KlientInnen und zwei beobachteten hinter dem Einwegspiegel) durch die zufälligen Kommentare einer Kollegin geholfen wurde, in einem schwierigen Fall eine Lösung zu finden.

Während der dritten Therapiesitzung mit einem geschiedenen Paar und der Tochter, einem Teenager, betrat eine Therapeutin, die nichts mit dem Fall zu tun hatte, den Beobachtungsraum, warf einen Blick auf die Familie und bemerkte, der Vater sähe aus wie Paladin in der alten Fernsehserie "Have Gun, Will Travel". Dann ging sie wieder.

Die beiden Therapeutinnen, die zum Arbeitsteam gehörten, fingen an zu diskutieren, wie sehr der Mann Paladin ähnlich sähe. Und im Folgenden benutzte das Team die zufällige Bemerkung ihrer Kollegin, um eine Intervention zu entwerfen, die den Eltern bei ihrem Erziehungsproblem helfen sollte. Sie erwähnten der Familie gegenüber die Ähnlichkeit zwischen dem Vater und Paladin und dann

> "schlugen sie vor, der beste Weg für ihn, seine Vaterrolle zu erfüllen, wäre die, seine Tochter zur Mutter zurückziehen zu lassen (was die Mutter wünschte), aber zur Verfügung zu stehen ("Have Discipline, Will Travel"), sollte seine frühere Frau seine Hilfe benötigen. Dieser Rahmen wurde von beiden, sowohl Herrn Y. wie auch seiner Frau, akzeptiert und sie bauten darauf (zum ersten Mal) eine kooperative Beziehung in Hinblick auf die Erziehung ihrer Tochter auf." (S. 484)

In diesem Fall ist die Erziehung der Tochter für die Eltern anfangs eine Frage des "entweder-oder": entweder der Vater war verantwortlich für die Erziehung der Tochter oder die Mutter. Dies ähnelt sehr der "entweder-oder"-Perspektive, die Erzieher oft in problematischen Situationen haben. Sehr häufig haben sie, wenn sie Schwierigkeiten mit Schülern, Kollegen oder Eltern haben, den Eindruck, entweder stimmt etwas mit der anderen Person nicht, oder sie selbst haben versagt. Eine weitere häufige "entweder-oder"-Perspektive sagt, entweder muß die problematische Person sich ändern oder ich. Solche "entweder-oder"-Perspektiven machen eine Kooperation schwierig, fordern zu einer negativen statt positiven Beschreibung des Problems auf und ersticken Kreativität.

Wenn Sie, wie die Therapeutinnen in unserem Beispiel, eine Gruppe gründen können, die ökosystemische Ideen versteht, wird diese Gruppe Ihre Kreativität unterstützen und fördern. Eine Beratungsgruppe wird Ihnen dabei helfen, der Falle des "entweder-oder"-Denkens aus dem Weg zu gehen, und es möglich machen, daß selbst zufällige Kommentare sich in nützliche Ressourcen für das Vorantreiben einer positiven Veränderung verwandeln. ErzieherInnen, die an unserem Kursus "Wie kann die Schule funktionieren" teilgenommen haben, haben die Wichtigkeit dieser Unterstützung durch die Gruppe erkannt. Vielleicht haben deswegen so viele von ihnen ihren MitarbeiterInnen, Schülern, HelferInnen und sogar SchulsekretärInnen und Vorgesetzten ökosystemischen Ideen beigebracht.

Was wir von unseren KursteilnehmerInnen gelernt haben

Wenn wir in unserem Kursus "Wie kann die Schule funktionieren" unterrichten, arbeiten wir sehr häufig an drei Wochenenden mit einem Monat Abstand dazwischen. Im Laufe der Jahre sind uns gewisse Ähnlichkeiten in der Art und Weise, wie die KursteilnehmerInnen unsere Ideen aufnehmen, aufgefallen. Wenn Sie erkennen, in welchem Rhythmus sich bei den TeilnehmerInnen der Einsatz ökosystemischer Ideen entwickelt, hilft Ihnen das vielleicht, bei sich selbst zu durchschauen, wie Sie auf Erfolgen aufbauen und Rückschläge überwinden können, wenn Sie selber diese Ideen ausprobieren.

Am ersten Wochenende sind die KursteilnehmerInnen normalerweise skeptisch und betrachten das Umdeuten (die erste Technik, die wir sie lehren) als Spielerei. Sie sind jedoch nachsichtig mit uns und erklären sich bereit, es einmal in einer chronisch problematischen Situation auszuprobieren, in der sie gewillt sind, ein gewisses Risiko einzugehen. Obwohl die TeilnehmerInnen sich eine ganze Reihe von Problemen aussuchen, an denen sie arbeiten möchten, drängen wir sie immer, klein anzufangen und die kleinstmögliche Veränderung anzustreben.

Wenn die TeilnehmerInnen zum zweiten Wochenende wiederkommen, ist ihre vorherige Skepsis meist in Verwirrung umgeschlagen. Wie funktioniert das Umdeuten? Nach unserer Erfahrung haben etwa achtzig Prozent von denen, die das Umdeuten zwischen den Sitzungen ausprobiert haben, entweder die problematische Situation erfolgreich geändert oder Fortschritte in Richtung auf eine Lösung gemacht. Am zweiten Wochenende sitzen uns nicht mehr skeptische TeilnehmerInnen gegenüber, sondern nervöse, die nicht wissen, was sie als nächstes tun sollen, und die Angst haben, ein einziger falscher Schritt ihrerseits könnte das Problem zurückbringen. Daher ist unser erstes Thema in dieser Sitzung die Rückfall-Vorhersage (Kapitel Zehn). Wir sagen ihnen, sie sollten der Veränderung gegenüber eine natürliche Haltung einnehmen, nämlich ein wenig skeptisch zu bleiben und auch verblüfft. Wir erklären ihnen, ein Rückfall wäre normal und vorhersagbar, und dies sollten sie auch der Person, mit der sie das Problem hatten, falls erforderlich sagen. Wir legen ihnen nahe, sich auf fast jede beliebige Weise, so wie sie es wünschen, zu verhalten, so lange sie sich nicht genauso wie früher in der problematischen Situation verhalten. Nachdem wir die KursteilnehmerInnen so etwas beruhigt haben, machen wir weiter mit positiver Konnotation des Motivs und der Funktion sowie Symptomverschreibung. Vor Ende des zweiten Wochenendes sind einige TeilnehmerInnen zu dem Schluß gekommen, ökosystemische Ideen seien bei weitem keine simplen Tricks, sondern besitzen fast mystische Macht.

Wenn die KursteilnehmerInnen zum letzten Wochenende kommen, sind die meisten durchgehend erfolgreich bei der Verwendung ökosystemischer Ideen. Da sie jetzt aber mehr Erfahrung mit den Ideen haben, betrachten sie diese nun normalerweise nicht mehr als Tricks oder mystische Mechanismen, mit denen man eine Veränderung wie durch Zauberei bewirkt. Zu diesem Zeitpunkt haben sie meistens festgestellt, wie bequem sie die ökosystemischen Ideen in Verbindung mit ihrem persönlichen Stil und den Erfordernissen der speziellen Umstände einsetzen können.

Sie fangen auch an zu begreifen, daß all die ökosystemischen Techniken, die wir ihnen beigebracht haben, Methoden sind, sich selbst zu verändern. Und an diesem Punkt zeigen die TeilnehmerInnen das größte Interesse daran, Möglichkeiten zu finden, mit denen sie sicherstellen können, daß die ökosystemischen Ideen ihnen auch nach Beendigung des Kurses erhalten bleiben. Ihnen gefällt die Veränderung, die sie durchgemacht haben.

Es war die Arbeit mit Lernenden, die bis zu diesem Punkt gekommen waren, die uns in die Lage versetzte, die wesentlichen Elemente des "Anstoßen und am Ball bleiben", die wir in diesem Kapitel beschrieben haben, zu verstehen. Wir hoffen, daß sie beim Lesen von *Verhaltensprobleme in der Schule - Lösungsstrategien für die Praxis"* Mut fassen, ökosystemische Ideen auszuprobieren und Wege zu finden, sie wirkungsvoll in ihren persönlichen Stil einzubeziehen, genauso wie auch die Teilnahme an dem Kursus "Wie kann die Schule funktionieren" unsere TeilnehmerInnen dazu ermutigt hat. Wir wünschen Ihnen alles Gute.

Hilfen
Strategien zur Verhaltensänderung einüben

Wir haben die Übungen in diesem Abschnitt als Hilfen für Sie angeschlossen, die Sie benutzen können, wenn Sie unsere Ideen in Ihrer Schule oder Klasse anwenden wollen. Für jede ökosystemische Technik, die in Teil Zwei beschrieben wird, finden sie in diesem Teil eine Übungsanweisung. Die Übungsanweisung für jede ökosystemische Technik führt Sie schrittweise voran, um Ihnen zu helfen, die Technik bei dem Problem, das Sie ausgewählt haben, anzuwenden. Die Übungen werden Ihnen auch helfen, sich Klarheit darüber zu verschaffen, welche Technik für Ihr Problem die beste ist.

Übungsanweisungen: Umdeuten

Denken Sie an ein Problem, das Sie im Augenblick haben. Normalerweise haben Probleme Namen und Gesichter. Denken Sie an eine wirkliche Situation mit wirklichen Menschen, die im Augenblick ein Problem für Sie darstellt. Machen Sie sich kurz Notizen für sich selbst.

1. Beschreiben Sie, welche Handlungen im einzelnen in der problematischen Situation ablaufen. Wer macht was? Wann machen sie es? Wer ist noch betroffen?

   ....
   ....
   ....

2. Wie reagieren Sie normalerweise auf das problematische Verhalten und wie ist normalerweise das Ergebnis?

   ....
   ....
   ....

3. Welche Erklärung haben Sie im Augenblick, weswegen die Person sich so verhält?

   ....
   ....
   ....

4. Welche alternative positive Erklärung könnte es für dieses Verhalten geben?

   ....
   ....
   ....

5. Wie könnten Sie - auf der Basis einer dieser alternativen positiven Erklärungen für das Verhalten der Person - anders als bisher reagieren? Was könnten Sie - auf der Basis einer dieser alternativen Erklärungen - konkret sagen oder tun?

   ....
   ....
   ....

Übungsanweisungen:
Positive Konnotation des Motivs

Denken Sie an ein Problem, das Sie im Augenblick haben. Machen Sie sich kurz Notizen für sich selbst über das Problem. Seien Sie so spezifisch wie möglich.

1. Was macht die Person ? Wann macht sie es ? Wer ist noch betroffen ?

   ....
   ....
   ....

2. Wie reagieren Sie normalerweise und mit welchem Ergebnis ?

   ....
   ....
   ....

3. Warum verhält die Person sich Ihrer Meinung nach so ? Welches sind Ihrer Meinung nach ihre Motive ?

   ....
   ....
   ....

4. Welche positiven Motive könnte es für dieses Verhalten geben ?

   ....
   ....
   ....

5. Wie könnten Sie - auf der Basis eines oder mehrerer dieser positiven Motive - anders als bisher reagieren ? Was könnten Sie auf der Basis eines dieser positiven Motive - konkret sagen oder tun ?

   ....
   ....
   ....

Übungsanweisungen:
Positive Konnotation der Funktion

Denken Sie an ein Problem, das Sie im Augenblick haben. Machen Sie sich kurz Notizen für sich selbst über dieses Problem. Seien Sie so spezifisch wie möglich, wenn Sie das problematische Verhalten beschreiben.

1. Wer macht was, wann, mit wem undsoweiter?

   ....

   ....

   ....

2. Wie reagieren Sie normalerweise und mit welchem Ergebnis?

   ....

   ....

   ....

3. Welche Funktion(en) sehen Sie im Augenblick in diesem Verhalten?

   ....

   ....

   ....

4. Welches sind einige der positiven ökosystemischen Funktionen dieses Verhaltens? (Denken Sie daran: eine Funktion ist nicht notwendigerweise das beabsichtigte Ergebnis. Eine Funktion ist ein Faktor, der in Beziehung steht zu anderen Faktoren oder von ihnen abhängig ist. Wenn A geschieht, dann geschieht auch B, C und D.)

   ....

   ....

   ....

5. Wie könnten Sie - auf der Basis einer oder mehrerer dieser positiven ökosystemischen Funktionen - anders als bisher reagieren? Was könnten Sie - auf der Basis einer dieser positiven Funktionen - konkret sagen oder tun?

   ....

   ....

   ....

Übungsanweisungen: Symptomverschreibung

Denken Sie an ein Problem, das Sie im Augenblick haben. Machen Sie sich kurz Notizen für sich selbst über dieses Problem. Seien Sie so spezifisch wie möglich, wenn Sie das problematische Verhalten beschreiben.

1. Wer macht was, wann, mit wem undsoweiter?

   ....
   ....
   ....
   ....

2. Wie reagieren Sie normalerweise, um die Person dazu zu bringen, mit dem Verhalten aufzuhören? Welches Ergebnis erzielen Sie normalerweise?

   ....
   ....
   ....
   ....

3. Auf welche Weisen könnte das Verhalten anders ausgeführt werden, zum Beispiel zu einem anderen Zeitpunkt, an einem anderen Ort, in anderer Form oder aus anderem Grund?

   ....
   ....
   ....
   ....

4. Wie könnten Sie diese Person dazu bringen, dieses abgewandelte Verhalten auszuführen, so daß es positiv gesehen werden kann?

   ....
   ....
   ....
   ....

Übungsanweisungen:
Durch die Hintertür stürmen

Denken Sie an eine Person (oder Gruppe), deren Verhalten zur Zeit ein Problem für Sie darstellt. Machen Sie sich kurz Notizen für sich selbst.

1. Beschreiben Sie unproblematische Verhaltensweisen oder Eigenschaften der Person (oder Gruppe), deren Verhalten für Sie problematisch ist.

   ....
   ....
   ....
   ....

2. Machen Sie eine Liste der Situationen, in denen ein Verhalten der problematischen Person kein Problem für Sie darstellt.

   ....
   ....
   ....
   ....

3. Wählen Sie eine Situation aus dieser Liste, bei der es für Sie am leichtesten wäre, einen aufrichtigen und positiven Kommentar abzugeben.

   ....
   ....
   ....
   ....

4. Was könnten Sie - auf der Basis dieser Wahl - zu der Person, deren Verhalten für Sie problematisch ist, sagen ? In welcher Situation werden Sie es sagen ?

   ....
   ....
   ....
   ....

Übungsanweisungen:
Lokalisieren von Ausnahmen

Denken Sie an eine Person, deren Verhalten zur Zeit ein Problem für Sie darstellt. Schreiben Sie kurz Ihre Antworten zu Folgendem auf:

1. Machen Sie eine Liste von Situationen, in denen die Person, an die Sie denken, nicht das Verhalten an den Tag legt, das Ihnen Sorge bereitet.

   ....
   ....
   ....

2. Schreiben Sie sich alle Unterschiede auf, die Ihnen zwischen den problematischen und den unproblematischen Situationen auffallen.

   ....
   ....
   ....

3. Schreiben Sie sich die Verhaltensweisen, Eigenschaften und Merkmale der Person, an die Sie denken, auf, bei denen Sie sich keine Veränderung wünschen.

   ....
   ....
   ....

4. Stellen Sie fest, was Sie bereits tun, was in Hinblick auf diese Person funktioniert. In welcher Weise sind Sie in diesen unproblematischen Situationen anders?

   ....
   ....
   ....

5. Schreiben Sie sich einen Plan auf, wie Sie das, was Sie durch die Antworten auf Punkt 1 bis 4 gelernt haben, benutzen können, um die Zeitspanne, die Sie für unproblematisches Verhalten zur Verfügung haben, zu vergrößern.

   ....
   ....
   ....

Literatur

AMATEA, Ellen S. und F. FABRICK "Family Systems Counseling: A Positive Alternative to Traditional Counseling", Elementary School Guidance and Counseling 15(3): 223 - 237, 1981

ANDERSON, Christine "An Ecological Developmental Model for Family Orientation in School Psychology", J. School Psychology 21(3): 179 - 189, 1983

APONTE, Harry J. "The Family-School Interview: An Eco-Structural Approach", Family Process 15(3): 303 - 311, 1976

ASIMOV, Isaak "Foundation's Edge", New York: Ballantine, 1982, dtsch "Die Psycho-Historiker", Lübbe, 1983

BATESON, Gregory "Steps to an Ecology of Mind", New York: Chandler, 1972, dtsch "Ökologie des Geistes", Frankfurt: Suhrkamp, 1981

BATESON, Gregory "Mind and Nature: A Necessary Unity", New York: Dutton, 1979, dtsch "Geist und Natur", Frankfurt: Suhrkamp, 1982

BECK, Aaron T. "Depression: Clinical, Experimental and Theoretical Aspects", New York: Harper & Row, 1967

BERCUVITZ, Jeff "Greenfield, Iowa: America's Number-One Regeneration Town", Regeneration 3(1): 1, 4, 1987

BERGER, Michael "Special Education Programs", in: Michael BERGER, Gregory J. JURCOVIC and Associates (eds) "Practicing Family Therapy in Diverse Settings: New Approaches to the Connections Among Families, Therapists, and Treatment Settings", San Francisco: Jossey-Bass, 1984

BERNARD, Charles P. und Ramon Garrido CORRALES "The Theory and Technique of Family Therapy", Springfield, Ill.: Thomas, 1979

BERTALANFFY, Ludwig von, "General System Theory and Psychiatry", in: S Arieti (ed) "American Handbook of Psychiatry", New York: Basic, 1966

BOGDAN, Jeffrey L. "Paradoxical Communication as Interpersonal Influence", Family Process 21(4): 443 - 452, 1982

BOGDAN, Jeffrey L. "Family Organization as an Ecology of Ideas: An Alternative to the Reification of Family Systems", Family Process 23: 375 - 388, 1984

BOGDAN, Jeffrey L. "Do Families Really Need Problems ?", Family Therapy Networker 10(4): 30-35, 67-69, 1986

BOGDAN, Jeffrey L. "Epistemology as a Semantic Pollutant", J. Marital and Family Therapy 13(1): 27 -36, 1987

BOWMAN, Phyllis und Miriam GOLDBERG "'Reframing': A Tool for the School Psychologist", Psychology in the Schools 20(4): 210 - 214, 1983

CHAMBLESS, D. L. und H. J. GOLDSTEIN "Behavioral Psychotherapy", in: Raymond J. CORSINI "Current Psychotherapies", Itasca, Ill.: Peacock, 1979

COLES, Robert "Children of Crisis: A Study of Courage and Fear", Boston: Little Brown, 1967

COLES, Robert "Sharecroppers, Mountaineers", Boston: Little Brown, 1971a

COLES, Robert "The South Goes North", Boston: Little Brown, 1971b

COLES, Robert "Eskimos, Chicanos, Indians", Boston: Little Brown, 1977a

COLES, Robert "Privileged Ones: The Well Off and Rich in America", Boston: Little Brown, 1977b

DE LONE, Richard "Small Futures: Children, Inequality, and the Limits of Liberal Reform", San Diego, Ca.: Harcourt Brace Jovanovich, 1979

DE SHAZER, Steve "Patterns of Brief Family Therapy: An Ecosystemic Approach", New York: Guilford, 1982

DE SHAZER, Steve "Keys to Solution", New York: Norton, 1985, dtsch "Wege erfolgreicher Kurztherapie", Stuttgart: Klett-Cotta, 1989

DE SHAZER, Steve und Alex MOLNAR "Changing Teams/Changing Families", Family Process 23(4): 481 - 486, 1984a

DE SHAZER, Steve und Alex MOLNAR "Four Useful Interventions in Brief Family Therapy", J. Marital and Family Therapy 10(3): 297 - 304, 1984b, dtsch "Rekursivität: Die Praxis-Theorie Beziehung", Z.system.Ther 1(3): 2 - 10, 1983

DE SHAZER, Steve et al. "Brief Therapy: Focused Solution Development", Family Process 25: 207 - 221, 1986, dtsch "Kurztherapie - Zielgerichtete Entwicklung von Lösungen", Familiendynamik 11(3): 182 - 205, 1986

DICOCCO, Barbara E. "A Guide to Family/School Interventions for the Family Therapist", Contemporary Family Therapy 8(1): 50 - 61, 1986

DREIKURS, Rudolf "Psychology in the Classroom: A Manual for Teachers", New York: Harper & Row, 1968, dtsch "Psychologie im Klassenzimmer", Stuttgart: Klett, 1985

DUHL, Bunny S. und Frederick J. DUHL "Integrative Family Therapy", in: Alan S. GURMAN und David P. KNISKERN (eds) "Handbook of Family Therapy", New York: Brunner/Mazel, 1981

ELLIS, Albert "Reason and Emotion in Psychotherapy", New York: Lyle Stuart, 1962, dtsch "Die rational-emotive Therapie", München: Pfeiffer, 1982

ERGENZINER, Ernst "Sich die Arbeit leichter machen", in: Claudius HENNIG und Uwe KNÖDLER "Problemschüler - Problemfamilien", Weinheim-Basel: Beltz, 1985

FAY, A. "Making Things Better by Making Them Worse", New York: Hawthorne, 1978

FESTINGER, Leon "A Theory of Cognitive Dissonance", Stanford, Ca.: Stanford University Press, 1957, dtsch "Theorie der kognitiven Dissonanz", Bern: Huber, 1978

FINE, Marvin und Penni HOLT "Intervening with School Problems: A Family Systems Perspective", Psychology in the Schools 20(1): 59-66, 1983

FISH, Marion C. und Jain SHASHI "A Systems Approach in Working with Learning Disabled Children: Implications for the School", J. Learning Disabilities 18(10): 592 - 595, 1985

FOSTER, Martha A. "Schools", in: Michael BERGER, Gregory J. JURCOVIC and Associates (eds) "Practicing Family Therapy in Diverse Settings: New Approaches to the Connections Among Families, Therapists, and Treatment Settings", San Francisco: Jossey-Bass, 1984

FRYKMAN, John "The Hassle Handbook", Berkeley, Ca.: Regent Street, 1984

GOLDEN, Larry "Brief Family Interventions in a School Setting", Elementary School Guidance and Counseling 17(4): 288 - 293, 1983

GOULD, Stephen J. "Ever Since Darwin: Reflections in Natural History", New York: Norton, 1977

GOULD, Stephen J. "The Panda`s Thumb: More Reflections in Natural History", New York: Norton, 1982, dtsch "Der Daumen des Panda. Betrachtungen zur Naturgeschichte", Birkhäuser, 1987

GRAU, Uwe, Jens MÖLLER und Johann Ingi GUNNARSSON "Reframing von Problemsituiationen oder: Probleme einmal anders angepackt", Sportpsychologie 27 -30, Januar 1987

GREENBERG, Roger P. "Anti-Expectation Techniques in Psychotherapy: The Power of Negative Thinking", Psychotherapy: Theory, Research and Practice 10(2): 145 - 148, 1973

HALEY, Jay "Uncommon Therapy", New York: Norton, 1973, dtsch "Die Psychotherapie Milton H. Ericksons", München: Pfeiffer, 1978

HALEY, Jay "Problem Solving Therapy", New York: Harper & Row, 1978, dtsch "Direktive Familientherapie", München: Pfeiffer, 1977

HANNAFIN, Michael J. und Joseph C. WITT "System Intervention and the School Psychologist: Maximizing Interplay Among Roles and Functions", Professional Psychology: Research and Practice 14(1): 128 - 136, 1983

HANSEN, James C. (ed) "Family Therapy with School Related Problems", Rockville, Md: Aspen, 1984

HAWKINS, R. P., R. F. PETERSON, E. SCHWEID und S. W. BIJOU "Behavior Therapy in the Home: Amelioration of Problem Parent-Child Relations with the Parent in a Therapeutic Role", in: Jay Haley (ed) "Changing Families", Orlando, Fl.: Grune & Stratton, 1971

HOBAN, Russell "Bread and Jam for Frances", New York: Harper & Row, 1964, dtsch "Franzi mag gern Marmelade", Sauerländer, 1990

HOWARD, Judith "System Intervention and School Psychology", Paper: 4. International Colloquium in School Psychology, Jerusalem, Juli 1980

HUSLAGE, Susan und Jill STEIN "A Systems Approach for the Child Study Team", Social Work in Education 7(2): 114 - 123, 1985

JAYNES, Judith H. und Cheryl A. RUGG "Adolescents, Alcohol and Drugs: A Practical Guide for Those Who Work with Young People", Springfield, Ill.: Thomas, 1988

JOHNSTON, Janis C. und Patricia H. FIELDS "School Consultation with the `Classroom Family`", School Counselor 29(2): 140 - 146, 1981

KOHL, Judith und Herbert KOHL "The View from the Oak: The Private Worlds of Other Creatures", San Francisco: Sierra Club, 1977

KRAL, Ron "Indirect Therapy in the Schools", in: Steve DE SHAZER und Ron KRAL (eds) "Indirect Approaches in Therapy", Rockville, Md.: Aspen, 1986

LINDQUIST, Barbara, Alex MOLNAR und Ludger BRAUCKMANN "Working with School Related Problems Without Going to School", JSST 6(4): 44 - 50, 1987

LOVELOCK, James und Lynn MARGULIS "Interview in: `Gaia: Goddess of the Earth`", NOVA publication no. 1302. Transkript einer Radiosendung, WGBH, Boston, 28. Januar 1986

MCDANIEL, Susan H. "Treating School Problems in Family Therapy", Elementary School Guidance and Counseling 15(3): 214 - 236, 1981

MAHER, Charles A. "Intervention with School Social Systems: A Behavioral-Systems Approach", School Psychology Review 10(4): 449 508, 1981

MAHONEY, Michael J. "Cognition and Behavior Modification", Cambridge, Ma.: Ballinger, 1974, dtsch "Kognitive Verhaltenstherapie", München: Pfeiffer, 1979

MANDEL, Harvey P. et al. "Reaching Emotionally Disturbed Children: `Judo` Principles in Remedial Education", Am. J. Orthopsychiatry 45(5): 867 - 874, 1975

MEICHENBAUM, Donald H. "Cognitive-Behavior Modification", New York: Plenum, 1977, dtsch "Kognitive Verhaltensmodifikation", München: Urbans & Schwarzenberg, 1979

MILLER, William R. "Living As If: How Positive Faith Can Change Your Life"; Philadelphia: Westminster, 1985

MINUCHIN, Salvador "Families and Family Therapy", Cambridge, Ma.: Harvard University Press, 1974, dtsch "Familie und Familientherapie", Freiburg: Lambertus, 1983

MOLNAR, Alex "A Systemic Perspective on Solving Problems in the School", NASSP Bulletin 70(493): 32 - 40, 1986

MOLNAR, Alex und Steve DE SHAZER "Solution-Focused Therapy: Toward the Identification of Therapeutic Tasks", J. Marital and Family Therapy 13(4): 349 - 358, 1987

MOLNAR, Alex und Barbara LINDQUIST "A Systemic Approach to Increasing School Effectiveness", Paper presented at the national conference of the Association for Supervision and Curriculum Development, Anaheim, Ca., März 1982

MOLNAR, Alex und Barbara LINDQUIST "Demons or Angels ? A Lot Depends on How You Respond to Misbehavior", Learning 13(4): 22 - 26, 1984a

MOLNAR, Alex und Barbara LINDQUIST "Erkenntnisse über Verhalten und Strukturen verbinden: Ein systemischer Ansatz, die Leistungsfähigkeit der Schule zu erhöhen", Z. system. Ther. 2(5): 2 16, 1984b

MOLNAR, Alex und Barbara LINDQUIST "Increasing School Effectiveness", Association of Wisconsin School Administrators, Update, 6.- 8.Mai 1985

MOLNAR, Alex und Barbara LINDQUIST "An Uncommon Approach to Motivation and Discipline Problems", Paper presented at the national conference of the Association for Supervision and Curriculum Development, Boston, March 1988

MOLNAR, Alex, Barbara LINDQUIST und Klaus HAGE "Von der Möglichkeit der Veränderung problematischer Unterrichtssituationen: Unterricht als selbstreferentielles System", Z.system. Ther. 3(4): 216 223, 1985

NISBETT R. E. und L. D. ROSS "Human Inference: Strategies and Shortcomings of Social Judgement", Englewood Cliffs, N.J.: Prentice-Hall, 1980

OKUN, Barbara (ed) "Family Therapy with School Related Problems", Rockville, Md.: Aspen, 1984

PATTERSON, Gerald R. "Families: Applications of Social Learning to Family Life", Champaign, Ill.: Research, 1971, dtsch "Soziales Lernen in der Familie", München: Pfeiffer, 1977[2]

PFEIFFER, Steven I. und Bennett I. TITTLER "Utilizing the Multidisciplinary Team to Facilitate a School-Family Systems Orientation", School Psychology Review 12(2): 168 - 173, 1983

POWER, Thomas J. und Karlotta L. BARTHOLOMEW "Getting Unstuck in the Middle: A Case Study in Family-School System Consultation", School Psychology Review 14(2): 222 - 229, 1985

"Random House Dictionary of the English Language", New York: Random, 1046, 1971

RODALE, Robert "Breaking New Ground: The Search for Sustainable Agriculture", Futurist 17(19): 15 - 20, 1983

RODALE, Robert "Hopeful Living: How to Put Regeneration to Work in Your Life", Emmaus, Pa.: Rodale, 1987

ROSENTHAL, R und L JACOBSEN "Pygmalion in the Classroom: Teacher Expectation and Pupil's Intellectual Development", New York: Holt, Rinehart & Winston, 1968

RUBIN, Louise B. "Worlds of Pain: Life in the Working Class Family", New York: Basic, 1976

SELTZER, Leon F. "Paradoxical Strategies in Psychotherapy: A Comprehensive Overview and Guidebook", New York: Wiley, 1986

SKINNER, Burrhus F. "The Technology of Teaching", East Norwalk, Conn.: Appleton-Century-Crofts, 1968, dtsch "Erziehung als Verhaltensformung. Grundlagen einer Technologie des Lehrens", Keimer, 1971

SMITH, Alexander H. Jr. "Encountering the Family System in School-Related Behavior Problems", Psychology in the Schools 15(3): 379 - 386, 1978

STUART, R. B. "Operant Interpersonal Treatment for Marital Discord", J. Consulting and Clinical Psychology" 33: 675 - 682, 1969

TAYLOR, Shelley E. und Jonathan D. BROWN "Illusion and Well-Being: A Social Psychological Perspective on Mental Health", Psychological Bulletin 103(2): 193 - 210, 1988

TUCKER, Bernice Z. und Ernest DYSON "The Family and the School: Utilizing Human Resources to Promote Learning", Family Process 15(1): 125 - 141, 1976

WATZLAWICK, Paul, John WEAKLAND und Richard FISCH "Change", New York: Norton, 1974, dtsch "Lösungen", Bern: Huber, 1974

WEEKS, Gerald R. "Promoting Change Through Paradoxical Therapy", Homewood, Ill.: Dow Jones-Irwin, 1985

WEEKS, Gerald R. und Luciano L'ABATE "Paradoxical Psychotherapy: Theory and Practice with Individuals, Couples and Families", New York: Brunner/Mazel, 1982, dtsch "Paradoxe Psychotherapie. Theorie und Praxis in der Einzel-, Paar- und Familientherapie", Stuttgart: Enke, 1985

WENDT, Robert N. und Jerome ZAKE "Family Systems Theory and School Psychology: Implications for Training and Practice", Psychology in the Schools 21: 204 - 210, 1984

WHITAKER, Carl A. "Psychotherapy of the Absurd: With Special Emphasis on the Psychotherapy of Aggression", Family Process 14(1): 1 - 16, 1975

WIELKIEWICZ, R. M. "Behavior Management in the Schools", Elmford: New York: Pergamon, 1986

WILLIAMS, Janice M. und Gerald R. WEEKS "Use of Paradoxical Techniques in a School Setting", Am. J. Family Therapy 12(3): 47 57, 1984

WLODKOWSKI Raymond J. "Enhancing Adult Motivation to Learn: A Guide to Improving Instruction and Increasing Learner Achievement", San Francisco: Jossey-Bass, 1986a

WLODKOWSKI Raymond J. "Motivation and Teaching: A Practical Guide", Washington, D.C.: National Education Association, 1986b

WORDEN, Mark "Classroom Behavior as a Function of the Family System", School Counselor 28(3): 178 - 188, 1981

Personenverzeichnis

Adler - 59;
Amatea - 45;
Anderson - 45;
Aponte - 45;
Asimov - 28;

Bartholomew - 45;
Bateson - 22f.; 25; 30;
Beck - 59;
Bercuvitz - 28;
Berger - 45;
Bernard - 45;
Bertalanffy - 45;
Bijou - 59;
Bogdan - 28; 58;
Bowman - 45;
Brauckmann - 45; 158;
Brown - 38; 57; 180;

Chambless - 59;
Coles - 20f.;
Corrales - 45;

de Lone - 20f.; 24f.;
de Shazer - 10; 17; 28; 45; 58; 151f.; 184; 188;
DiCocco - 45;
Dreikurs - 59;
Duhl, Bunny S. - 59;
Duhl, Frederick J. - 59;
Dyson - 45;

Ellis - 59;
Ergenziner - 45;

Fabrick - 45;
Fay - 58;
Festinger - 22; 24f.;
Fields - 45;
Fine - 45;
Fisch - 45;
Fish - 45;
Foster - 45;
Frykman - 45;

Goldberg - 45;
Golden - 45;
Goldstein - 59;
Gould - 28;
Grau - 10; 28;
Greenberg - 58;
Gunnarsson - 28;

Hage - 45;
Haley - 45;
Hannafin - 45;
Hansen - 45;
Hawkins - 59;
Hoban - 43;
Holt - 45;
Howard - 45;
Huslage - 45;

Jacobson - 69;
Jaynes - 17; 59;
Johnston - 45;

Kohl, Herbert - 20;
Kohl, Judith - 20;
Kral - 45;

L'Abate - 58;
Lindquist - 17; 45; 158;
Lovelock - 28;

Maher - 45;
Mahoney - 59;
Mandel - 45;
Margulis - 28;
McDaniel - 45;
Meichenbaum - 59;
Miller - 21;
Minuchin - 45;
Möller - 28;
Molnar - 17; 45; 58; 151; 158; 188;

Nelson - 17;
Nisbett - 59;

Okun - 45;

Patterson - 59;
Peterson - 59;
Pfeiffer - 45;
Power - 45;

Rodale - 28; 184;
Rosenthal - 69;
Ross - 59;
Rubin - 20f. ;
Rugg - 59;

Sayers - 19;
Schneider - 17;
Schweid - 59;
Seltzer - 58;
Shashi - 45;
Skinner - 59;
Smith - 45;
Stein - 45;
Stuart - 59;

Taylor - 38; 57; 180;
Tittler - 45;
Tucker - 45;

von Uexküll - 20;

Watzlawick - 45;
Weakland - 45;
Weeks - 45; 58;
Wendt - 45;
Whitaker - 45;
Wielkiewicz - 59;
Williams - 45;
Witt - 45;
Wlodkowski - 17; 59;
Wolpe - 59;
Worden - 45;

Zake - 45;

Sachverzeichnis

Abwesenheit, Fehlen: 90-95
AFS, artificial face syndrome:
  146 -147
aggressives Verhalten
  - drängeln und schubsen: 69-70
  - kooperative Perspektive: 40-42
  - schlagen: 40-42
  - streiten, stören: 70-73; 76-78
  - Umdeutung: 69-70
albern
  - durch die Hintertür stürmen:
  148-149
  - Lokalisieren von Ausnahmen:
  152-155
  - positive Konnotation der Funktion:
  109-112
Anordnungen nicht folgen: 141-144
Aufgaben, Störungen zu vermeiden:
  153-154; 166-168

Bandensymbole: 44
Bedarfsfeststellung: 184
Beratungsgruppe: 188-190
Besorgtheit
  - positive Konnotation des Motivs:
  88-90
  - einen Rückfall vorhersagen: 169
  - Symptomverschreibung: 124-126

Clownereien
  - durch die Hintertür stürmen:
  148-149
  - Lokalisieren von Ausnahmen:
  153-154
  - positive Konnotation der Funktion:
  109-112

detektivisches Vorgehen: 48-56
  - bei Schwatzen: 49-51; 53-56
  - bei Trommeln: 52-53

Ehrlichkeit, Bedeutung von E.: 178

Einzelaufgaben
  - nicht erledigen: 126-129
Eltern
  - negative Reaktion auf Probleme:
  127
  - Störungen durch E.: 129-131
Erfahrung, Wahrnehmung und Verhalten:
  21-22
Eßprobleme: 43

frech: 141-144

gesunder Menschenverstand: 19-27
  - Einfluß des frühen Lernens: 23-24
  - stützender Einfluß der sozialen
  Gruppe: 24-25
  - Ursache/Wirkung-Denken: 25-27
Gruppen
  - Beratungsgruppe: 188-190
  - soziale Unterstützung: 24-25

Haltung, Einstellung
  - durch die Hintertür stürmen:
  141-144
  - negative Haltung: 106-109
  - positive Konnotation der Funktion:
  106-109
  - schnippisch, frech: 141-144
Hausaufgaben
  - durch die Hintertür stürmen:
  144-146
  - nicht machen: 42
  - Symptomverschreibung:
  126-129; 134-136
Herausplatzen (mit Antworten)
  - durch die Hintertür stürmen:
  139-140
  - Perspektive - 181
  - positive Konnotation der Funktion:
  101-102
  - positive Konnotation des Motivs:
  81-82; 96-98

- einen Rückfall vorhersagen: 165-166
- Symptomverschreibung: 120
- Umdeuten: 63

herumgehen: 131-134; 170-171
durch die Hintertür stürmen: 139-150
- beim Nichtbefolgen von Anordnungen: 141-144
- beim Herausplatzen mit Antworten: 139-140
- bei (exzessivem) Schminken: 146-147
- bei Schwatzen und (Be) Klagen: 148-149
- Überblick über wesentliche Merkmale: 149
- Übungsanweisung: 197
- Vorgehensweise: 149-150

Humor: 56-57

Interpunktion: 32-34

Kapazitätsanalyse: 182-186
klagen, beklagen: Umdeutung: 67-69
kognitive Dissonanz: 22
Kommunikationsprobleme: 49-51; 177-178
Kompromißlösung: 182
kooperative Perspektive: 38-44
- bei aggressivem Verhalten: 40-43
- Bandensymbole: 44
- bei Schwatzen: 39-40
- vs. Widerstand: 42-43

Krisensituation: 59-60
kritisieren
- veränderte Reaktion: 34-35
- positive Konnotation des Motivs: 95-96

laufen
- als Alternative zu aggressivem Verhalten: 40-42

Leistung, Leistungssteigerung
- durch die Hintertür stürmen: 144-146

- Lokalisierung von Ausnahmen: 154-155
- positive Konnotation der Funktion: 103-106
- positive Konnotation des Motivs: 83-86
- einen Rückfall vorhersagen: 171-173
- Symptomverschreibung: 126-129

Lernen, frühes: 23-24
loben
- als ineffektive Technik: 127
- und negative Reaktion: 93-94
- und positive Reaktion: 105; 106
- bei Rückfällen: 167-168

lösungen-orientiert: 184
Lokalisierung von Ausnahmen: 151-163
- zur Leistungssteigerung: 154-155
- bei störendem Verhalten: 152-154; 156-161
- Überblick über wesentliche Merkmale: 161-162
- Übungsanweisungen: 194-195
- Vorgehensweise: 162-163

lügen: 134; 136

negative Haltung: 106-109
nicht allein arbeiten: 126-129
Nicht-Beteiligung
- positive Konnotation der Funktion: 103-106
- positive Konnotation des Motivs: 83-86

Ökologie der Ideen: 30-31
Ökosystem: 28-46
- Änderungen im Ö.: 28-29; 31-32; 34-44
- Familie als Ö.: 29
- Klasse als Ö.: 29-30
- Konzept des Ö.: 28-29
ökosystemische Techniken: 59-62
organisieren als Problem: 170-171

paradoxe Techniken: 57-58; 120

Perspektive
- und Kooperation: 38-44
- Wissen um P.: 181-182
petzen: 76-79
Planung: 187-188
positive Konnotation der Funktion: 101-119
- bei Abwesenheit: 109-112
- beim Herausplatzen mit Antworten: 101-102
- bei negativer Einstellung: 106-109
- bei Nicht-Mitmachen: 103-106
- bei Schwatzen und Stören: 113-115
- Überblick über wesentliche Merkmale: 117-118
- Übungsanweisung: 195
- Vorgehensweise: 118-119
positive Konnotation des Motivs: 81-100
- bei Abwesenheit: 90-95
- beim Herausplatzen mit Antworten: 81-82; 96-98
- beim Kritisieren: 95-96
- beim Trommeln mit Fingern: 52-53
- bei Nicht-Mitmachen: 83-86
- bei Über-Besorgtheit: 88-90
- Überblick über wesentliche Merkmale: 98-99
- bei Überlegen-, Voraussein: 86-87
- Übungsanweisung: 194
- Vorgehensweise: 99-100
positive Verstärkung
- und "time out": 36
- und Umdeutung: 76-79
Probleme mit KollegInnen: 34-35; 88-90; 95-96; 115-117; 131-134
- Arbeiten nicht beenden: 115-117; 131-134: 170-171
- kritisieren: 34-35; 95-96
- positive Konnotation der Funktion: 115-117
- positive Konnotation des Motivs: 88-90; 95-96
- einen Rückfall vorhersagen: 170-171
- Symptomverschreibung: 131-134
- Über-Besorgtheit: 115-117

Problem-Verhalten
- Abwesenheit: 90-95
- ärgern: 22-24
- albern: 109-112
- Anordnungen nicht folgen: 141-144
- Aufmerksamkeit fordern: 121-124
- Bandensymbole: 44
- detektivisches Vorgehen: 48-56
- (negative) Einstellung: 106-109
- von Eltern: 129-131
- Erklärungen: 37-42
- Eßprobleme: 43
- frech: 141-144
- Hausaufgaben nicht machen: 42; 126-129; 134-136; 144-146
- herausplatzen mit Antworten: 63; 81-82; 96-98; 101-102; 120; 139-140; 165-166; 181-182
- herumgehen während der Arbeit: 131-134; 170-171
- und Humor: 56-57
- interpunktieren: 32-34
- bei KollegInnen: 34-35; 88-90; 95-96; 115-117; 131-134; 170-171
- kooperative Perspektive: 38-44
- kritisieren: 34-35; 95-96
- lügen: 134; 136
- nicht allein arbeiten: 126-129
- nicht mitarbeiten: 83-86; 103-106; 154-155; 171-173
- (exzessiv) organisieren: 170-171
- paradoxe Techniken: 57-58
- petzen: 76-79
- (veränderte) Reaktion auf P.: 34-38
- rebellieren: 70-73
- schlagen: 40-42
- (exzessiv) schminken: 146-147
- schmollen: 36; 76-79
- schubsen und drängeln: 69-70
- schwatzen: 39-40; 49-51; 53-56; 65-69; 113-115; 148-149; 166-168; 173-175
- zu spät kommen: 37; 90-95
- streiten, stören: 70-73; 76-78
- "time out": 36-37

209

- trommeln: 52-53
- Über-Besorgtheit: 88-90; 124-126; 169
- überlegen-, voraussein: 86-87; 170
- weinen: 73-76

rebellieren: 70-73
Rückfall-Abkommen: 173-175
einen Rückfall vorhersagen: 87; 112; 164-176
- beim Herausplatzen mit Antworten: 165-166
- bei KollegInnen: 170-171
- bei übertriebenem Organisieren: 170-171
- bei Schwatzen: 173-175
- bei störendem Verhalten: 166-168
- Überblick über wesentliche Merkmale: 175
- bei Überlegen-, Voraussein: 170

schlagen: 40-42
schminken: 146-147
schreien: 76-79
schubsen und drängeln: 69-70
schwatzen, reden
- besondere Aufgaben: 166-168
- aufstehen: 65-67
- herumalbern: 148-149
- durch die Hintertür stürmen: 148-149
- detektivisches Vorgehen: 48-51; 53-56
- klagen: 67-69
- positive Konnotation der Funktion: 113-115
- einen Rückfall vorhersagen: 166-168; 173-175
- während Stillarbeit: 49-51
- umdeuten: 65-69
- unterbrechen, stören: 113-115
soziale Stützung durch Gruppe: 24-25
soziales Milieu: 20-21
(zu) spät kommen: 37; 90-95

Sprache
- Angemessenheit: 49-51; 177-178
stören
- Clownereien: 148-149
- Detektiv sein: 49-51
- durch Eltern: 129-131
- durch die Hintertür stürmen: 148-149
- kooperative Perspektive: 39-40
- Lokalisieren von Ausnahmen: 152-154; 156-161
- positive Konnotation der Funktion: 101-102; 109-115
- positive Konnotation des Motivs: 81-82; 96-99
- einen Rückfall vorhersagen: 166-168
- Symptomverschreibung: 121-124; 129-131
- Umdeutung: 63; 65-73
Struktur, Notwendigkeit der S.: 156-158
Symptomverschreibung: 120-138
- bei Aufmerksamkeit fordern: 121-124
- bei fehlenden Hausaufgaben: 134-136
- bei Nicht-Allein-Arbeiten: 126-129
- bei Stören: 121-124
- bei Störungen durch Eltern: 129-131
- bei Über-Besorgtheit: 124-126
- Überblick über wesentliche Merkmale: 136-137
- Übungsanweisung: 196
- Vorgehensweise: 137-138

TeilnehmerInnen, Lernen von T.: 190-191
Therapie
- bei störendem Verhalten: 159-161
- Zuweisung/Überweisung zur T.: 60
"time out": 36-37
trommeln: 52-53

Über-Besorgtheit
- positive Konnotation des Motivs: 88-90
- einen Rückfall vorhersagen: 169
- Symptomverschreibung: 124-126
überlegen-, voraussein: 86-87; 170

umdeuten: 63-68
- bei Aufstehen und Sprechen: 65-67
- bei Rebellieren: 70-73
- bei Schreien: 76-79
- bei Schubsen und Drängeln: 69-70
- bei laut Sprechen und (Be-) Klagen: 67-69
- Überblick über wesentliche Merkmale: 79
- Übungsweisung: 193
- Vorgehensweise: 79-80
- bei Weinen: 73-76

Unterbrechungen
- durch Eltern: 129-131
- positive Konnotation der Funktion: 113-115
- und Reden: 113-115
- Symptomverschreibung: 129-131

Ursache/Wirkung-Denken: 25-27

weinen: 73-76

Verhalten
- unterschiedliche Bedeutungen: 24-25; 30-31; 35-37
- Interpunktion von V.: 32-34
- Veränderungen in Gang setzen: 31-32
- und Wahrnehmung: 21-22

Verhaltensänderungs-Techniken: 59-62
- und Beratungsgruppe: 188-190
- und Fähigkeiten: 182-186
- durch die Hintertür stürmen: 140-150

- und Lernen von TeilnehmerInnen: 190-191
- Lokalisieren von Ausnahmen: 151-163
- und Planung: 187-188
- positive Konnotation der Funktion: 101-119
- positive Konnotation des Motivs: 81-100
- Richtlinien für den zweiten Versuch 176-179
- einen Rückfall vorhersagen: 87; 122 ; 164-175
- Strategien einüben: 192-195
- Symptomverschreibung: 120-138
- Umdeutung: 63-68
- ein neuer Versuch: 176

Wahrnehmung
- Auflösung widersprüchlicher W.: 22-27
- und Empfindung: 21
- und Erfahrung: 20
- und frühes Lernen: 23-24
- und soziales Milieu: 20-21
- und stützender Einfluß der Gruppe: 24-25
- und Ursache/Wirkung-Denken: 25-27
- und Verhalten: 21-22

Widerstand vs. kooperatives Verhalten: 42

systemische Studien

Paul F. Dell
Klinische Erkenntnis
Zu den Grundlagen systemischer Therapie
2. durchges. Aufl. 1990, 128 Seiten
Format DIN A 5, br
ISBN 3 – 8080 – 0231 – X
Bestell-Nr. 4301   DM 28,00

Bradford P. Keeney (Hrsg.)
Konstruieren therapeutischer Wirklichkeiten
Praxis und Theorie systemischer Therapie
1987, 123 Seiten, Format DIN A 5, kt
ISBN 3 – 8080 – 0122 – 4
Bestell-Nr. 4302   DM 28,00

Anna Maria Sorrentino
Behinderung und Rehabilitation
Ein systemischer Kompaß im Bezugsuniversum des behinderten Kindes
Mit einem Vorwort von *Mara Selvini-Palazzoli*
1989, 109 Seiten, Format DIN A 5, kt
ISBN 3 – 8080 – 0156 – 9
Bestell-Nr. 4303   DM 32,00

Luigi Boscolo / Gianfranco Cecchin / Lynn Hoffman / Peggy Penn
**Familientherapie-Systemtherapie
Das Mailänder Modell**
Theorie, Praxis und Konversationen
Mit einem Vorwort von *Helm Stierlin*
2. durchges. Aufl. 1990, 424 Seiten
Format DIN A 5, gebunden
ISBN 3 – 8080 – 0230 – 1
Bestell-Nr. 4304   DM 52,00

Tom Andersen (Hrsg.)
Das Reflektierende Team
Dialoge und Dialoge über die Dialoge
1990, 180 Seiten, Format DIN A 5, br
ISBN 3 – 8080 – 0200 – X
Bestell-Nr. 4305   DM 35,00

Terry S. Trepper / Mary Jo Barrett
Inzest und Therapie
Ein systemtherapeutisches Handbuch
Mit einem Vorwort
von *Rosmarie Welter-Enderlin*
1991, ca. 300 Seiten, Format DIN A 5, br
ISBN 3 – 8080 – 0239 – 5
Bestell-Nr. 4306
     Subskriptionspreis **DM 38,00**
     ab 1. 6. 1991 **DM 44,00**

Karl Westhoff / Christel Rütter / Christel Borggrefe
Hilfen bei Konzentrationsproblemen in den Klassen 5 bis 10
enthält 6 Seiten Lehrerfragebogen, 8 Seiten Schülerfragebogen
1990, 14 Seiten, Format DIN A 4, 20er Satz
ISBN 1 – 85492 – 020 – 0
Bestell-Nr. 8352   DM 12,80

Handanweisung für den Lehrer
1990, 24 Seiten, Format DIN A 5, geh
ISBN 1 – 85492 – 021 – 9
Bestell-Nr. 8353   DM 9,80

Information und Bestellung:

verlag modernes lernen - Dortmund

Hohe Straße 39 · P.O.Box 10 05 55 · D - 4600 Dortmund 1 · ☎ (02 31) 12 80 08
FAX (02 31) 12 56 40 · TX (17) 231 329 interS

Ein Unternehmen der  BORGMANN® - Gruppe